高等职业教育城市轨道车辆应用技术专业系列教材

U0800192

城市轨道交通车辆制动系统

（第二版）

张　伟　卢桂云◎主　编
王　震　王丽红◎副主编
丁　辉◎主　审

中国铁道出版社有限公司
CHINA RAILWAY PUBLISHING HOUSE CO., LTD.

内 容 简 介

本书内容从岗位需求出发，对接城市轨道车辆检修工岗位标准和1+X证书要求，结合高等职业教育城市轨道车辆应用技术专业教学标准要求，以校企“双元”合作的形式，吸收企业工程师的建议，从我国应用较早的SD制动系统到EP2002制动系统，从模拟信号指令式到数字信号指令式，详细介绍了各制动系统的组成、制动原理、控制技术及基础制动单元。本书图文并茂，并以二维码形式配套讲解视频。

本书适合作为高等职业教育城市轨道车辆应用技术专业教材，也可作为城市轨道交通运营企业维修和轨道交通装备制造企业员工的培训用书。

图书在版编目(CIP)数据

城市轨道交通车辆制动系统 / 张伟，卢桂云主编.
2版. -- 北京 : 中国铁道出版社有限公司，2024. 11.
(高等职业教育城市轨道车辆应用技术专业系列教材).
ISBN 978-7-113-31616-7

Ⅰ. U239.5

中国国家版本馆CIP数据核字第20242N01B0号

书　　名：城市轨道交通车辆制动系统
作　　者：张　伟　卢桂云

策　　划：李中宝
责任编辑：李中宝　　　　**编辑部电话：**(010)83527746
封面设计：崔丽芳
责任校对：苗　丹
责任印制：赵星辰

出版发行：中国铁道出版社有限公司(100054，北京市西城区右安门西街8号)
网　　址：https://www.tdpress.com/51eds
印　　刷：北京联兴盛业印刷股份有限公司
版　　次：2012年8月第1版　2024年11月第2版　2024年11月第1次印刷
开　　本：787 mm×1 092 mm　1/16　**印张：**10.75　**字数：**260千
书　　号：ISBN 978-7-113-31616-7
定　　价：40.00元

版权所有　侵权必究

凡购买铁道版图书，如有印制质量问题，请与本社教材图书营销部联系调换。电话：(010)63550836

打击盗版举报电话：(010)63549461

第二版前言

习近平总书记在党的二十大报告中指出:“坚持把发展经济的着力点放在实体经济上,推进新型工业化,加快建设制造强国、质量强国、航天强国、交通强国、网络强国、数字中国。实施产业基础再造工程和重大技术装备攻关工程,支持专精特新企业发展,推动制造业高端化、智能化、绿色化发展。”作为城市轨道交通运输的基本运载工具,城市轨道交通车辆(简称城轨车辆)是集机械工程、电力电子、微电子控制、网络控制、人机工程学、空气动力学、运输学等内容于一体的高端制造业产品。其中,制动系统是城轨车辆核心技术之一,不同的城轨车辆类型对应的制动系统也不同,生产制造企业和运营检修企业的关键岗位员工掌握制动技术十分必要。我们编写此书,目的是为城轨车辆专业的教学以及城轨列车运营维修和制造企业员工的培训提供技术服务。

本书第一版自出版以来,得到了用书院校的普遍好评和积极反馈。近些年来,我国城市轨道交通快速发展,轨道交通装备制造技术日新月异。这也对城市轨道交通类专业技术技能人才的培养提出了新的要求。为了更加全面、系统地介绍城轨车辆制动系统的新技术、新应用,本书在第一版基础上,进行了较大的更新修订。

本书涵盖了我国EP09技术、德国克诺尔制动技术、日本纳博克制动技术、法国法维莱制动技术,从我国应用较早的SD制动系统到EP2002制动系统,从模拟信号指令式到数字信号指令式,每一套制动系统从系统组成、制动原理、控制技术到基础制动单元,注重系统图、结构图、电路图、控制图的详细讲解,使教材图文并茂,而且为了适应新形态教材的需要,对于书中难于理解的内容增加了二维码,扫码观看相关视频,更加便于学习者学习理解。

本书在编写过程中体现“校企合作、工学结合”理念,由院校教师、行业企业专家合作完成。本书在第一版基础上,吸收了地铁公司工程师的建议,把原来的内容重新整合成9个模块,增加了国产铁科院EP09制动系统。从岗位需求出发,对接城市轨道车辆检修工岗位标准和1+X证书要求,对教材内容重新进行了编排和补充。

本书由山东职业学院张伟、郑州铁路职业技术学院卢桂云任主编，山东职业学院王震、郑州铁路职业技术学院王丽红任副主编，中车青岛四方车辆研究所有限公司丁辉主审。具体编写分工如下：卢桂云编写模块一、模块二；山东职业学院王爱美编写模块三；张伟编写模块四、模块五；王震编写模块六部分内容、模块七、模块八部分内容；西安铁路职业技术学院雷晓娟编写模块六部分内容；王丽红编写模块八部分内容；中车长春长客阿尔斯通轨道车辆有限公司孟宪东编写模块九。全书的统稿由张伟完成。

在本书编写过程中，得到了济南、青岛、北京、深圳、广州、南京、苏州、宁波地铁公司以及中车南京浦镇车辆有限公司、中车青岛四方机车车辆股份有限公司等企业的大力支持，相关专家提供了资料和具有建设性的意见，在此一并表示衷心的感谢！

由于我国轨道交通发展日新月异，轨道交通装备制造技术也在不断地更新，教材内容和现场城轨车辆设备技术难免存在差异。受编者的水平所限，书中的错误和疏漏在所难免，恳请广大读者给予批评指正。

编　者

2024 年 4 月

目　录

模块一　城市轨道交通车辆制动系统概述 …… 1

单元一　制动的概念及制动力系统的发展 …… 1
单元二　车辆制动模式 …… 4
单元三　制动方式 …… 7
单元四　制动计算 …… 11
思考与练习题 …… 17

模块二　城市轨道交通车辆制动控制系统 …… 18

单元一　制动控制系统的组成 …… 18
单元二　制动控制策略 …… 22
思考与练习题 …… 24

模块三　基础制动装置 …… 25

单元　基础制动装置特点及作用 …… 25
思考与练习题 …… 32

模块四　供风系统 …… 34

单元一　供风系统概述 …… 34
单元二　活塞式空气压缩机 …… 39
单元三　螺杆式空气压缩机 …… 40
单元四　辅助设备 …… 43
单元五　干燥器 …… 48
思考与练习题 …… 55

模块五　防滑控制系统 …… 56

单元一　防滑控制技术概述 …… 56
单元二　防滑控制机理分析 …… 58
单元三　防滑控制系统分析 …… 60
思考与练习题 …… 67

模块六　模拟式电气指令架控式制动系统 …… 68

单元一　EP2002 制动控制系统的组成 …… 69
单元二　EP2002 制动控制系统的工作原理 …… 74
单元三　EP2002 制动控制系统的特点 …… 79
单元四　EP09 制动控制系统概述 …… 80
单元五　EP09 制动控制系统的结构与组成 …… 87
单元六　EP09 制动控制系统的工作原理 …… 92
思考与练习题 …… 97

模块七　模拟式电气指令车控式制动系统 …… 98

单元一　KBGM 模拟式电气指令制动系统的组成 …… 98
单元二　KBGM 模拟式电气指令制动系统的工作原理 …… 107
单元三　KBWB 模拟式电气指令制动系统的组成 …… 109
单元四　KBWB 模拟式电气指令制动系统的工作原理 …… 119
单元五　KBWB 模拟式电气指令制动系统的特点 …… 122
思考与练习题 …… 123

模块八　数字式电气指令式制动系统 …… 124

单元一　SD 型电空制动机的系统组成及特点 …… 124
单元二　SD 型电空制动机的工作原理 …… 126
单元三　SD 型电空制动机的综合作用 …… 139
单元四　HRDA 数字指令式制动系统组成 …… 142
单元五　HRDA 制动的综合作用原理 …… 149
思考与练习题 …… 151

模块九　城轨列车制动系统检修及调试 …… 153

单元一　制动系统检修修程 …… 153
单元二　制动系统调试 …… 157
思考与练习题 …… 163

参考文献 …… 165

模块一　城市轨道交通车辆制动系统概述

学习目标

1. 掌握城轨车辆制动系统基本概念。
2. 掌握城轨车辆制动模式。
3. 掌握城轨车辆制动方式。
4. 熟知城轨车辆制动计算方法。

从基础概念出发，逐步深入到制动模式的选择与切换逻辑，再到具体制动方式如何根据列车运行状况灵活调整，最后到制动计算方法的精确实践，是读者学习城市轨道交通车辆制动系统的必备知识。学习本模块内容不仅需要理论扎实，更要结合轨道车辆真实工作环境，在理解制动系统概念的同时，能够将其应用于解决车辆运行中的实际问题。

单元一　制动的概念及制动力系统的发展

一、制动的概念

(1)制动：制动是指人为施加的外力，使运动的物体减速或者阻止其加速，以及使静止物体保持静止不变的作用。

这里的人是指司机或者 ATO(automatic train operation，自动列车运行装置)或者 FAO(fully automatic operation，全自动运行系统)，主要对物体产生了“减、阻、止”三种情况的作用。

(2)缓解：解除外力作用，轮对自由运行，对已施加制动的列车，为了重新启动或者再次加速，必须解除或减弱制动作用，称为制动的缓解。

这里解除可以理解为“撤销”制动力，恢复运动，也可以理解为减弱制动力，运动状态变“缓”。

(3)制动距离：从司机施行制动(将司机控制手柄推拉到制动位)的瞬间起，到列车速度降为 0 的瞬间止，运动过的距离称为制动距离。

(4)列车制动系统：为了能施行制动或者缓解制动，需要在列车上安装一整套完整可操作并能控制与执行的系统，称为列车制动系统。现代轨道交通车辆的制动系统是由动力制动系统、空气制动系统及指令和通信网络系统三部分组成的。

(5)列车制动装置：为使列车能实施制动和缓解而安装于列车上的一整套装置，总称为“列车制动装置”。

(6)制动的实质：从能量的观点来说制动的实质就是将列车的动能变成别的能量或转移走。从作用力的观点来说，就是制动装置产生与列车运行方向相反的力，使列车尽快减速或停车。

(7)制动力：由制动装置产生的与列车运动方向相反的外力。对轨道交通机车车辆而言，制动力是制动时由制动装置产生作用后而引起的钢轨施加于车轮的与列车运行方向相反的力。

二、制动系统及其发展

1. 制动系统

列车上安装的一整套完整的可操纵并能进行控制和执行的系统总称为列车制动装置或列车制动系统。在普通的铁路车辆上它通常分成机车制动装置和车辆客车、货车制动装置。由于城市轨道交通车辆与铁路车辆的编组形式不同，一般都采用了动力分散型的动车组形式，并且一般由动车和拖车组成，所以它分为动车制动装置和拖车制动装置。无论机车、客车、货车，还是动车、拖车，各种车辆都有自己的一套完整的制动装置，在列车运行过程中起着制动和缓解的作用。操纵全列车制动功能的设备一般安装在机车或列车两端带司机室的头车上（动车组），头车既可以是拖车也可以是动车。由制动装置产生的与列车运行方向相反的外力称为制动力，这是人为的阻力，它比列车在运行中由于各种自然原因产生的阻力要大得多，因此尽管在列车制动减速的过程中列车运行阻力（自然阻力）也在起作用，但起作用的主要还是列车制动力。

一套列车制动装置至少包括两个部分，即制动控制部分和制动执行部分。制动控制部分主要包括制动信号的发生与传输装置，制动执行部分通常称作基础制动装置，包括闸瓦制动和盘形制动等不同的制动方式。过去由于列车上安装的制动装置比较简单、直观，而且是用压缩空气传递制动信号，因此称作空气制动装置。但是随着轨道交通技术的发展，制动装置中越来越多地采用了电气信号控制和电气驱动控制设备。特别是微型计算机和电子设备的出现使制动装置变得无触点化和集成化，并且使制动控制功能融入了其他系统控制而不能独立划分，因此，只能按现代方法将具有制动功能的电子线路、电气线路和空气制动控制部分总称作列车制动系统。

城市轨道车辆的启动、加速和以定速运行，要通过对其施加牵引力才能实现。同样，为了使运行的车辆能够迅速地减速、停车，也必须对其施加制动力。牵引和制动是车辆运行过程中一对矛盾的两个方面，缺一不可，仅有牵引而没有制动的车辆是不完善的，甚至是危险的；而如果一列车突然失去制动，列车安全和乘客的生命财产也将受到严重威胁。因此，从某种意义上来说，制动是一个比牵引更为重要的装置。

2. 制动系统的发展

空气制动机是用压力空气作为制动的动力来源，并用压力空气的压力变化来实现列车的制动和缓解作用的制动装置。这种空气制动机被广泛应用于铁路、地铁、轻轨、单轨等轨道交通车辆上。空气制动机还在我国和世界各国的机车和客、货车辆上使用。我国20世纪60年代末开通的北京地铁，用的全是国产车，配自制的制动机产品，如使用DK型电空制动机，它是由电磁阀组和制动阀控制的空气制动。它的特点是在扳动制动阀手柄进行空气制动的同时，装在制动阀上面的电空制动控制器相应地发生作用。这时，空气制动和电气控制作用同时产生，当电气制动失效时空气制动还能发生作用。但DK型电空制动系统在电阻制动与空气制动的匹配上采用切换方式，因而制动力控制性能较差。

最近几十年来，由于电力电子变流技术和微机技术的加入，使电气指令式制动控制系统不断改进、发展，大功率电力电子元件的出现使电气再生制动成为可能，微机技术的应用使制动防滑系统更加精确和完善。数字式电空制动机开发从20世纪70年代开始，由长春客车厂与铁道部科学研究院合作研究开发地铁车辆用的 SD 型数字式直通电空制动机。此项技术是传统的轨道机车车辆制动机在地铁上的一个飞跃。该制动系统缩短了空走时间和制动距离，改善了车辆制动的一致性，其性能比较先进：列车导线传递 PWM（脉宽调制）控制信号，手控 15 级，自动驾驶 64 级，车辆制动机解码，电制动优先，电—空制动相互匹配。它具有制动压力准确、传输速度快、司机操作方便，可实现空气制动与电气制动自动配合的优点。这项技术在凸轮变阻车、斩波调压车、斩波调阻车上得到了广泛应用。但采用这种控制技术，动力制动的制动力在制动初期上升较慢，而列车快要停车时又衰减较快，需要空气制动力进行补充。在实践中，控导阀的性能受材料和工艺的影响极大，所以 SD 型数字式直通电空制动机系统已被逐步淘汰。

中国城市轨道交通协会信息显示，截至 2023 年底，我国有 59 个城市开通城市轨道交通运营线路 338 条，运营线路总长度 11 224.54 km。这些线上城轨车辆的制动系统大都采用微机控制直通电空制动系统，原理基本相同，但在具体的实施方法上有所区别。主要有以下五种形式。

一是以上海地铁和广州地铁 1 号线、2 号线为代表的德国公司的城市轨道车辆制动系统，它是国内 A 型车上运用最广的制动系统。该系统为模拟式制动系统，制动指令采用 PWM 信号或网络信号，它们被传递到每个车辆的微机制动控制单元。微机制动控制单元一般单独设置在车厢内。而气制动控制单元由 2 块气动集成板和风缸等组成，分别固定在车辆底架下，系统结构紧凑。深圳、南京地铁车辆和大连轻轨车辆，甚至部分国内试制的高速电动车组上也采用了该制动系统。

二是以北京地铁、天津地铁为代表的 B 型车上采用较多的日本公司生产的 HRDA 型制动系统，系统为数字式制动系统。即常用制动指令采用 3 根指令线编码，共 7 级。微机制动控制单元与气制动控制单元集成在一起，固定于车辆底架下面。由于采用了流量比例阀进行 EP 控制，因此气制动控制单元较为简单。在武汉轻轨和重庆单轨等项目上也采用了此制动系统。

三是以上海地铁 3 号线、5 号线为代表的原英国公司的微机控制直通电空制动系统。系统按整车模块化原则设计，集成度较高。它将微机制动控制单元、气制动控制单元、风缸、风源等除必须安置在转向架附近的部件外，全部在一个安装架上集成安装，方便运用维护。该系统同样采用 PWM 信号传递制动指令，为模拟式制动系统。EP 转换采用 4 个开关电磁阀闭环控制的方法。

四是德国公司生产的架控式 EP2002 型制动系统，在城市轨道交通运用非常广泛。所谓架控形式，就是在一个转向架上装一个 EP2002 阀，一个 EP2002 阀只控制一个转向架。如果一个 EP2002 阀出现故障，只需切除一个转向架上空气制动控制，使故障对列车运行的影响减至最小。广州地铁 3 号线是世界上较早使用 EP2002 型制动系统的用户。

五是广州地铁公司与铁道部科学研究院在 2008 年 12 月开始研制开发的架控式 EP09 型制动系统，在 2010 年 8 月 10 日通过专家评审，已在广州地铁 3 号线、北京地铁 15 号线上装车使用，性能可靠。具有完全自主知识产权的 EP09 型架控式制动系统的研制成功，是在变压变频交流传动系统、微处理器模拟直通电空制动系统上的一项重大突破，为我国城市轨道交通车辆制动系统国产化做出了突出贡献。

3. 制动距离及其重要性

制动距离是综合反映列车制动装置性能和实际制动效果的主要技术指标。有的国家不用制动距离而用（平均）减速度作为其主要技术指标，其实两者的实质是一样的，只是制动距离较为具体、直观，而制动减速度较为抽象而已。

列车的制动能力是指该列车的制动系统能使其在规定的安全范围内或规定的安全制动距离内可靠地把车停下来的能力，它与列车的运行安全直接相关。一般来说，城市轨道交通系统都有明确的车辆运行规程，特别对列车制动能力有严格的要求和规定。例如要求列车在紧急情况下的制动距离（紧急制动距离）不得超过某一规定值。上海地铁规定：列车在满载乘客的条件下在任何运行初速度下，其紧急制动距离不得超过 180 m。这个距离要比启动加速距离短得多。

单元二　车辆制动模式

为满足城轨交通车辆不同情况下的运行要求，车辆上采用了常用制动、停放制动、紧急制动、快速制动和保压制动等制动模式。

一、制动模式

1. 常用制动

视频学习

常用制动

常用制动（SB）是指在正常情况下为调节或控制列车速度（包括进站停车）所施行的制动。常用制动通过司机控制台的手柄触发，如图 1-1 所示，手柄自惰行位（0 位）向下拉触发常用制动，向下程度越大，制动级别越强。常用制动的特点是：作用比较缓和，制动力可以调节，通常只用到列车制动能力的 20%～80%，多数情况下只用 50% 左右。

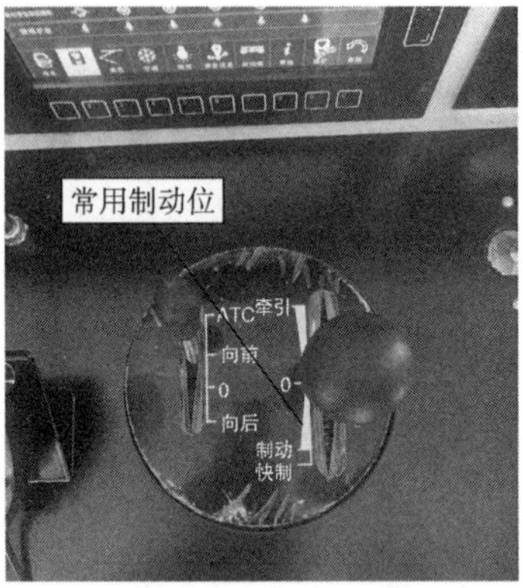

图 1-1　常用制动手柄

在常用制动模式下，电制动和空气（摩擦）制动一般都处于激活状态。一般情况下［车载 AW_2 以下，速度 8 km/h（可调）以上］，电制动能满足车辆制动要求，当电制动不能满足制动要求时，气制动能够迅速、平滑地补充，实现混合制动作用。常用制动缸充气时制动，排气缓解。

2. 停放制动

停放制动（PB）是列车长期停放时施加的一种制动形式，采用弹簧机械力施加。由于车辆断电停放时，制动缸压力会因管路漏泄，在（空气压缩机停电、不工作）无压力空气补充的情况下，逐步下降到零，使车辆失去制动力。因此停放制动采用弹簧力作为制动的驱动力。在正常情况下，弹簧力的大小不随时间而变化，由此获得的制动力能要能满足列车较长时间断电停放的要求。弹簧停放制动缸充气时，停放制动缓解；弹簧停放制动缸排气时，停放制动施加；并且还需附加有手动缓解功能。在司机控制台安装有停放制动施加与缓解的按钮，如图 1-2 所示。

视频学习

弹簧停放制动

3. 紧急制动

紧急情况下为使列车尽快停止而施行的制动，称作紧急制动（EB）。紧急制动在司机控制台上为一个红色按钮，如图 1-3 所示。紧急制动的特点是：作用比较迅猛，而且要把列车最大的制动能力都用上，一般情况下制动力要比常用全制动力大 10% 左右。紧急制动制动力与快速制动相同。紧急制动时考虑了脱弓、断钩、断电等故障情况，故只采用空气制动，而且停车前不可缓解，在尽可能减小惯性冲击力的情况下不对惯性冲击力进行具体限制。

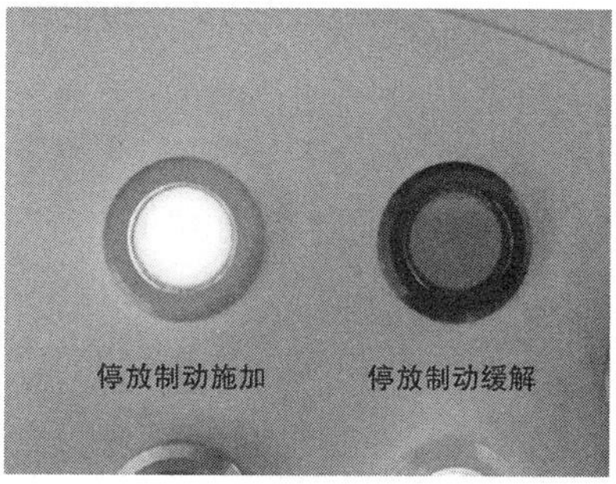

图 1-2　停放制动按钮

视频学习

紧急制动

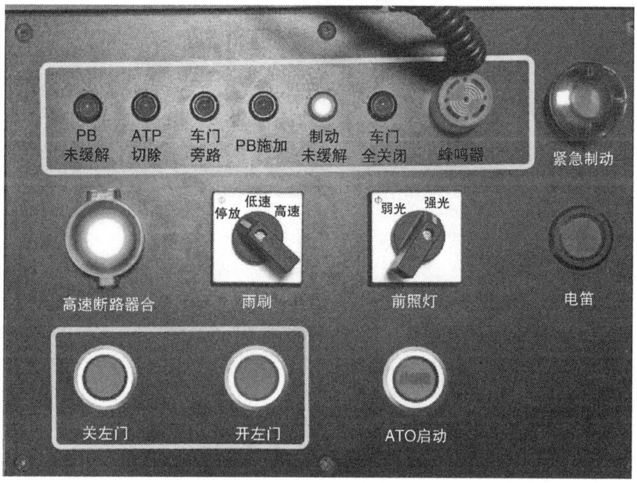

图 1-3　紧急制动按钮

紧急制动模式下，车辆设计有“失电制动，得电缓解”的紧急空气制动系统，贯穿整个列车的 DC 110 V 连续电源线控制该制动作用的发生，线路一旦断开（如接触网停电），所有车辆立即实施紧急制动，以确保列车安全。

紧急制动不经过电制动系统的控制，直接使空气制动（BCU）的紧急电磁阀失电而产生。具有如下特点：

（1）高速断路器断开，受电弓降下；

（2）不受冲击率极限的限制，在 1.7 s 内即可达到最大制动力的 90%；

（3）紧急制动实施后是不能撤除的，列车必须减速，直到完全停下来（零速封锁）；

（4）具有防滑保护和载荷修正功能。

4. 快速制动

为了使列车尽快停车而实施的制动，称为快速制动（FB），其制动力高于常用全制动（上海、广州地铁快速制动力高于常用全制动 22%）。这种制动方式是在紧急情况下、制动系统各部分作用均正常时所采取的一种制动方式。其位于控制手柄的最下端，当主控制器手柄移到“快速制动”位时，列车将实施减速度与紧急制动相同的快速制动，如图 1-4 所示。快速制动具有如下特点：

视频学习 快速制动

（1）电制动不起作用，仅空气制动；

（2）受冲击率极限的限制；

（3）主控制器手柄回 0 位，可缓解；

（4）具有防滑保护和载荷修正功能。

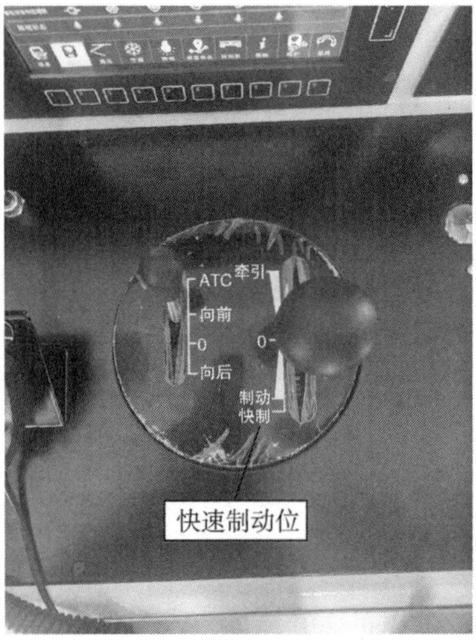

图 1-4　快速制动手柄

5. 保压制动

视频学习 保压制动

保压制动是为防止列车在停车前的惯性冲击力，使列车平稳停车。保压制动没有操纵的按钮或者手柄，它是通过 EBCU 内部设定的执行程序来控制。具体分两个阶段实施：

第一阶段：当列车制动到速度小于 8 km/h，DCU 触发保压制动信号，同时输出给 EBCU，这时，由 DCU 控制的电制动逐步退出，由 EBCU 控制的气制动替代。

第二阶段：接近停车时（列车速度小于 0.5 km/h），一个小于制动指令（最大制动指令的 70%）的保压制动由 EBCU 开始自动实施，即瞬时地将制动缸压力降低。

如果由于故障，EBCU 未接收到保压制动触发信号，EBCU 内部程序将在 8 km/h 的速度时自行触发。

6. 车辆常见制动性能

城轨车辆运行中对制动性能有许多的要求，具体见表 1-1。

表 1-1　制动性能

常用制动平均减速度(从 80 km/h 到 0,包括响应时间 t_R)	0.95～1.15 m/s²
接触网吸收能力	0～100%
常用制动冲击限制	0.75 m/s³
电制动转折点(可调)	0～12 km/h
紧急制动减速度	≥1.2 m/s²

二、城轨车辆制动装置的特点和要求

(1)城市轨道交通的站距很短,一般都在 1 km 左右。例如:上海地铁 1 号线从虹梅南路到上海火车站,长 16.67 km,有 13 座车站,平均站间距离 1.39 km。由于站间距离短,列车加速、减速及停车都比较频繁。为了提高运行速度,增加列车密度,必须使列车启动快、制动快、制动距离短。这就要求其制动装置具有操纵灵活、动作迅速、停车平稳准确、制动率及制动功率相对较大等特点。

(2)城市轨道交通的客流量波动较大,空载时列车重量仅为自重,而满载时列车重量却很大。例如:广州地铁的每辆动车空车重量为 380 kN,而满载(超员,载客 432 人)时总重量为 639.2 kN。因此,载客量对列车的重量有较大的影响,对列车制动时要保证一定的列车减速度、防止车轮滑行及减轻车辆间纵向惯性冲击力都是不利的。因此,制动装置应具备在各种载荷工况下车辆制动力自动调整的性能,使车辆制动率基本保持不变,从而实现制动的准确性和停车的平稳性。

(3)城轨交通车辆部分车辆或甚至全部车辆具有独立的牵引电动机,这就为采用电制动提供了基本条件。电制动的功率大,尤其是在较高速度范围内,能承担大部分的制动负荷,可以满足城市轨道交通车辆轴制动功率大的要求;电制动是一种非摩擦制动,没有摩擦副零件的磨耗和噪声,减少了维护保养和对环境的污染,因而比较经济;其再生制动可以节约能源,具有一定的社会效益和经济效益,所以,采用电制动具有积极的意义。但电制动在低速时制动力小,而且既要保证电制动失效和紧急情况下的行车安全,又要满足停车和停放的要求,所以摩擦制动是一种必备的制动方式。在几种制动方式同时安装和使用时,要充分发挥它们的最佳作用,需要一套完善的制动控制装置来控制,使它们能很好地协调配合。

(4)城轨交通车辆一般运行在人口稠密地区,并用于承载旅客,行车安全是非常重要的。因而,要求其制动机:①具有紧急制动性能,遇有紧急情况时,能使列车在规定距离内安全停车。②列车在运行中发生诸如列车分离、制动装置故障等情况时,应能自动产生紧急制动作用。③紧急制动作用除可由司机操纵外,必要时还可由行车人员利用紧急按钮(紧急阀)等进行操纵。

单元三　制 动 方 式

制动方式按照不同的标准可以有不同的分类,我们这里主要讨论两种分类方式,分别为:按照制动时列车动能的转移方式不同分类、按照制动控制方式分类。

一、按照制动时列车动能的转移方式不同分类

按照制动时列车动能的转移方式不同可以分为摩擦制动和动力制动(电制动)。

1. 摩擦制动

通过摩擦副的摩擦将列车的运动动能转变为热能,消散于大气,从而产生制动作用。城轨车辆常用的摩擦制动方式主要有闸瓦制动、盘形制动和轨道电磁制动。

(1)闸瓦制动,又称踏面制动,它是最常用的一种制动方式,如图1-5所示。制动时闸瓦压紧车轮,轮、瓦之间发生摩擦,列车的运动动能通过轮、瓦摩擦转变为热能,消散于空气中。

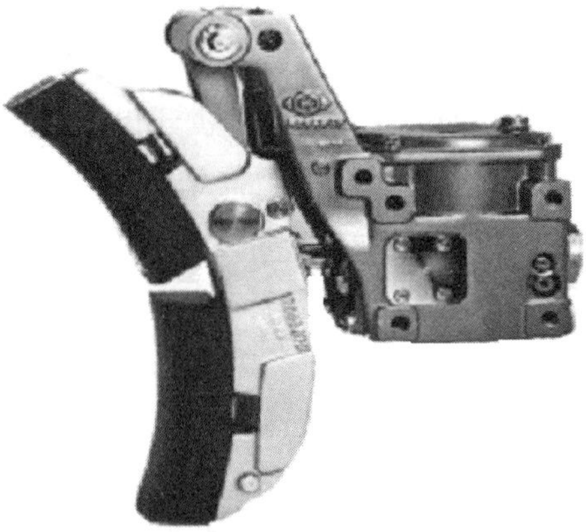

图1-5　踏面制动

(2)盘形制动,如图1-6所示。图1-6(a)为轴盘式整体制动盘;图1-6(b)为轮盘式制动盘在车轮上安装情况。盘形制动是在车轴上或在车轮辐板侧面安装制动盘,用制动夹钳使用合成材料制成的两个闸片紧压制动盘侧面,通过摩擦产生制动力,把列车动能转化为热能,消散于大气从而实现制动。制动盘安装在车轴上称为轴盘式,制动盘安装在车轮侧面称为轮盘式。非动力转向架一般采用轴盘式,动力转向架由于轴身上装有齿轮箱,安装制动盘困难,所以采用轮盘式。

(a)轴盘式整体制动盘

(b)轮盘式制动盘

图1-6　盘形制动

(3)轨道电磁制动,又称磁轨制动,如图1-7所示。在转向架构架侧梁4下通过升降风缸2安装有电磁铁1,电磁铁下设有磨耗板5。以电操纵并作为动力来源。制动时,将导电后起磁感应的电磁铁放下压紧钢轨,使它与钢轨发生摩擦而产生制动。其优点是制动力不受轮轨间黏着的限制,不易使车轮滑行,但重量较大增加了车辆的自重。在高速列车上与空气制动机并用(特别是在紧急制动时),可缩短制动距离。如北京地铁机场线由于列车运行速度较高,最高时速可达100 km,该车组上装有轨道电磁制动机。

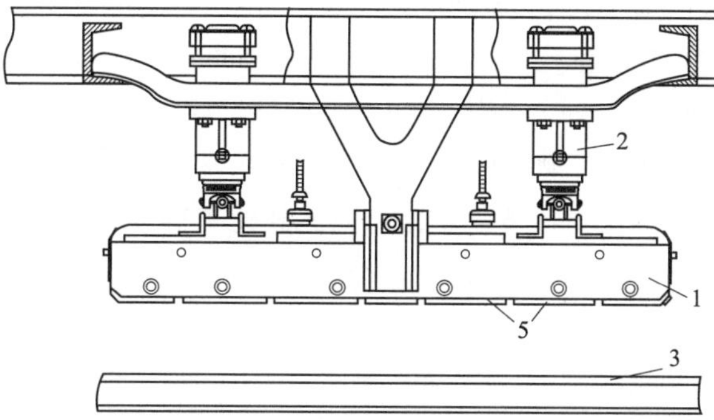

1—电磁铁；2—升降风缸；3—钢轨；4—转向架构架侧梁；5—磨耗板。

图 1-7　磁轨制动

视频学习

磁轨电制动工作过程

2. 动力制动

动力制动又称电制动，列车制动时，将牵引电机变为发电机，使动能转化为电能，对这些电能使用不同处理方式形成了不同方式的动力制动。

电制动是车辆在常用制动下的优先选择，仅带驱动系统的动车具有电制动，电制动又有再生制动和电阻制动两种形式。电制动具有独立的滑行保护和载荷校正功能。为此，每节动车装备有：一个三相调频调压逆变器（VVVF）；一个牵引控制单元（DCU）；一个制动电阻；四个自冷式三相交流电机 M1、M2、M3、M4（每轴一个，相互并联）。

（1）再生制动是把列车的动能通过电机转化为电能后，再使电能反馈回电网。再生制动既节约能源，又减少制动时对环境的污染，并且基本上无磨耗。因此，20 世纪90 年代后，在各国的动车组和城市轨道交通车辆上获得了广泛应用。再生制动原理如图 1-8 所示。

视频学习

再生制动

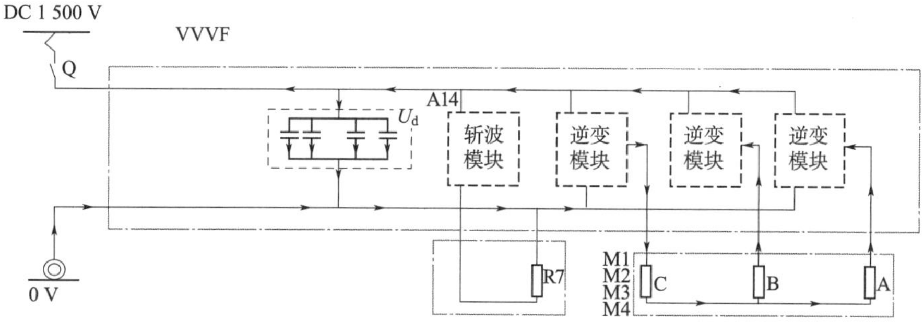

图 1-8　再生制动原理图

再生制动取决于接触网的接收能力，即取决于接触网网压高低和负载利用能力。以上海市轨道交通 2 号线为例，接触网额定电压为 1 500 V，车辆最大运行速度为80 km/h，实际运行过程中制动初速度约为 70 km/h。当列车进站前开始制动时，列车停止从接触网受电，电动机改为发电机工况，将列车运行的动能转换为电能，产生制动力，使列车减速。设接触网额定电压为 U，当满足以下两个条件时列车可以实行再生制动并向接触网反馈电能：一是接触网电压在 1～1.2U（理论值，对应于上海市轨道交通 2 号线为 DC 1 500～1 800 V）范围内；二是再生电能必须要由一定距离内的其他列车吸收。当车辆 2 足够近且接触网电压在 DC 1 500～1 800 V 时，车辆 2 可以吸收车辆 1 所产生的反馈电能，从而使车辆 1 产生再生制动。当接触网电压过电压、欠电压或一定距离内无其他车辆吸收反馈能量时，通过车辆牵引控制单元切断向接触网反馈的电能，再生制动不能实现，此时列车会自动切断反馈电路，实施电阻制动。当列车速度小于 8 km/h 时，利用压缩空气作为动力源，对车辆实施机械制动，直至列车停止。

视频学习

电阻制动

（2）电阻制动：如果在电制动的情况下，电能不能被电网完全吸收，多余的电能量必须转换为热能消耗在制动电阻上，否则电网电压将抬高到不能承受的水平。制动斩波器的存在确保大部分的电能能反馈回电网，同时又保护了电网上其他设备。

如果制动列车所在的接触网供电区段内无其他列车吸收该制动电能，VVVF 则将电能反馈在线路电容上，使电容电压 U_d 迅速上升，当 U_d 达到最大设定值 1 800 V 时，牵引控制单元（DCU）启动能耗斩波器模块 A14 上的门极可关断晶闸管 GTO，VT7、GTO 打开制动电阻 R7 回路，制动电阻 R7 与电容并联，将电机的制动电流转变成电阻的热能消耗掉，此即电阻制动过程（亦称能耗制动过程），电阻制动能单独满足常用制动的要求。电阻制动原理如图 1-9 所示。

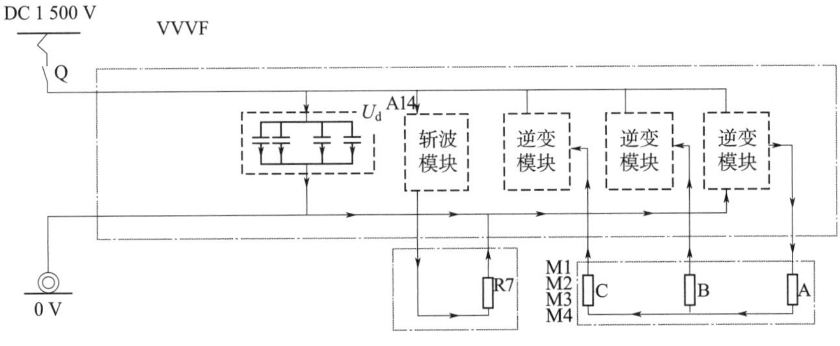

图 1-9　电阻制动原理图

二、按制动控制方式分类

按制动控制方式分为：车控式、架控式、轴控式三种形式。

制动系统制动力的控制以单辆车、转向架、车轴为最小单元进行控制，称为总体控制方式，制动过程中根据制动力最小控制单元的不同，对应的控制方式是不一样的。以单辆车、转向架、车轴为制动力控制最小单元分别称作车控、架控、轴控，比如车控式以车为控制单元进行计算和控制，而架控式以转向架为单元进行控制。车控式为当前高速列车和城轨车辆的主流，架控式以 EP2002 和 EP09 为典型。

1. 车控式

车控式(集中式)制动系统包括集中气动控制、集中电子控制和本车转向架气动控制阀。制动控制是由一个电子控制单元(包括制动控制电子装置和防滑电子装置)控制一节车两个转向架。图1-10所示为车控式制动系统示意图。

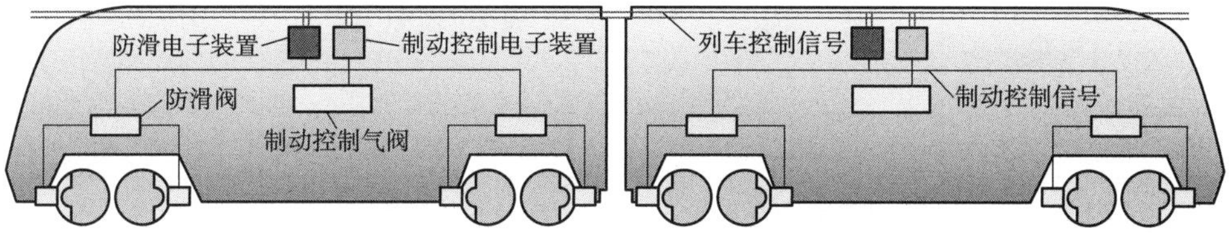

图1-10 车控式制动系统示意图

2. 架控式

架控式制动控制是指一个电子控制单元控制一个转向架。如德国公司生产的EP2002型制动系统和我国铁科院和广州地铁公司共同研制的EP09型制动系统都是架控式。

架控(分布式)制动系统将制动控制和带气动阀的制动管理电子装置结合在一起,安装每个转向架上的单个机电一体化包(EP2002阀)中,如图1-11所示。

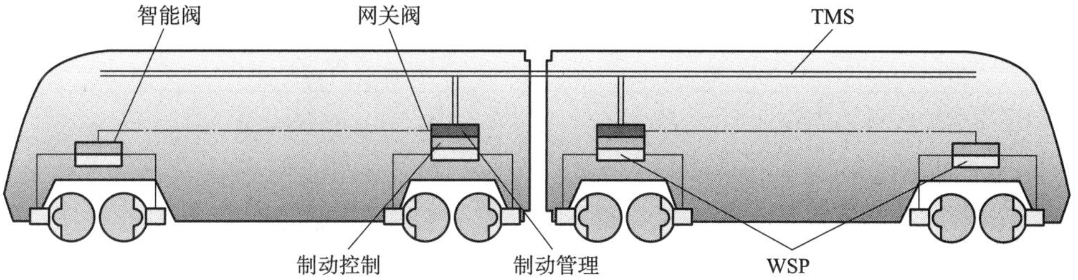

图1-11 架控式制动系统示意图

本书在后面单元将分别详细讲解车控式制动系统以及架控式制动系统。

单元四 制动计算

城市轨道车辆一般都是电动车组,其制动计算问题根据计算的目的不同有不同的计算类型。常见的制动计算主要有:制动载荷计算、制动能力计算和制动距离计算等。

一、制动载荷计算

1. 与制动有关的车辆载荷分析

(1)垂直静载荷

作用在车体上的垂直静载荷主要包括车体自重和车辆载重。车体自重包括车体钢(铝合金)结构、木(塑铝)结构,以及安装在车体上其他零部件和设备重量。车辆载重包括乘客和行李的重量。地铁和轻轨车辆的载重按所载乘客的重量计算。载客人数按客室的坐席数和站立人数来计算,可分为以下几种不同的工况:空载 AW_0 工况、座客载荷 AW_1 工况、定员载荷 AW_2

工况和超员载荷 AW_3 工况共四种工况。空载无乘客，座客载荷乘客数为座位数，定员站立人数按每平方米地板面积站立 6 人计算，超员可按每平方米地板面积站立 9 人计算，人均重量一般取 60 kg。表 1-2、表 1-3 是国内某地铁的列车载客容量和车辆重量计算表。

表 1-2　列车载客容量

缩写	定义	每车乘客数(人)	列车乘客数(人)
AW_0	无乘客(空载)	0	0
AW_1	座客载荷	56	336
AW_2	定员载荷(6 人/m^2)	310	1 860
AW_3	超员载荷(9 人/m^2)	432	2 592

表 1-3　车辆载荷

定义	乘客载荷(t)			车辆质量(t)			列车质量(t)
	A	B	C	A	B	C	
空载 AW_0	0	0	0	33	36	36	220
座客载荷 AW_1	3. 36	3. 36	3. 36	37. 36	41. 36	41. 36	240. 16
定员载荷 AW_2	18. 60	18. 60	18. 60	52. 60	56. 60	56. 60	331. 60
超员载荷 AW_3	25. 92	25. 92	25. 92	59. 92	63. 92	63. 92	375. 52

注：人均质量按 60 kg/人计算。

(2)垂直动载荷

垂直动载荷是由于轨面不平、钢轨接缝等原因以及车辆本身状态不良(例如车轮滚动圆偏心、踏面擦伤、踏面圆周磨耗或呈椭圆形状等)引起轮轨间冲击和车辆簧上振动而产生的垂向冲击力。

(3)纵向力

纵向力是当列车启动、加速或减速、制动和调车作业时，在车辆与车辆之间或调车机车与车辆之间所产生的牵引或压缩冲击力，纵向力越过牵引缓冲装置作用于车辆底架的牵引梁上，使车体承受偏心的拉伸或压缩作用。纵向力的大小与列车的牵引功率、列车重量、列车运行速度、牵引和制动系统性能、缓冲器的特性、车体的纵向刚度、调车时连挂速度以及司机的操纵技术等因素有关。

(4)侧向力

作用在车体上的侧向力主要包括风力、曲线运行时的离心力和列车的蛇行运动产生的轮轨作用力。

(5)扭转载荷

当车辆通过线路的缓和曲线段，前位转向架已进入缓和曲线，而后位转向架仍处于平直线路时，车体将承受扭转变形。

2. 制动时载荷分析

当列车在运行中实施制动时，在车辆上有以下两种纵向力的作用：

①在只采用空气制动机的情况下，列车开始制动时，由于空气制动波速的影响，列车前、后

车辆并不是同时发生制动作用的,这样必然要引起车辆间的纵向冲击,其纵向力大小相等、方向相反以集中力的形式作用在车体底架两端。

②在全列车的所有车辆都发生制动作用时,车辆间的纵向冲击消失,制动力逐渐增大至最大值,车辆在制动力作用下做减速运动,由于车体和转向架质量会产生纵向惯性力。这种纵向惯性力对车体的作用远不及上述纵向力严重,故可以忽略不计,但它对转向架有一定影响。如图 1-12 所示,制动时钢轨给予车辆的最大制动力 F(N)(其方向与车辆运动的方向相反)由式(1-1)决定。

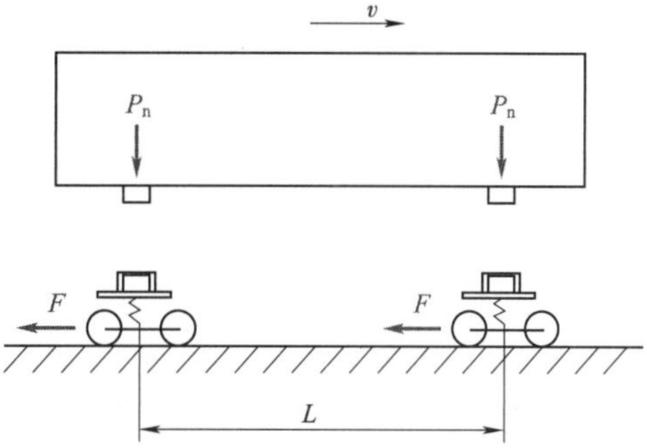

图 1-12　车辆制动时的载荷分析

$$F = P_n \mu g \tag{1-1}$$

式中　P_n——车辆垂直静载荷,又称为车辆黏着质量,它等于车体和转向架的自重及车辆载重之和;

μ——轮轨间的黏着系数;

g——重力加速度。

在制动力作用下,车辆最大减速度为

$$a = \frac{F}{P_n} = \mu g$$

二、制动能力计算

以闸瓦制动为例(图 1-13),车辆制动时,假设每两条轮对的闸瓦压力为 K,车轮与闸瓦之间的摩擦系数为 φ。制动前,列车以速度 v 运行,轮对以角速度 ω 沿钢轨面滚动;制动时,闸瓦作用于车轮踏面的压力 K 引起闸瓦作用于轮对的摩擦力 $K\varphi$,这个摩擦力对轮对中心形成一个力矩 $K\varphi R$,它的方向与轮对转动的方向相反。

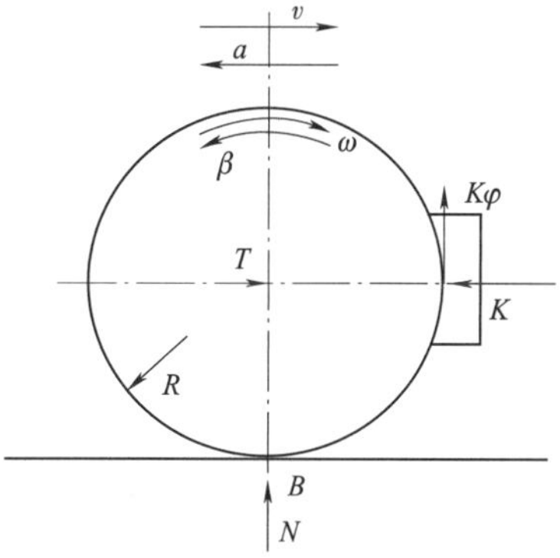

图 1-13　制动力的形成

上述摩擦力矩起着两方面的作用:一方面,阻止轮对转动,使轮对获得角减速度 β,轮对旋转速度也因此力的作用而迅速减慢直至完全停止转动;另一方面,由于轮对的转动被阻止,势必会引起轮轨间相对滑动的趋势,从而使轮轨之间产生相互作用力,即由于闸瓦摩擦力矩而在轮轨接触点间引起车轮对钢轨的纵向水平作用力和钢轨对车轮的反作用力 B。反作用力 B 对于轮对以及本列车来说都是与列车运动方向相反的外力,起着阻碍列车运行的作用,使列车获得减速度 a,这就是制动力。根据图 1-13 所示,将轮对作为分离体进行受力分析,并以此建立力矩平衡方程就可以求得制动力大小,即

$$K\varphi R - BR = l\beta \tag{1-2}$$

式中　R——车轮半径,m;

l——轮对的转动惯量,kg/m^2;

β——角减速度,rad/s。

在式(1-2)中 $l\beta$ 所占的比例很小，通常忽略不计，但是在进行计算转动距离时要加以考虑。这样，转动力在数值上等于闸瓦摩擦力，即

$$B=K\varphi$$

全列车的制动力为
$$B_m=\sum(K\varphi) \tag{1-3}$$

从式(1-3)可知，制动力 B 随着车轮和闸瓦之间的摩擦力的增大而增大，其大小要受到黏着力的限制，即

$$B=K\varphi\leqslant F_\varphi=N\varphi \tag{1-4}$$

式中 F_φ——轮轨之间的黏着力，N；

N——钢轨对轮对的反作用力，N；

φ——轮轨之间的黏着系数。

制动方式的不同，制动力的计算方式也有所不同。这里仅就空气制动和动力制动作简单介绍。

1. 空气制动的制动力计算

当电动车组采用闸瓦制动时，如果各车的车轮与闸瓦间的摩擦系数相同时，制动力的计算公式为

$$B_m=\sum(K\varphi) \tag{1-5}$$

式(1-5)中的车轮闸瓦间的摩擦系数的大小在其他条件相同的情况下，主要由闸瓦的材料决定的。

中磷铸铁闸瓦对的车轮摩擦系数为

$$\varphi=0.64\times\frac{K+100}{5K+100}\times\frac{3.6v+100}{14v+100}+0.0007\times(110-v_0)$$

高磷铸铁闸瓦对的车轮摩擦系数为

$$\varphi=0.819\times\frac{K+100}{7K+100}\times\frac{17v+100}{60v+100}+0.0012\times(120-v_0)$$

低磨合成闸瓦对的车轮摩擦系数为

$$\varphi=0.25\times\frac{K+500}{6K+500}\times\frac{4v+150}{10v+150}+0.0006\times(100-v_0)$$

低磨合成闸瓦对的车轮摩擦系数为

$$\varphi=0.41\times\frac{K+200}{4K+200}\times\frac{v+150}{2v+150}$$

式中 K——闸瓦压力，kN；

v——列车运行瞬时速度，km/h；

v_0——制动初速度，km/h。

闸瓦压力与制动缸压大小有关。当采用单元制动时，闸瓦对车轮的压力 K(kN)为

$$K=\left(\frac{\pi}{4}d^2p_z-F_G\right)n\eta m \tag{1-6}$$

式中 d——制动缸直径，m；

p_z——制动缸压力，kPa；

n——单元制动缸制动倍率；

F_G——制动缸复原弹簧的弹力，kN；

η——单元制动缸传递效率；

m——每条轮对上的单元缸数量。

由此可得每条轮对的制动力 B(N)为

$$B=1\ 000\left(\frac{\pi}{4}d^2p_z-F_G\right)n\eta m\varphi \tag{1-7}$$

如果是盘形制动，由于盘形制动闸片的摩擦半径小于车轮半径，所以每一轮对产生的制动力为

$$B=1\ 000\left(\frac{\pi}{4}d^2p_z-F_G\right)n\eta m\frac{r}{R}\varphi \tag{1-8}$$

式中　r——制动盘的摩擦半径，m；

R——车轮半径，m。

2. *动力制动的制动力计算*

动力制动是利用牵引电机的可逆原理，在制动工况时，将牵引电机变为发电机，由轮对驱动，消耗电动车组的动能转化成电能。然后再将电能反馈给电网，或者将电能通过电阻转变为热能散逸到大气中。在制动工况时，牵引电机中的电流与感应电动势方向相同，而电磁转矩与电枢的旋转方向相反。这个反向转矩通过传动齿轮传到动车的动轴上，与闸瓦制动作用效果一样，在动轴的轮对钢轨之间产生了钢轨对车轮的纵向水平作用力，即动力制动力。动车组中动车每台电机产生的电磁转矩为 M，则该动车产生的动力制动力为

$$B_d=\frac{m_d\mu}{R\eta_d}M \tag{1-9}$$

式中　R——车轮半径，m；

m_d——每辆车上牵引电机台数；

μ——传动齿轮传动比；

η_d——传动效率；

M——电机电磁转矩，N·m。

三、制动距离计算

从司机将制动控制器手柄置于“制动位”的瞬间至电动车组完全停车为止，电动车组所走过的距离称为制动距离。制动距离是反映制动系统综合性能的一个重要指标。

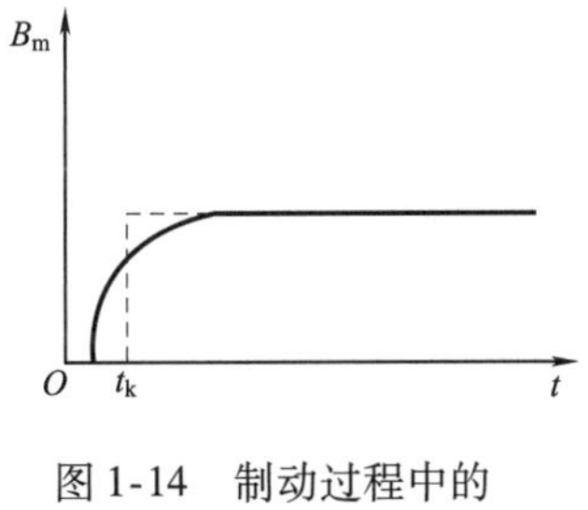

图 1-14　制动过程中的制动力变化过程

由于在施行制动时，动车组中各车辆的制动力产生的开始时间并非完全同步，尤其是制动力的上升不可能完全相同。因此，从动车组开始实施制动到制动力上升到最大值是一个作用过程，如图 1-14 中实线所示。为了便于计算，通常假定动车组各车辆的制动 B_m 力在实施制动后的某一瞬间 t_k 同时产生并立即

达到最大值，如图 1-14 中虚线所示。图中列车制动力变化可以分成两个阶段：第一阶段从实施制动开始到 t_k 称为空走过程，t_k 称为空走时间，空走时间内列车惰行的距离称为空走距离；第二阶段从 t_k 瞬间开始到列车完全停止的过程称为实制动过程，此过程所经历的时间为实制动时间，实制动时间内所走距离为实制动距离。因此制动时列车所走的制动距离为空走距离与实制动距离之和，即

$$s_x = s_k + s_t \tag{1-10}$$

式中 s_x——列车所走的制动距离，m；

s_k——空走距离，m；

s_t——实制动距离，m。

1. 空走距离的计算

根据上述计算，在空走过程中列车处于惰行工况，既无牵引力也无制动力，但却有运行阻力的存在，列车在运行阻力的作用下也会使运行速度减慢。为进一步简化计算，通常假定在空走过程中列车的运行速度不变，将运行阻力的影响用修正空走时间的方式来解决。因此空走距离可以按式(1-11)计算，即

$$s_k = \frac{1\,000 v_0 t_k}{3\,600} = \frac{v_0 t_k}{3.6} \tag{1-11}$$

式中 v_0——制动初速，km/h；

t_k——空走时间，s。

式中空走时间的计算较为复杂，通常可根据制动距离等效的原则由经验公式进行计算（此公式仅供参考）。

旅客列车紧急制动时：

$$t_k = 3.5 - 0.08 i_k$$

旅客列车常用制动时：

$$t_k = (4.1 + 0.002 rn)(1 - 0.03 i_k)$$

式中 i_k——坡道的坡度，‰；

n——列车管减压量，kPa；

r——列车编组辆数。

新型的电动车组采用电空制动控制系统时通常取其空走时间为 1 s。

2. 实制动距离的计算

在实际制动过程中，动车组在制动力和运行阻力的作用下，运行速度从制动初速降低到零。因此，实制动距离可以利用下面的公式求得。

$$s_x = \int_0^{v_0} \frac{1\,000 \times 1.06 \times mv\mathrm{d}v}{12.96 \times (B + W_k)} = \int_0^{v_0} \frac{1\,000 \times v\mathrm{d}v}{12.23 \times \left(\dfrac{B_m}{m} + \omega_0 + i_k g\right)} \tag{1-12}$$

在制动力的计算过程中，忽略了回转质量的影响。但回转质量实际上还是要消耗一定的制动功率的。一般车辆回转折算质量约为车辆实际质量的 6%。为此在实制动距离的计算中，以 1.06 作为车辆质量的修正系数，即用 1.06 倍的动车组的质量替代动车组的实际质

量进行以上计算。

式(1-12)中单位基本阻力 ω_0 是速度 v 的二次函数,制动力中可能出现的摩擦系数也与速度有关。因此,上述积分直接计算比较困难,一般采用分段累计法或数值积分法进行计算。

思考与练习题

1. 解释名词:制动、缓解、列车制动系统、制动力、制动装置、制动距离。
2. 制动装置一般包括哪几部分?
3. 城轨车辆制动模式有哪些?它们各有什么特点?
4. 按照动能的转移分类,制动方式可以分为哪几种?
5. 什么是再生制动和电阻制动?什么是黏着制动和非黏着制动?
6. 与车辆制动系统有关的载荷有哪些?

模块二　城市轨道交通车辆制动控制系统

学习目标

1. 掌握城轨车辆制动系统组成。
2. 掌握电子制动控制单元的功能。
3. 掌握数字与模拟指令制动系统的特点。
4. 熟知城轨车辆不同制动策略的特点。

制动控制系统是城市轨道交通制动系统的核心，它接收来自司机控制器或自动驾驶系统（ATO）或全自动驾驶（FAO）的指令，并采集车上各种与制动有关的信号（载荷、目前速度、制动指令等级等），将指令与各种信号通过微处理器进行计算，得出列车所需的制动力，再向动力制动系统和空气制动系统发出制动信号。动力制动系统进行制动同时将实际制动力的等值信号再反馈给制动控制系统，制动控制系统通过运算协调动力制动和空气制动的制动量，空气制动系统将制动控制系统发来的制动力信号经流量放大后使执行部件产生相应的制动力，这就是制动控制系统的主要功能。

单元一　制动控制系统的组成

制动控制系统主要由电子制动控制单元（EBCU）、空气制动控制单元（BCU）和电气指令单元等组成。它们在整个制动系统中的位置如图 2-1 所示。

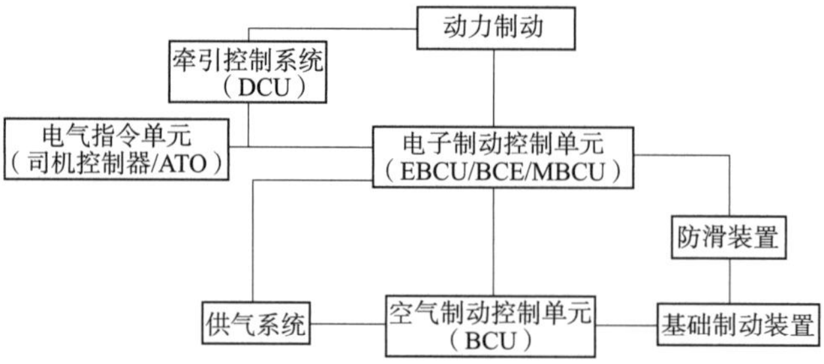

图 2-1　制动控制系统框图

电子制动控制单元 EBCU 是以微机为中心的电子控制装置；空气制动控制单元（空气制动机）BCU 是以压力空气作为制动信号传递制动力控制介质的制动控制系统；电气指令制动控制单元是以电气信号来传递制动信号的制动系统。

目前运用比较广泛的 EP2002 制动控制系统将电子制动控制单元与空气制动控制单元整合到一个 EP2002 阀上。

一、电子制动控制单元

对早期的轨道车辆来说，电子制动控制单元是没有的。因为列车仅以压缩空气作为唯一的制动力来源而没有电气制动。电磁式制动机虽然采用电气指令控制，但它们只是通过司机制动控制器（电空制动控制器）进行励磁和消磁，从而控制列车的制动或缓解。

随着电子技术的迅速发展，特别是微机技术的发展，列车制动控制不再靠司机的判断，而由微型计算机综合列车运行中的各种相关参数，经过运算和判断，分析并能给制动系统发出精确的指令，使制动系统发出动作。以微型计算机为中心的电子控制装置被称为电子制动控制单元（EBCU）、微机制动控制单元（MBCU）或制动控制电子装置（BCE）。

电子制动控制系统的主要功能如图 2-2 所示。

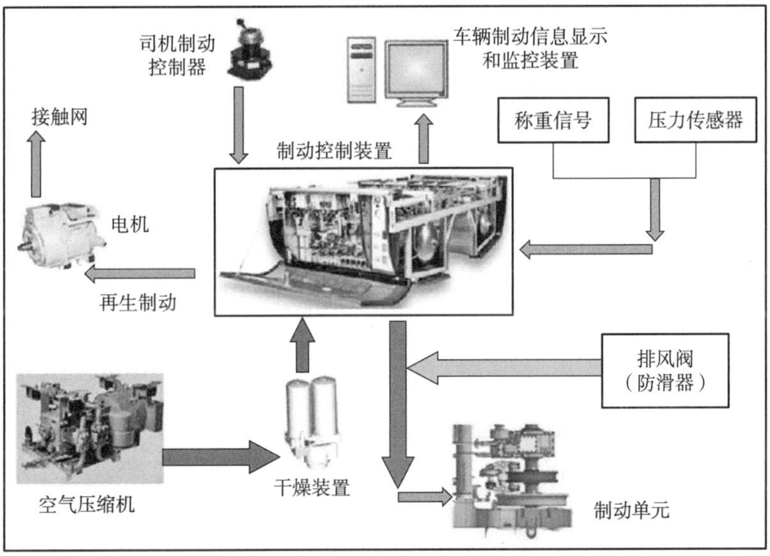

图 2-2　电子制动控制系统组成框图

（1）接收司机控制器或 ATO 的指令，并与牵引控制系统协调列车的制动和缓解。设有紧急制动电路，当紧急制动指令发出时，列车能迅速调用全部空气制动能力实行紧急制动。

（2）将接收到的动力（电气）制动实际值经转换阀进行转换，将电信号转换成为气动信号发送给空气制动控制单元（BCU），在保证电制动优先的条件下，空气制动能自动进行列车制动力的补偿，并将制动所需压力传递给基础制动装置，从而使列车制动力保持不变。

（3）控制供气系统中空气压缩机组的工作周期，监视主风缸输出压力等参数。如果供气系统中某台设备发生故障，它能及时调用备用设备填补。

（4）在列车制动过程中始终收集列车所有轮对速度传感器发来的速度信号，对轮对在制动中出现的滑行进行监视，一旦发现滑行，将立即发出防滑信号并控制防滑电磁阀动作，实施防滑措施。

（5）对列车制动时的各种参数和故障进行监视和记录，故障记录可以在列车回库后用便携式计算机读出各种故障信息。

其实，电子制动控制单元从硬件上来说只是一台微型计算机和一些输入、输出设备，而起主要作用的是其控制软件。随着制动控制软件的编制水平不断提高，使得电子制动控制单元的功能也越来越完美。

近年来,列车网络通信已经成为车辆控制技术的新宠,电子制动控制单元也成为列车控制网络中的重要一环。集成电子技术也越来越多地融入了制动系统中。机电一体化元件的出现,也使电子制动控制单元、微机制动控制单元和制动控制电子装置等已经逐渐被机电一体化组合件智能阀、网关阀和远程控制阀等所替代。这些新的元件不仅延伸了原先电子制动控制单元的所有功能,还能承担起网络通信的职能。例如,本书后面将介绍的克诺尔 EP2002 型制动系统,将类似于电子制动控制单元的模块安装于 EP2002 阀内部,称为本地制动控制板(RBX)。

二、空气制动控制单元

空气制动控制单元(BCU)是制动系统中电气制动和空气制动的连接点,也是电子、电气信号与气动信号的转换点。

一般空气制动控制单元是由各种不同功能的电磁阀和气动阀组成,但根据各制造厂商的产品系列和电气指令的模式不同也有很大差别。以下的单元里将详细介绍各种不同结构的制动系统的结构、组成及制动控制原理。它们的结构和组成不尽相同,基本有以下几类部件组成。

(1)内部有不同腔室及连通各腔室通路的阀体。

(2)控制腔室及各通路的活塞和阀门。

(3)控制活塞、阀门的膜板、弹簧、顶杆和铁芯。

(4)控制顶杆和铁芯的电磁线圈。

(5)与各阀体内部各通路相连接的输入、输出接头。

(6)电—气或气—电转换部件等。

以 KBGM 制动系统为例,其空气制动控制单元由模拟转换阀、紧急电磁阀、称重阀、中继阀、压力开关等组成,如图 2-3 所示;KBWB 制动系统的空气制动控制单元由 EP 控制板、称重阀和主控阀等组成;EP2002 制动系统将空气制动控制单元的模块安装于 EP2002 阀内部,称为气动阀单元(PVU),如图 2-4 所示。

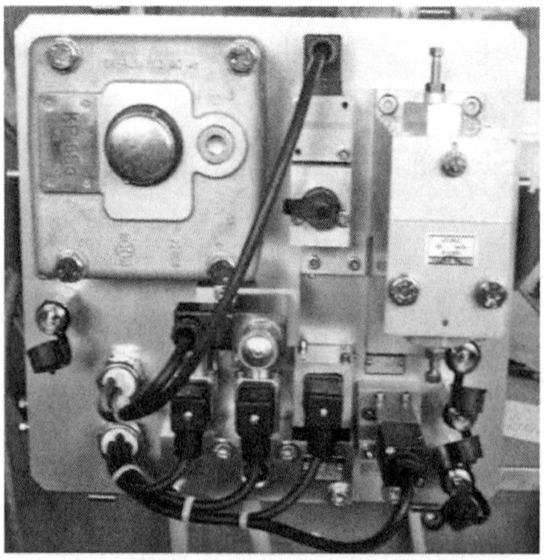

图 2-3　KBGM 空气制动控制单元(BCU)

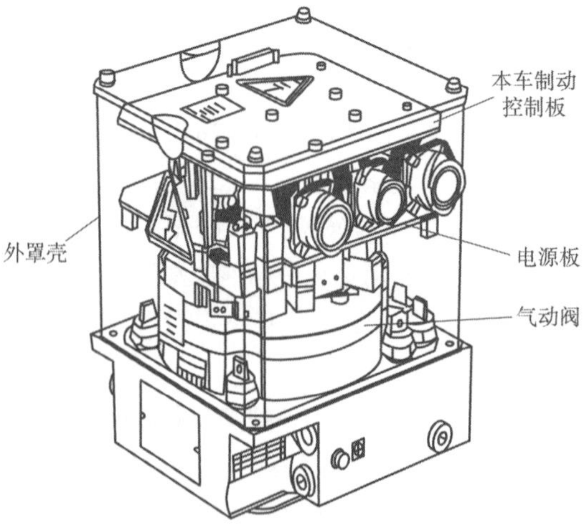

图 2-4　气动阀单元(PVU)

三、电气指令单元

现代城市地铁几乎都采用了电气指令单元来迅速、准确、可靠地传递来自司机控制器或由自动驾驶系统发出的指令。按其指令方式的不同又可分为数字指令式制动控制系统和模拟指令式制动控制系统。

电气指令单元从根本上改变了传统意义上使用空气压力的变化来传递制动信号或作为制动力的唯一来源的状况。早期的城轨车辆也曾使用过电磁直通式空气制动机，司机通过司机控制器对每辆车上的制动电磁阀和缓解电磁阀进行励磁和消磁，以控制列车管中的压力空气的压力变化，使各辆车的制动阀动作，产生制动和缓解作用，但这种电磁制动机的电气信号的产生过于简单，传递方式也是依靠有触点电器的动作作用，其准确性和可靠性都很难得到保证，故障率也高。随着电子技术的发展，出现了新的电气指令传递方式，即采用电气指令控制线的方式，这种制动方式能够实现列车制动、缓解迅速，作用灵活无冲动，有效利用轮轨黏着，缩短制动距离。

1. 数字式电气指令制动控制系统

数字式电气指令制动控制系统实际上是使用了三根常用制动的电器指令线并通过对应的三个常用电磁阀各自得电（相当于数字 1）或失电（相当于数字 0）组成的组合。0 和 1 在组成三位数字时，除 000 外，还有 001、010、011、100、101、110、111 共七组组合。这七种组合就是七种不同的数字指令，当用来控制制动系统时就会得到七级不同的制动力级别。所以数字指令实际上是开关指令的组合，属于分档控制，特点是操纵灵活，可控性能好。这样的分档控制指令是通过具有多块气动膜板的中继阀动作，最后使得制动缸获得恒定的七级压力。如果采用更多的指令线，即可获得更多的制动指令，但根据一般的经验，七级指令已经基本满足使用要求。

SD 型制动控制系统以及 HRDA 型制动控制系统属于典型的数字指令式制动控制系统。

2. 模拟式电气指令制动控制系统

模拟式电气指令制动控制系统可以实现无级制动控制和连续操纵。常用的模拟电信号有电流、电压、频率和脉冲信号等，这些模拟量可以传递制动控制的信号。理论上，模拟式电气指令制动控制系统的操纵性能比数字式的更方便，但它对指令传递的设备性能要求较高。

上海地铁和广州地铁使用的电气指令制动控制系统即为模拟式电气指令制动控制系统。从司机控制器发出的指令经调制器转换为脉冲宽度信号，即采用脉冲宽度调制方法（简称 PWM），不同的脉冲宽度表示不同的制动等级。制动指令传递到每节车的微机制动控制单元。微机制动控制单元采集列车的运行速度和本车的负载信号，对制动指令进行修正并给出制动力值，根据动力制动优先的原则，计算出所需补充的空气制动力的数值，用电气指令传送给电—空转换阀，电—空转换阀向中继阀输出空气压力指令。中继阀起着压力空气流量放大的作用，它将足够的压力空气送入制动缸，以实现不同等级的制动作用；或者将空气排出制动缸，以实现不同程度的缓解作用。

轨道交通车辆采用脉冲宽度调制的模拟式电气指令制动控制系统，应当属于较为先进的列车制动控制系统，EP2002、KBGM、KBWB 制动系统属于典型的模拟式电气指令制动系统。

单元二　制动控制策略

一、制动控制策略

制动控制策略分为恒制动率控制和空气制动滞后控制。

1. 恒制动率控制

城市轨道交通车辆载客情况变化很大，无论空载、满载或超员，都应保证列车的减速度与司机制动命令相对应。因此，列车控制系统必须检测各节车辆的负荷重量，对应于各动车和拖车的负载重量变化而自动调整各级制动缸压力。在运行过程中司机控制器的各制动级位都保持恒定制动率，得到恒定减速度。

列车载重量信号是以列车关门后空气弹簧存储的压力为参考值的。列车控制系统将每节车相应空气弹簧的压力信号通过压力传感器转换为电压信号后，按照空载和满载的极限值设定上下限，作为车辆负载的电压输出。

2. 空气制动滞后控制

实现指令减速度目标，列车编组内的各车有多种分担制动力的方法。过去一般采用的控制方法是各节车各自承担自己需要的制动力，即均匀制动方式，如图 2-5 所示。采用这种控制方式，拖车所需的制动力将全部由自己的空气制动系统承担，拖车的闸瓦磨耗要比有电气制动的动车快得多。

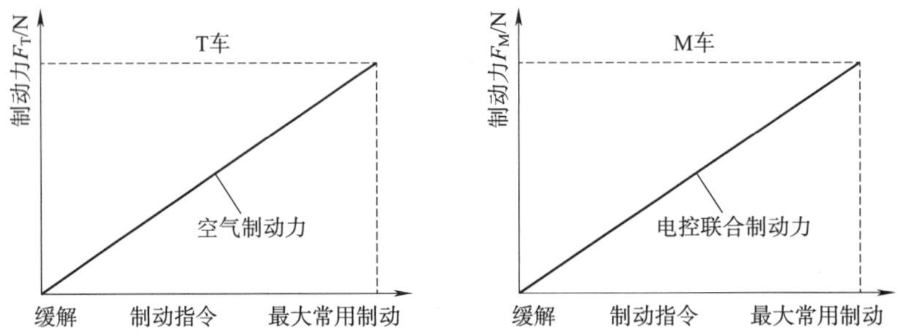

图 2-5　均匀制动方式

随着近年来逆变控制的三相感应电动机牵引系统的大量应用，由于三相感应电动机自身具有良好的黏着特性，使黏着系数的期望值大大提高，即可以最大限度地使用电制动力而不会发生滑行。因此，各节车在分担制动力时，在其利用黏着不超过限制的范围内，进一步提高动车的制动力而减少拖车的制动力，以实现最大限度地利用动力制动的目的。所以，采用 VVVF 控制或斩波控制的列车，可以取得较高的期望黏着系数，在不超过黏着限制的范围内充分利用动车的电气制动力，不足部分再由拖车的空气制动力补充，这样可以大大节约能源，有效降低拖车机械制动的磨耗。这种控制方式称为空气制动滞后控制。

(1)拖车空气制动滞后控制

以“两动一拖”编组的拖车空气制动滞后补充控制方式如图 2-6 所示，其控制思想：T 车所需制动力由 M 车的再生制动力承担，根据空—电联合制动运算，不足部分也由 M 车的空气制动力补充。最后还不足时，再由 T 车的空气制动力承担。

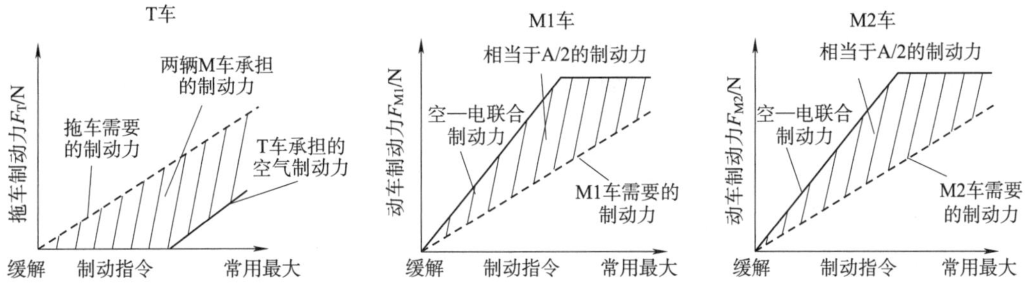

图 2-6　“两动一拖”编组的拖车空气制动滞后补充控制方式

(2)拖车空气制动优先补足控制

拖车空气制动优先补足控制方式也是拖车所需要的制动力,首先由动车的动力制动承担,但当再生制动力不足时,由拖车的空气制动来补充;再不足时才由动车的动力制动力补足。当再生制动失效时,动、拖车空气制动均起作用。

在这种控制方式下,动车的空气制动力不会超过本节车自己所需的制动力,即空气制动力的黏着利用不会超过黏着限制,单纯再生制动力的设定可以比较高。因此在拖车空气制动优先补足控制方式下,动车的再生制动力可以承担的拖车制动力比拖车空气制动滞后补充控制方式更高,节能效果更好。直流斩波调速和交流变频调速的城市轨道交通车辆都可以采用拖车空气制动优先补足控制方式。采用这种方式的“一动一拖”编组的拖车空气制动优先补足控制方式如图 2-7 所示。

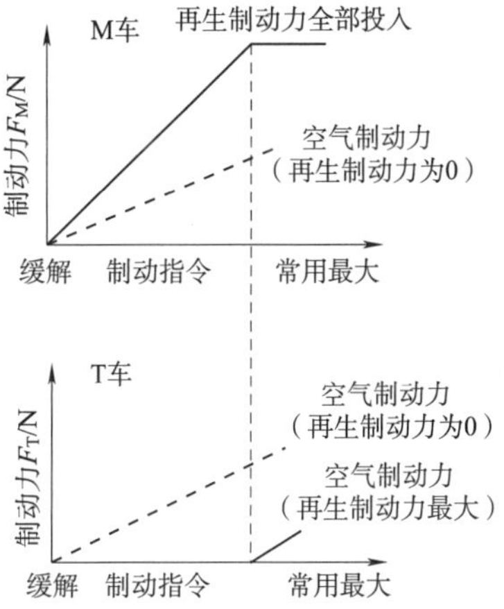

图 2-7　“一动一拖”编组的拖车空气制动优先补足控制方式

二、(常用)制动混合原则

1. 电制动无故障状态下的制动原则

在 DCU 无故障状态情况下,电制动始终起作用,提供常用制动所需的制动力($AW_0 \sim AW_2$)。制动指令值同时送至所有的牵引控制系统(DCU)和电子控制单元(ECU),并由它们分别根据车辆的载荷情况计算所需的制动力。

2. 电制动与气制动混合的控制原则

电制动和气制动之间融和(混合)应是平滑的,并满足正常运行的冲击极限。气制动用来填补所要求的制动需求和已达到的电制动力之间的差额。

3. 制动力的分配

电制动力的分配原则:由于车辆编组每单元为 3 节,假设每单元自己提供制动力,总共需要 300% 的制动力,而电制动时只有动车能提供制动力,每单元的 3 节车中只有 2 节动车,因此每节动车承担 150% 的制动力。

空气制动力的分配原则:由于每节车有独立的空气制动控制 ECU 及部件,在所有假定的恶劣条件下(电压低于 DC 1 500 V、滑行影响及 AW_3 载荷情况下),由“两动一拖”编组组成的单元车则需 300% 的空气制动力,每节车的 (气制动控制单元) 根据本车的载荷重量负责本车

100% 的制动力。

4. 电制动与空气制动的配合

DCU 与 ECU 之间有信号交换（电制动实际值、电制动故障信号、电制动滑行保护等），以供 ECU 计算 DCU 是否提供所必需的 300% 的制动力，并确定是否需要进行气制动补充或完全代替。

5. 踏面清扫设置

为了清洁轮对踏面，同时使气制动的响应时间最小，制动指令发出后，制动缸获得约为 30 ~ 50 kPa 的压力，制动闸瓦即向车轮踏面施加一个制动力。

6. 紧急制动距离的计算

设制动初速度为 80 km/h，AW_0 ~ AW_2 载荷时，制动距离≤204 m；AW_3 载荷时，制动距离≤215 m。

7. 停车制动

采用弹簧制动，空气缓解。停车制动能使超员载荷（AW_3）的列车在 40‰的坡度上停放。

思考与练习题

1. 制动系统的组成部分有哪些？
2. 电子制动控制单元的功能有哪些？
3. 空气制动控制单元的作用是什么？
4. 数字式制动系统与模拟式制动系统的特点是什么？
5. 什么是恒制动率策略？
6. 拖车空气制动优先补足控制的具体策略是什么？
7. 拖车空气制动滞后控制的具体策略是什么？

模块三　基础制动装置

学习目标

1. 了解基础制动装置的作用。
2. 掌握基础制动装置的分类。
3. 掌握闸瓦基础装置的结构及工作原理。
4. 掌握闸瓦间隙调整器的工作原理。
5. 会正确地利用闸瓦间隙调整器进行闸瓦间隙的调整。
6. 了解盘形制动装置的种类。
7. 掌握盘形制动装置的结构及工作原理。

制动系统是地铁列车安全可靠运行的基本保障，通常包括空气制动、基础制动装置、再生制动等。基础制动装置是确保地铁列车行车安全的最重要的措施之一，它最基本的功能是吸收制动动能并将之转化为热能散发到空气中。基础制动装置分为两类，一类是由踏面和闸瓦组成摩擦副的踏面制动，另一类是由制动盘和闸片组成摩擦副的盘形制动。

单元　基础制动装置特点及作用

基础制动装置是把作用在制动缸活塞上的压力空气推力增大适当倍数以后，平均地传递给各块闸瓦，使其转变为压紧车轮的机械力，阻止车轮转动而产生制动作用。

按设置在每个车轮上的闸瓦块数及其作用方式，可分为闸瓦式基础制动装置（单闸瓦式、双闸瓦式、多闸瓦式）和盘形制动基础制动装置等。

一、闸瓦式基础制动装置

闸瓦制动又称为踏面制动，是最常用的一种制动方式。闸瓦基础制动装置在制动时，根据制动指令使制动缸内产生相应的制动缸压力，该压力通过制动缸使制动缸活塞杆产生推力，经基础制动装置中的一系列杆件的传递、分配，使每块闸瓦都贴靠在车轮踏面上，产生闸瓦压力。车轮与闸瓦之间相对滑动，产生摩擦力，最后转化为轮轨之间的制动力。缓解时，制动控制装置将制动缸压力空气排除，制动缸活塞在制动缸缓解弹簧的作用下退回，通过各杆件带动闸瓦离开车轮踏面，如图 3-1 所示。

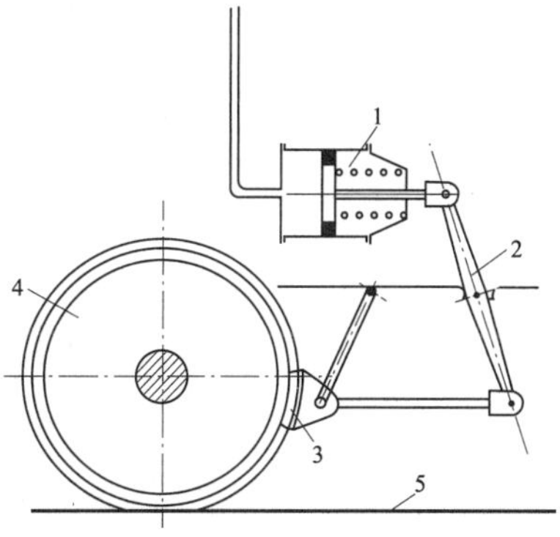

1—制动缸；2—基础制动装置；3—闸瓦；
4—车轮；5—钢轨。

图 3-1　闸瓦制动示意图

在闸瓦与车轮这一对摩擦副中，车轮由于主要承担着车辆走行功能，因此其材料不能随意改变。要改善闸瓦制动的性能，只能通过改变闸瓦材料的方法。早期的闸瓦材料主要是铸铁。为了改善摩擦性能和增加耐磨性，目前城市有轨交通车辆中大多采用合成闸瓦，但合成闸瓦的导热性较差，因此目前也有采用导热性能良好，且具有较好的摩擦性能和耐磨性的粉末冶金闸瓦。

在闸瓦制动方式中，动能转化为热能的能力强，但热能散于大气的能力相对较弱。当要求的制动功率较大时，有可能发生热能来不及散于大气，而在闸瓦与车轮踏面积聚，使它们的温度升高，严重时甚至会导致闸瓦熔化（铸铁闸瓦）或车轮踏面产生裂纹等。因此，在采用闸瓦制动时，对制动功率要有限制。

城市轨道交通车辆基础制动装置是制动装置的执行部件，普遍采用单元制动器，其主要原因是转向架的安装空间有限，特别是动车空间相对较小，采用单元制动器是解决基础制动装置安装问题的有效途径。下面以国内城市轨道交通车辆上使用较多的PC7Y型和PC7YF型单元制动器为例来说明闸瓦式基础制动装置的结构和作用原理。

广州地铁车辆、上海地铁车辆等采用的单元制动器是由德国公司生产的，每个转向架上装有两种型号的单元制动器，一种为PC7Y型（图3-2）；另一种为PC7YF型（图3-3），它还附带弹簧制动器（也称为停放制动端）。该踏面单元制动器具有以下特点：(1)有弹簧停车制动及手动辅助缓解装置（PC7YF型）；(2)有闸瓦间隙调整器；(3)制动传动效率高，均在95%左右；(4)占用空间小，安装简单；(5)性能稳定，作用可靠，维修方便。

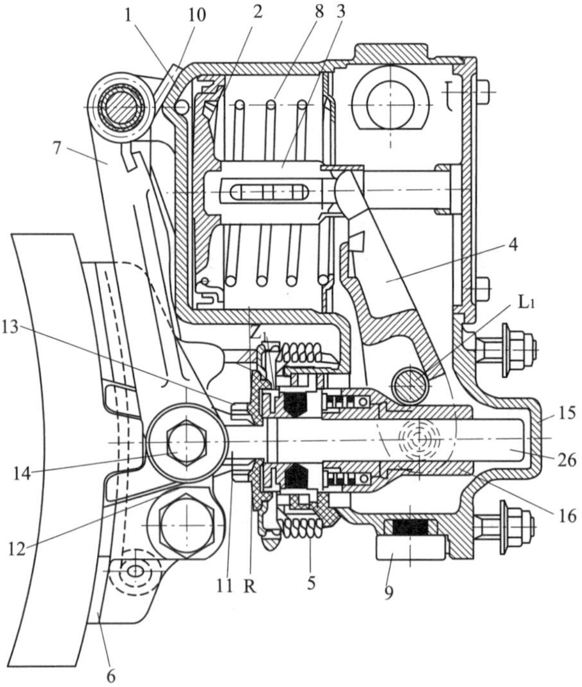

1—制动缸；2—制动活塞；3—制动活塞杆；4—制动杠杆；5—单向闸瓦间隙调整器；6—闸瓦托；7—闸瓦托吊；8—缓解弹簧；9—透气滤清器；10—闸瓦托复位弹簧；11—推杆头；12—弹簧垫圈；13—调整螺母；14—螺栓；15—外体；16—闸瓦间隙调整器体；26—螺杆；L_1—制动杠杆转动中心；R—齿轮啮合面；Z_1—啮合锥面。

图3-2　PC7Y型踏面单元制动器（不带停车制动器）

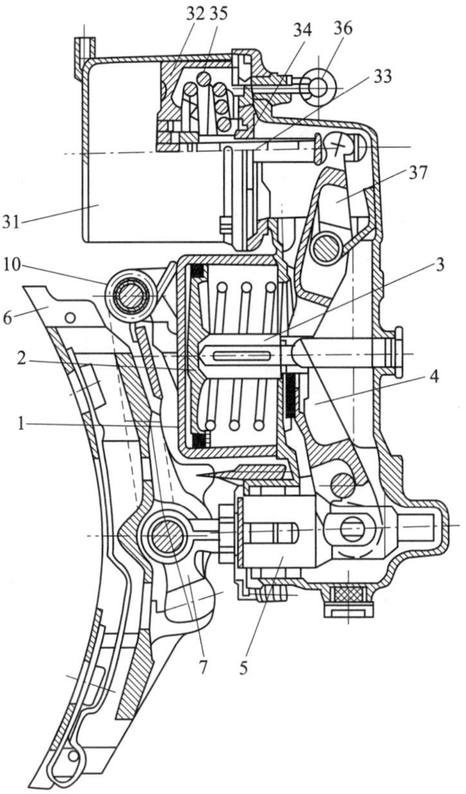

1—制动缸;2—制动活塞;3—制动活塞杆;4—制动杠杆;5—闸瓦间隙调整器;6—闸瓦托;7—闸瓦托吊;10—缓解活塞;31—缓解风缸;32—缓解活塞;33—缓解活塞杆;34—螺纹套筒;35—制动弹簧;36—缓解拉簧;37—制动杠杆。

图 3-3　PC7YF 型单元制动器(带停车制动器)

1. 主要技术参数

PC7Y 型、PC7YF 型踏面单元制动器的主要技术参数如下:

制动倍率	
常用制动器	2.85
弹簧制动器	1.15
制动缸工作压力	300～600 kPa
最大闸瓦压力	45 kN
弹簧制动缓解压力	5 300～80 000 kPa
闸瓦磨耗后一次最大调整量	15 mm
最大间隙调整能力	110 mm
PC7Y 型踏面单元制动器质量(包括闸瓦)	63 kg
PC7YF 型踏面单元制动器质量(包括闸瓦)	85 kg

2. 基本结构

PC7Y 型踏面单元制动器主要由制动缸 1、制动活塞 2、制动活塞杆 3、制动杠杆 4、单向闸瓦间隙调整器 5、闸瓦托 6、闸瓦托吊 7、缓解弹簧 8、闸瓦托复位弹簧 10 和用于更换闸瓦的推杆复位机构等组成，如图 3-2 所示。

PC7YF 型踏面单元制动器是在 PC7Y 型的基础上增加了一个用于停车制动的弹簧制动器，它包括停车缓解风缸 31、缓解活塞 32 及缓解活塞杆 33、螺纹套筒 34、制动弹簧 35、手动辅助缓解机构等，如图 3-3 所示。

3. 作用原理

（1）闸瓦间隙调整器的工作原理

①闸瓦和车轮踏面无磨耗时的制动过程。

闸瓦和车轮踏面无磨耗时的制动行程 H_0 是指调整衬套 25 碰到调整环 23 靠近推杆头 11 一端的凸环，且进给螺母 28 和调整衬套 25 的啮合锥面 Z_1（简称 Z_1 锥面）刚好脱开时的制动行程。当施行车辆制动时，压缩空气进入制动缸 1，推动制动活塞 2 及活塞杆 3，带动制动杠杆 4，将整个闸瓦间隙调整器及其所有零部件向车轮踏面方向移动，直到调整衬套 25 碰到调整环 23 为止。调整环 23 的凸环可防止调整衬套 25 进一步向制动方向移动，此时 Z_1 锥面刚好脱开。压缩弹簧 24 的作用力使调整衬套 25 作用于调整环 23，由于压缩弹簧 24 的作用，Z_1 锥面再一次啮合，当 Z_1 锥面刚好完全脱开时，无磨耗时的制动行程 H_0 完成。此时间瓦间隙已被消除，闸瓦与车轮踏面接触，当制动缸内空气压力继续上升时，踏面单元制动器便产生了制动力作用，如图 3-4 所示。

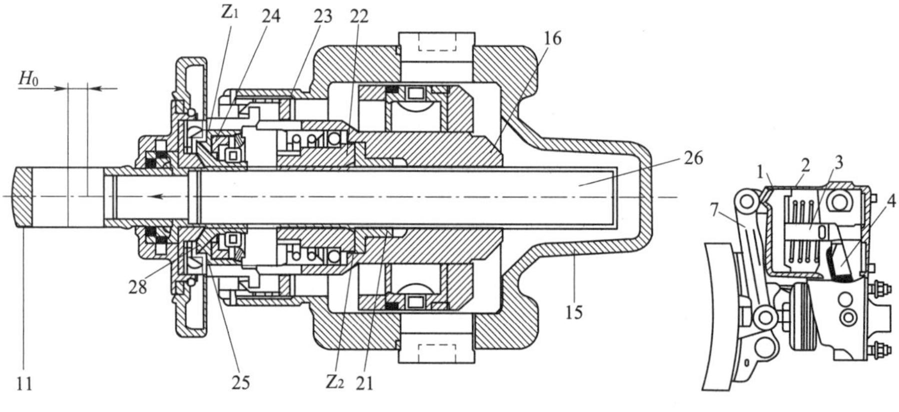

视频学习

单元制动机工作过程（常用制动施加）

1—制动缸；2—制动活塞；3—制动活塞杆；4—制动杠杆；7—闸瓦托吊；11—推杆头；15—外体；16—闸瓦间隙调整器体；21—连接环；22—止推螺母；23—调整环；24—压缩弹簧；25—调整衬套；26—推杆；28—进给螺母；Z_1—啮合锥面；Z_2—啮合面；H_0—制动行程。

图 3-4　闸瓦和车轮踏面无磨耗时的制动过程

②闸瓦和车轮踏面无磨耗时的缓解过程。

当施行车辆缓解时，制动缸内的空气压力下降到一定值后，在缓解弹簧 8 的作用下，通过制动杠杆 4，带动整个闸瓦间隙调整器及其所有传动部件脱离车轮踏面，向后（即缓解方向）移动。此时，Z_1 锥面啮合。当调整衬套 25 碰到调整环 23 面离推杆头 11 一端的凸环时，推杆 26 停止向后移动，回到缓解位置。而闸瓦间隙调整器体 16 等仍由于制动缸缓解弹簧的作用，通过制动杠杆 4 继续朝缓解方向移动，止推螺母 22 和连接环 21 的啮合面 Z_2（简称 Z_2 面）开始脱开。由于压缩弹簧 29 的作用，Z_2 面再一次啮合，当 Z_2 面刚好完全脱开时，无磨耗的缓解过程完成。当制动缸完全缓解时，各运动着的零部件停止移动，它们的相对位置如图 3-5 所示。

视频学习

单元制动机工作过程（常用制动缓解）

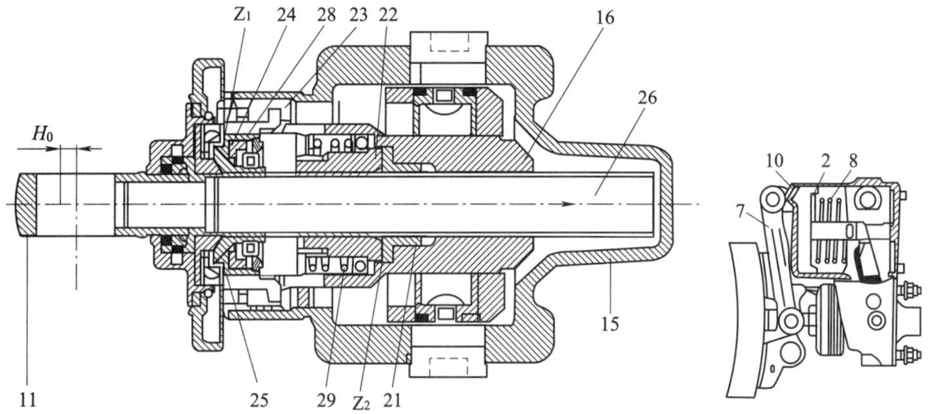

2—制动活塞；7—闸瓦托吊；8—缓解弹簧；10—闸瓦复位弹簧；11—推杆头；15—外体；16—闸瓦间隙调整器；21—连接环；22—止推螺母；23—调整环；24—压缩弹簧；25—调整衬套；26—推杆；28—进给螺母；Z_1—啮合锥面；Z_2—啮合面；H_0—制动行程。

图 3-5　闸瓦和车轮踏面无磨耗时的缓解过程

③闸瓦和车轮踏面有磨耗时的制动过程。

制动开始时，各零部件的动作与无磨耗时的制动过程完全一样，不同的是：当调整衬套 25 碰到调整环 23 后，由于闸瓦和车轮踏面出现磨耗，制动行程进一步加长，即制动缸产生的制动力仍不断通过制动杠杆 4 传递到闸瓦间隙调整器 16→连接环 21→止推螺母 22，从而传递到推杆 26，带动它们继续向前（即制动方向）移动，进给螺母 28 也随着推杆 26 向前移动，而调整衬套 25 由于受调整环 23 的限制，不能进一步向前移动，Z_1 锥面脱开，又由于推杆 26 和进给螺母 28 为非自锁螺纹连接，由于闸瓦磨耗，制动行程加长，推杆 26 等不断向前移动，压缩弹簧 24 的预压力就会引起进给螺母 28 在推杆 26 上转动，件 28 与 26 两者的相对位移量即为闸瓦和车轮踏面的磨耗量 M_V。此时，推杆 26 向前移动的行程比无磨耗时的制动行程 H_0 大，两者之差即为闸瓦和车轮踏面的磨耗量之和，各零部件的相对位置如图 3-6 所示。

④ 闸瓦和车轮踏面有磨耗时的缓解过程。

缓解开始时，各零部件的动作与无磨耗时的缓解过程完全一样，只是当调整衬套 25 碰到调整环 23 后，由于 Z_1 锥面的啮合，受调整环 23 限制的调整衬套 25 能防止进给螺母 28 在推杆 26 上转动，压缩弹簧 24 使 Z_1 锥面保持啮合，因此使推杆 26 不能进一步向后移动，止推螺母 22 也不能随着闸瓦间隙调整器 16 和连接环 21 继续向后移动，从而使 Z_2 面脱开，压缩弹簧 29 的作用又使得止推螺母 22 在推杆 26 上转动，直到制动缸完全缓解，闸瓦间隙调整器 16、连接环 21 回到缓解位，Z_1 面重新开始啮合而停止转动。两者的相对位移量为闸瓦和车轮踏面的磨耗量

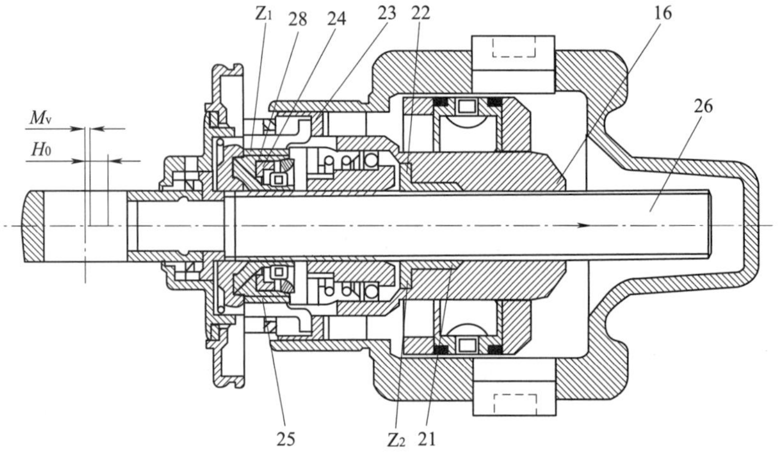

16—闸瓦间隙调整器;21—连接环;22—止推螺母;23—调整环;24—压缩弹簧;
25—调整衬套;26—推杆;28—进给螺母;Z_1—啮合锥面;Z_2—啮合面;
H_0—制动行程;M_V—闸瓦和车轮踏面的磨耗量之和。

图 3-6 闸瓦和车轮踏面有磨耗时的制动过程

之和 M_V。此时,闸瓦和车轮路面仍保持了正常间隙,只是推杆 26 比无磨耗时向前伸出了 M_V,各零部件的相对位置如图 3-7 所示。

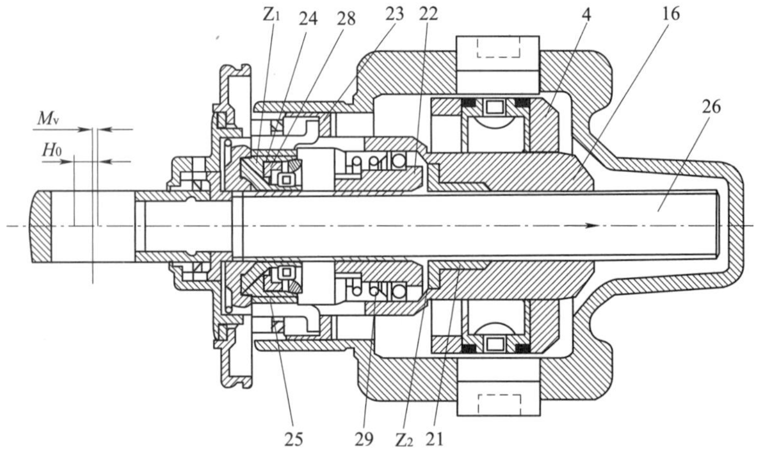

4—制动杠杆; 16—闸瓦间隙调整器;21—连接环;22—止推螺母;23—调整环;
24—压缩弹簧;25—调整衬套;26—推杆;28—进给螺母;29—压缩弹簧;Z_1—啮合锥面;
Z_2—啮合面;H_0—制动行程;M_V—闸瓦和车轮踏面的磨耗量之和。

图 3-7 闸瓦和车轮踏面有磨耗时的缓解过程

(2)推杆复位机构的工作原理

随着闸瓦的磨耗,推杆 26 在间隙调整过程中不断伸长,当闸瓦磨耗到限后,需要更换闸瓦时,只需顺时针转动调整螺母 13(图 3-2),啮合面 R 上的齿就能克服弹簧垫圈 12 的作用而滑脱,从而使推杆 26 复位,而不需要拆卸螺栓 14 和其他任何零部件。更换闸瓦后,闸瓦间隙又恢复到无磨耗时的正常值范围,一般无需人工调整,即可准备进行下一次制动。

(3)弹簧制动器的工作原理

弹簧制动器用于停车制动。当停车制动缓解风缸 31 排气后(图 3-3);制动弹簧 35 将活塞杆 33 推向前方,带动停车制动杠杆 37、推动制动杠杆 4,最后将闸瓦推向车轮路面,实现停车制动。

当向缓解风缸 31 充气时,压缩空气推动活塞 32 克服弹簧 35 的作用力,使活塞杆 33、制动杠杆 31 等分别复位,停车制动得到缓解。所以停车制动是排气制动,充气缓解。另外,停车制动还可通过拉动辅助缓解装置缓解拉环 36、使缓解活塞杆 33 和螺纹套筒 34(两者为非自锁螺纹连接)相对移动,释放弹簧作用力,达到缓解的目的。

二、盘形制动装置

1. 概述

盘形制动又称摩擦式圆盘制动,是在车轴上或在车轮辐板侧面装设制动盘,用制动夹钳将合成材料制成的两个闸片紧压在制动盘侧面,通过摩擦产生制动力,把列车动能转变成热能,耗散于空气之中。

与闸瓦制动相比,盘形制动有以下优点:

(1)可以大大减轻车轮踏面的热负荷和机械磨耗。

(2)可按制动要求选择最佳“摩擦副”,制动盘可以设计成带散热筋的,旋转时使其具有强迫通风的作用,以改善散热性能。

(3)制动平稳,几乎没有噪声。

但盘形制动也存在下列不足:

(1)车轮踏面没有闸瓦的磨刮,轮轨黏着将恶化。所以,为了防止高速滑行,既要考虑采用高质量的防滑装置,也要考虑加装踏面清扫器;

(2)制动盘使簧下重量及其引起的冲击振动增大;运行中还要消耗牵引功率,速度愈高,这种功率损失也越大。

2. 盘形制动装置的种类

按照摩擦面配置的不同,制动盘可分为单摩擦面(单面盘)和双摩擦面(双面盘)两类,一般为铸铁圆盘;按照制动盘的形状可分为整体式和由两个“半圆盘”组合而成的“对半式”;按照制动盘的安装位置可分为轴盘式和轮盘式。

非动力转向架一般采用轴盘式,当动力转向架轮对之间由于牵引电机等设备使制动盘的安装发生困难时,可采用轮盘式。制动时,制动缸通过制动夹钳使闸片夹紧制动盘,使闸片与制动盘间产生摩擦,把列车的动能转变为热能,热能通过制动盘与闸片逸散于空气中。盘形制动采用的高性能摩擦副材料和良好的散热结构,可以获得比闸瓦制动大得多的制动功率。

盘形制动装置的结构一般由单元制动缸、夹钳装置、闸片和制动盘组成。其中,单元制动缸中包含闸调器,夹钳装置由吊杆、闸片托、杠杆和支点拉板组成。夹钳的悬挂方式为制动缸浮动三点悬挂,即两闸片托的吊杆为两悬挂点,另一悬挂点是支点拉板。

盘形基础制动装置在制动时,制动缸活塞杆推出,制动缸缸体和活塞杆带动两根杠杆,通过杠杆和支点拉板组成的夹钳,使装在闸片托上的闸片同时夹紧制动盘的两个摩擦面,产生制动作用，如图 3-8 所示。

视频学习

盘形制动机
工作过程

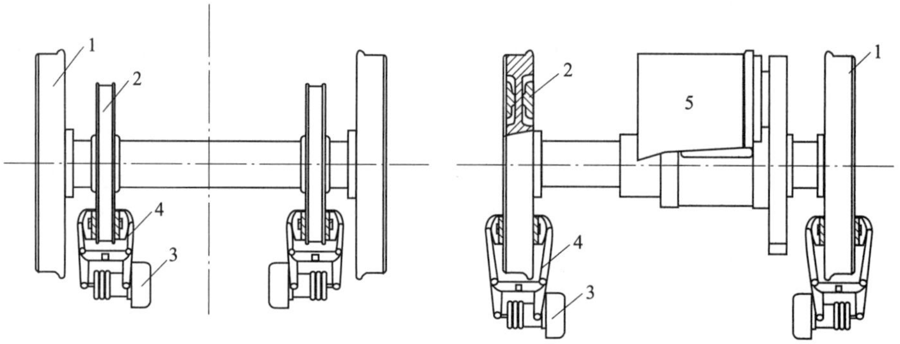

（a）轴盘式制动　　（b）轮盘式制动

1—轮对；2—制动盘；3—单元制动缸；4—制动夹钳；5—牵引电机。

图 3-8　盘形制动

盘形制动结构及其原理图如图 3-9 所示。

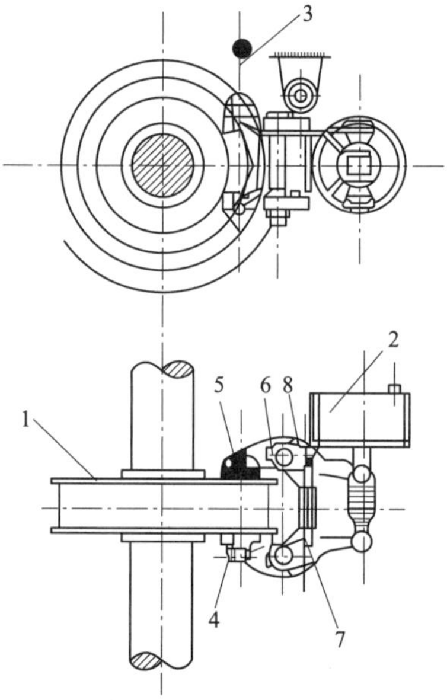

1—轮对；2—单元制动缸；3—吊杆；4—制动夹钳；
5—闸瓦托；6、7—杠杆；8—支点拉板。

图 3-9　盘形制动结构及其原理图

思考与练习题

1. 基础制动装置的作用是什么？
2. 基础制动装置的种类有哪些？
3. PC7Y 型踏面单元制动器的构造作用是什么？
4. 试述 PC7Y 型踏面制动单元的结构原理。

5. PC7Y 型常用制动器的制动作用怎样实现？
6. 盘形制动的主要优点是什么？
7. 试述弹簧储能制动器的制动作用。
8. 试述弹簧储能制动器的紧急缓解作用。
9. 试述 PC7YF 型单元制动器的主要结构原理。
10. 试述 PC7YF 型单元制动器的主要优点。
11. 带停放功能的 PC7Y 型单元制动器的工作原理是什么？

模块四　供 风 系 统

学习目标

1. 了解供风系统的组成。
2. 了解空气压缩机的结构组成。
3. 掌握空气压缩机(简称空压机)的工作原理。
4. 掌握供风系统中辅助设备的作用。
5. 掌握空气干燥器的结构及工作原理。
6. 学会分析空气干燥器的工作过程。

地铁车辆的供风系统为制动系统和辅助系统部件提供风源。其中的辅助系统包括空气弹簧气路、气笛和刮雨器装置气路、门控和空调装置气路、受电弓气路和车钩解钩装置气路等。供风系统是制动系统的主要组成部分。

单元一　供风系统概述

一、供风系统的组成

城轨车辆一般在 A 车上设置供风系统,每套供风系统主要由空气压缩机组(A01)、软管(A04)、安全阀(A06)、干燥器(A07)、主风缸(A09)、主风缸排水塞门(A10)、排气式截断塞门(A11)、压力调节器(A13)和空压机控制单元(A15)等部件组成,如图 4-1 所示。

供风系统为制动及所有其他用风设备提供所需的压缩空气,系统中设有三相 380 V 交流电机驱动的活塞式空气压缩机或螺杆式空气压缩机。

活塞式空气压缩机的特点是体积小、质量轻、维护方便、噪声低,压缩机采用飞溅润滑,在 1 500 r/min 时的空气排量为 920 L/min,采用三缸二级压缩(有 2 个低压缸)风扇冷却。电机与压缩机之间的连接是一种耐久的连接,不需要维护,有一个自动对中的法兰安装,使电机与压缩机准确对中。空气通过一个空气过滤器供给空压机,此过滤器具有较高的过滤能力,确保空压机得到最佳的保护。整个空气压缩机组采用弹性方式安装在车体上,从而消除了空压机组振动对车体的影响。为了避免空压机组振动传给列车管路,机组通过高压软管(A04)与车体上设备相连。

螺杆式压缩机与活塞压缩机相同,都属于容积式压缩机。螺杆式压缩机的可靠性高,零部件少,没有易损件,因而它运转可靠,寿命长;操作维护方便;动力平衡好。螺杆式压缩机没有不平衡惯性力,机器可平稳地高速工作,可实现无基础运转,特别适合作移动式压缩机,体积小、重量轻、占地面积少;适应性强,具有强制输气的特点,容积流量几乎不受排气压力的影响,

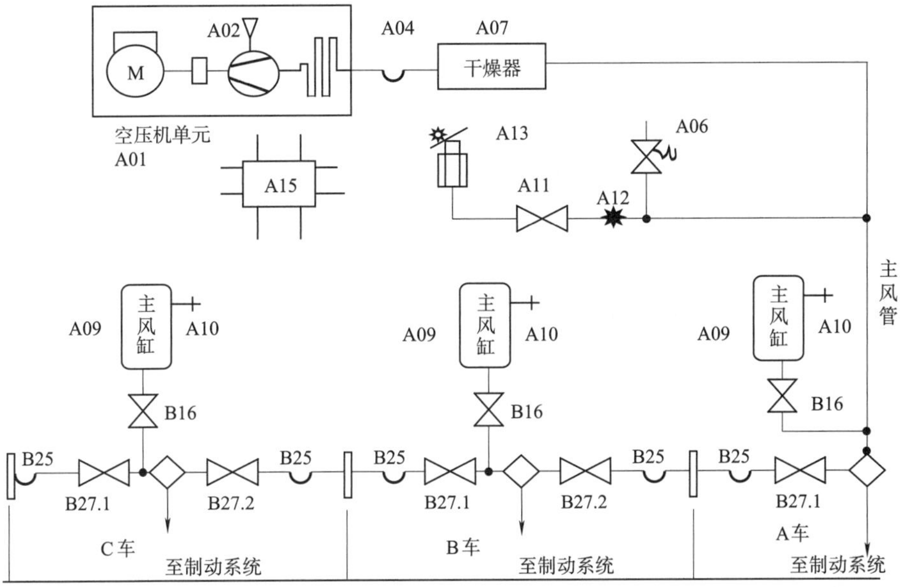

图 4-1　供风系统示意图

在宽阔的范围内能保持较高效率，在压缩机结构不作任何改变的情况下，适用于多种工况。

二、供风系统的工作原理

城轨车辆的供风系统能为每一单元车提供足够的压缩空气。空气由压缩机上的空气过滤器 A02 过滤后进入压缩机，在电动机的驱动下，被压缩的空气经冷却器冷却、干燥器 A07 干燥后，同时送至 3 个主风缸 A09（A、B、C 车各一个）和主风管。相邻车辆的主风管通过截断塞门 B27.1、B27.2、软管 B25 相连，以使各车辆之间的压缩空气保持流通，如图 4-1 所示。压力调节器 A13 控制着电动机的接触器，故空压机的启、停由压力调节器 A13 控制，当主风管压力 ≤0.75 MPa 时，空压机自动启动；当主风管压力 ≥0.9 MPa 时，则停机。如果出现任一节 A 车的最低压力信号，则两台空压机同时启动；如果出现指示两节 A 车有足够压力的信号，则两台空压机关闭。空压机单元的设计能力有足够的储备量，如果一台空压机单元发生故障，另一台空压机单元将承担整列车全部的供气，在一台空压机启动到正常运转的短时间内，所用的空调单元将停止启动。

三、压力空气的供给和处理装备

主空气压缩机（A2.1）是活塞型的空气压缩机，它能产生 950 L/min 的压力空气，该空压机由一个用 400 V、50 Hz 的交流电驱动的功率为 8.5 kW 电动机驱动。空气压缩机的噪声要求在 5 m 处不超过 68 dB。压力空气处理要求给总风管和辅助用风的空气经过干燥和过滤达到较高的标准来确保该系统有个可靠的维护保养。

空气压缩机（A2.1）中压力空气的输送是通过空气压缩机的柔性输送软管（A2.2）进入干燥器（A2.3），双塔干燥器（A2.3）是用活性氧化铝作为干燥剂进行再生干燥的，每辆车的压力空气储存在总风缸里（A6.7）。压缩机（A2.1）是每车有两个，并且是通过制动控制电子单元

(A6.9)来控制的。

压缩机的工作模式就是允许一个压缩机作为主压缩机(通常模式),而另一个压缩机作为从动模式(辅助模式)。每个车上的制动控制电子单元都能接收来自列车磁通信号程序(FIP)的压缩机的信号,这个信号每天都更换。如果列车需要的压力空气由一个空压机就能满足,则第二个空压机就不再启动,只有当总风压力低于0.75 MPa,一个空压机不能满足要求时才启动第二个空压机。

每个压力空气供给和制动控制模块(A1)都装有一个压力传送器(A2.8),它连接在总风管上,压力传送器(A2.8)监控总风管的压力并将压力信号传送到电制动控制单元(BCE)(A6.9),BCE根据压力传送器(A2.8)的压力信号控制空气压缩机的启动或关闭,并且依据不同的压力决定开通常用模式或辅助模式的空压机。总风缸上的安全阀(A2.6)是防止总风压力过高而使空压机运转控制失败。

1. 产生压力空气的操作

(1)控制方法

①常用模式控制方法:空气压缩机在规定的压力范围内启动和关闭。

②辅助模式控制方法:空气压缩机在低于规定的压力范围启动和在规定的高压范围内关闭。

(2)工作模式

①常用模式:当压力降到启动极限时空压机开始启动,当压力到停机极限时空压机开始关闭。压力控制就在两个压力极限之间。

②辅助模式:当压力降到辅助启动极限开始启动,当压力到停机极限时空压机开始关闭。其压力控制就在两个压力极限之间。表4-1反映了应用的模式(常用模式和辅助模式)。

表4-1　应用模式

司机室1在使用中	司机室2在使用中	司机室1车上的空气压缩机	司机室2车上的空气压缩机
—	—	辅助模式	辅助模式
—	○	辅助模式	常用模式
○	—	常用模式	辅助模式
○	○	常用模式	常用模式

注:1. “○”代表使用中,“—”代表未使用;

2. 司机室1和司机室2同时在使用这种情况是不允许的,TIMS系统严密防止这种情况的发生。

(3)压力极限

①安全极限:在安全调整阀起作用的压力(主管安全阀);

②停机极限:在所有的模块上的空气压缩机停止工作的压力值;

③启动极限:在指定模块上的空气压缩机开始启动的工作压力值;

④辅助极限:当主风管的压力达到该极限时,第二个空气压缩机开始作用,用来帮助该列车的主空压机的运转,这是一种辅助的模式;

⑤紧急极限:当总风管的压力达到该极限时,紧急制动开始实施直到列车停下。不同压力的时间图如图4-2所示。压力空气的产生和分配线路图如图4-3所示。

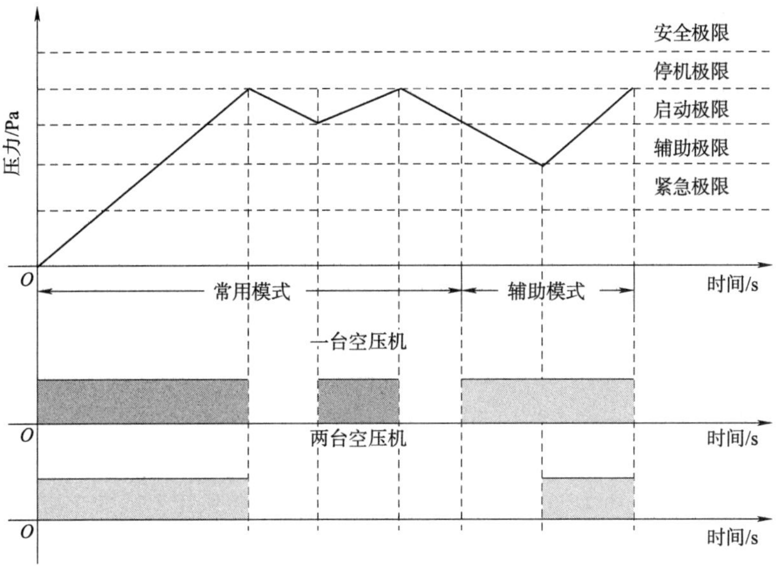

图 4-2　不同压力的时间图

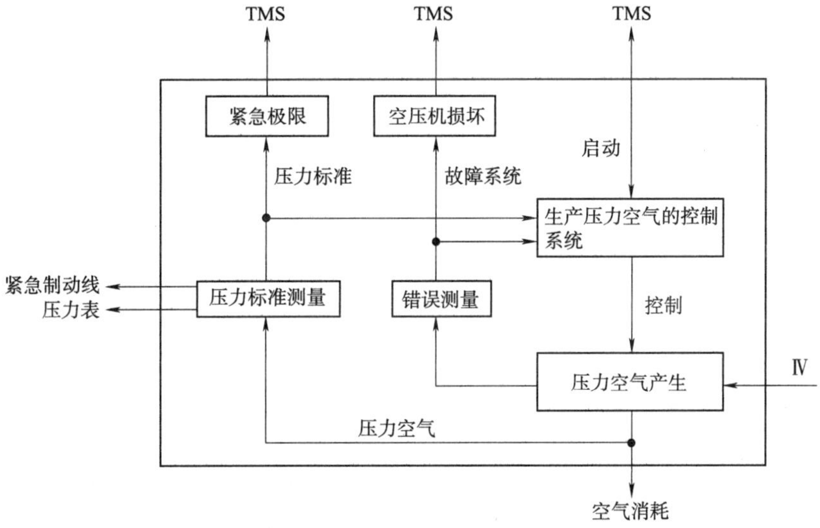

图 4-3　压力空气的产生和分配路线图

“开始”的功能是针对以常用模式运行的空气压缩机的，当主要空压机产生故障时，由TIMS 系统允许开关来决定联合空气压缩机的运行。

在列车运行过程中，空气产生系统工作采用常用模式或辅助模式。

当一个空气压缩机的制动控制电子单元都能接收来自列车磁通信号程序（FIP）的压缩机的信号，即主压缩机的信号，该空气压缩机运作采用常用模式；当它没有收到主压缩机的信号时，则空气压缩机采用辅助模式。当司机室没有被激活时，则采用最近作为常用模式的空气压缩机作为常用模式。

2. 列车运行

在正常运行中,如果压力低于启动极限,使用司机室车辆上的空气压缩机就开始启动,当压力下降到辅助极限时,则第二个空气压缩机被启动。

在司机室上的压力表显示的是总风管的压力和拖车一个转向架上一个制动管的压力。

3. 降级运行

如果有一个空气压缩机出现故障时,则第二个空气压缩机在常用模式运行下能完全供应整个列车压力空气。

如果两个空气压缩机出现故障时,则列车必须停止运行。

当两列车进行连挂时,则总风管也必须进行连挂。

4. 电器连接

空气压缩机用中等电压作为它的驱动电压,其控制和监测的电压采用低压电,空气压缩机产生的压力空气为摩擦制动、汽笛、二次悬挂使用,与空气压缩机的沟通由 TIMS 系统来完成。

为了使空气压缩机的可靠性达到最佳,每一台空气压缩机采用不同的三相交流电线路。

5. 空气压缩机操作

空气通过进口过滤器进入空气压缩机,除去大部分灰尘和其他微粒的空气通过盘形吸入阀进入低压活塞缸。

当活塞开始往复运动时,吸入阀将被关闭,空气在低压活塞缸内被压缩,打开弹性卸载阀,压力空气通过中间冷却器进行冷却,此后进入高压活塞缸。

低压压力空气通过盘形吸入阀进入高压缸,压力空气在高压活塞缸内进一步压缩到满工作压力,然后进入后冷却器进行进一步冷却。

当总风管的压力达到规定的工作压力时,电制动控制单元(A6.9)将打开电动机电流接触器,空气压缩机将停止工作。

四、预防维护

压缩空气供给系统的预防维护见表 4-2。

表 4-2　供风系统预防维护表

行车里程数	维护实施
8 333 km	空气压缩机[A2.1]检查油位 空压机输送软管[A2.2]检查
50 000 km	MR 安全阀[A2.6]检查
100 000 km	空压机[A2.1]更换空气过滤器 空压机[A2.1]换油 空压机[A2.1]清洗中间/后冷却器 空气干燥器[A2.3]清洗 MR 安全阀[A2.6]更换
500 000 km	空压机[A2.1]检查更换 空气干燥器[A2.3]更换干燥剂
600 000 km	空压机输送软管[A2.2]更换 空压机控制压力传送器[A2.8]更换 MR 低压控制开关[A2.11]更换
1 000 000 km	空气干燥器[A2.3]检查更换

单元二　活塞式空气压缩机

一、结构组成

城轨车辆采用 VV120 型常用活塞式空气压缩机，VV120 型空气压缩机单元是由 3 个活塞缸、中间冷却器、后冷却器和电动机组成，它采用空气冷却并且提供公称压力 1 MPa 冷却压缩空气约 950 L/min 给车辆制动系统。

空气压缩机只安装在拖车上，作为压缩空气的供给和制动控制模块的一部分悬挂在车下，它和车体采用柔性连接能有效缓冲空气压缩机和车辆的振动。

空气压缩机的两个低压活塞缸和一个高压活塞缸在同一个曲轴上呈 W 形布置，采用名义压力为 400 V 的三相交流电来驱动。电动机和压缩机通过自动找正的中间联轴节来连接，对微小未对准的采用桶状形式进行柔性连接。具有弹性载荷的活塞金属盘在空气冷却的铸铁气缸中运动。

空气压缩机的润滑采用飞溅的方式，润滑油液通过曲轴在曲轴箱中的旋转离心力进行飞溅滑油，通过一个结合过滤器安装在曲轴箱的出气口处，用来分离活塞运动产生的空气中的润滑油。这些油将通过油槽回到曲轴箱的油槽中，可视镜能够指示曲轴箱中润滑油量，油箱中的油量决不允许从可视镜中消失，油量太少会导致温度过高或停机，油量过高会导致阀体碳化。

空气压缩机在进行压缩低压空气时，空气先经过油纸过滤器后进入空气压缩机，产生的低压空气经过中间冷却器将压缩产生的一些热能逸散，低压空气经过高压活塞缸进一步压缩产生的高压空气进入后冷却器进行冷却，产生的高压空气经过空气干燥器处理后进入用风系统。

两个桶状的空气过滤器安装在空压机的入口处起过滤的作用，用来保护空气压缩机。它的旋转是充分利用离心力的原理来分离空气灰尘中大的颗粒和除去潮湿空气的水分，水分和灰尘的颗粒将先收集到空气压缩机舱中一个小的容器中，在空气压缩机停止运转时利用重力排除。

为了防止空气压缩机中的压力过高，在空压机中安装两个安全保护阀，一个呈线性安装在两个低压活塞缸和中间冷却器之间（正常设置为 0.5 MPa），另一个呈线性安装在高压活塞缸和后冷却器之间（正常设置为 1.4 MPa）。VV120 型空气压缩机的结构如图 4-4 所示。

二、活塞式空气压缩机的基本工作原理

活塞式空气压缩机的基本工作原理如图 4-5 所示。在气缸内作往复运动的活塞向右移动时，气缸内活塞左腔的压力低于大气压力，吸气阀开启，外界空气吸入缸内，这个过程称为压缩过程。当缸内压力高于输出空气管道内压力 P'后，排气阀打开。压缩空气送至输气管内，这个过程称为排气过程。活塞的往复运动是曲柄的旋转运动转换为滑动由电动机带动的曲柄滑块机构形成的。

视频学习

压缩机工作原理
（活塞式空压机）

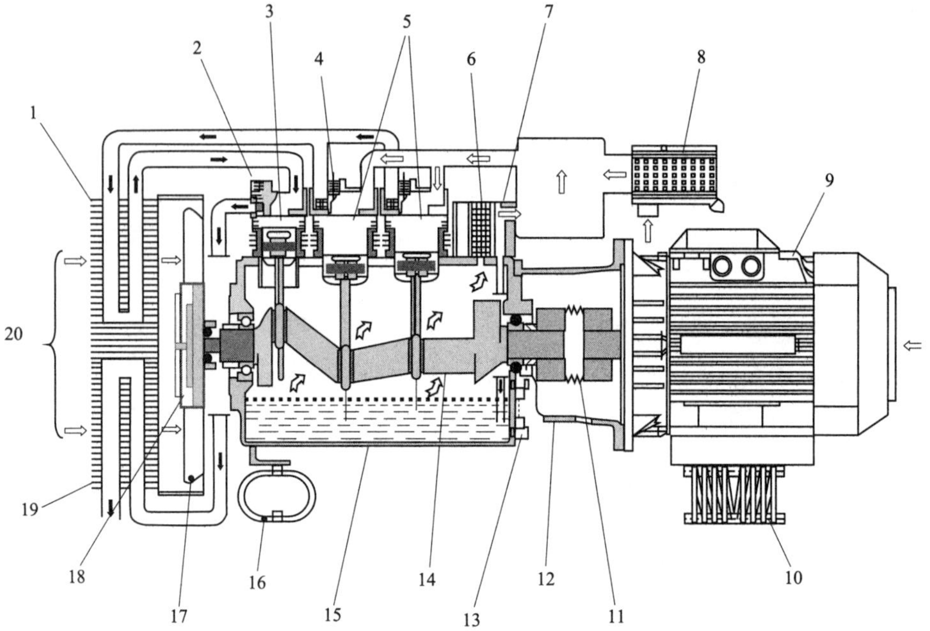

1—中间冷却器；2—高压安全阀；3—高压缸；4—低压安全阀；5—低压缸；6—结合过滤器；
7—油气分离器；8—空气过滤器；9—交流电机；10—弹性连接；11—柔性连接；
12—对接法兰；13—油位显示器；14—曲轴；15—曲柄轴箱；16—弹性连接；
17—冷却风扇；18—黏性连接；19—后冷却器；20—冷却空气。

图 4-4　VV120 型空气压缩机

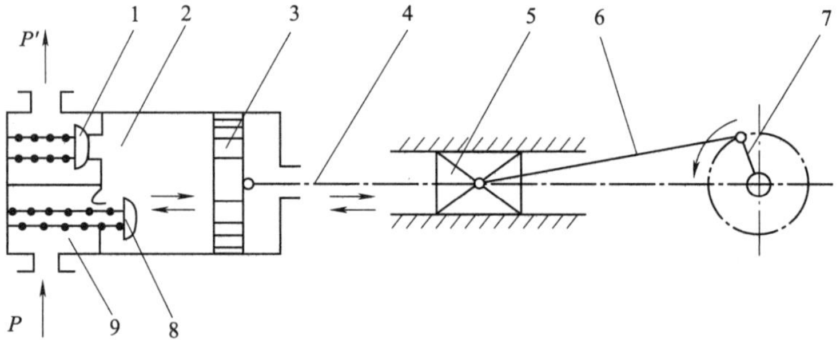

1—排气阀；2—气缸；3—活塞；4—活塞杆；5—滑块；
6—连杆；7—曲柄；8—吸气阀；9—阀门弹簧。

图 4-5　活塞式空压机工作原理图

单元三　螺杆式空气压缩机

一、结构组成

TSA-0.9 AR 型螺杆式空气压缩机是为制动系统提供压缩空气。螺杆式空气压缩机的结构如图 4-6 所示。

三相电动机由法兰安装，机头安装于油气筒内，并且采用内置油分离器。在油气筒上还安装有油过滤器及温控单元，来控制油路循环系统。风机后盖与蜗壳刚性连接。蜗壳内装有离心式风扇，固定于机头的联轴器上。蜗壳上装有空—油冷却器，由冷却风扇对压缩空气和润滑油进行冷却。

螺杆式空气压缩机特性参数：

质量	295 kg
空气流量	0.9 m^3/min（根据 GB 15487—2015）
温度开关动作温度	(105 ±5)℃
运转率	30%～100%
启动频率	≤30 Hz/h
工作温度	−25 ℃ ～ +40 ℃
排气温度	≤环境温度（+15 ℃）
润滑油	6 L

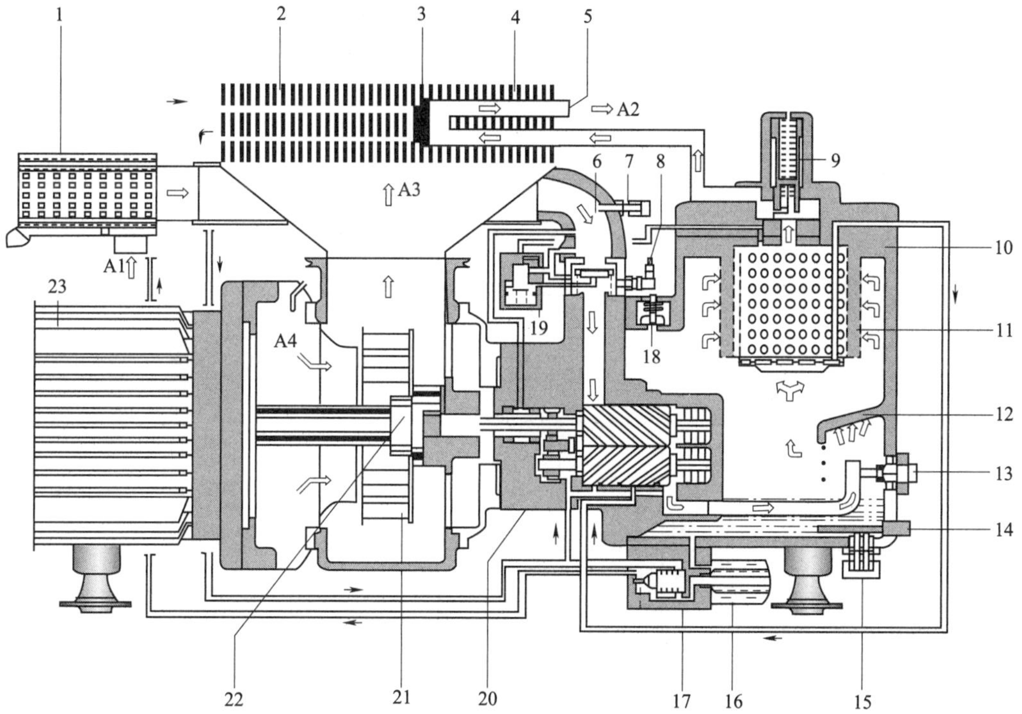

1—空气滤清器；2—后冷却器；3—冷却器；4—油冷却器；5—空气供给口；6—吸气阀；7—真空指示器；8—压力开关；9—压力维持阀；10—油气筒；11—油细分离器；12—隔板；13—温度开关；14—电加热器（可选）；15—放油阀；16—油过滤器；17—温控阀；18—安全阀；19—卸荷阀；20—机头；21—离心式风扇；22—联轴器；23—电动机；A1—空压机空气入口；A2—压缩空气出口；A3—冷却空气。

图 4-6　螺杆式空气压缩机的结构图

二、螺杆式空气压缩机的运转

空气经过滤清器1并由吸气阀进入机头的吸气端6在机头20的吸气终点进行压缩，压缩后的空气通过连接在机头上的排气管进入油气筒10内。如果空压机在无负载时启动，最小压力阀将保持关闭状态，使油气筒内迅速建立压力，从而形成循环润滑油。

当油气筒内压力达到600 kPa时，最小压力阀开始打开，向空气系统输送空气。当系统压力达到设置值时，空压机停机，此时最小压力阀关闭，而保持系统压力。随后将通过卸荷阀19释放油气筒内的压力。空压机每次停机时，油气筒内的压力会通过气控卸荷阀自动卸放，最小压力阀和进气阀此时也处于关闭状态。停机时，油气筒内的压缩空气会倒流到进气口，从而使卸荷阀打开，油气筒内的压缩空气会通过空气滤清器排向大气，短时间内将压力释放到300 kPa以下。剩余的压力通过进气阀上的排气小孔排出，直到油气筒内的压力为0。该控制过程很大程度上抑制润滑油产生气泡。在(7±1)s后，能够低负荷再次启动。

视频学习

压缩机的工作原理（螺杆式空压机）

三、电动机

螺杆式压缩机采用的电动机的主要参数见表4-3。

表4-3　螺杆式压缩机电动机的主要参数

电机型号	三相四极
绝缘等级	H
防护等级	IP55
电压	400 V、50 Hz
额定电流	18 A
额定功率	9 kW
电机效率	90%
消耗功率	10 kW
功率因数	0.85
在 −25 ℃ 时启动电流(有效值)	< 180 A
启动时间	<2 s
额定转速	1 460(1±5%) r/min

四、螺杆式空气压缩机工作原理

螺杆空气压缩机为双轴旋转排放式机械，按加压输送原理工作。空气压缩机螺杆组包括两个相互啮合的有螺旋形沟槽的转子，转子具有不对称的啮合型面，并在一个铸铁壳体内旋转，结构示意图如图4-7所示。

进气入口是从径向(出气出口是从轴向)通过空气压缩机螺杆壳体内特殊形状的通道。当转子旋转时，叶片之间的空气体积连续地变化。当入口打开时，空气被吸入。当出入口都被转子盖住时，空气被压缩，同时向出口运动。当转子继续旋转，其后打开出口时，压缩空气就以最终的压力被排出。这种结构的内部压缩比是由壳体内出入口的大小和位置确定的。

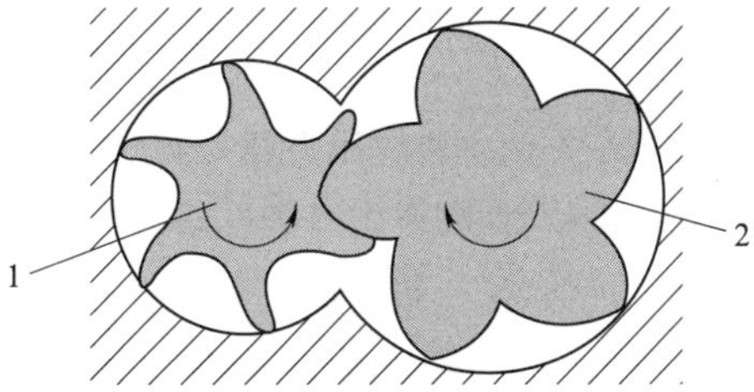

1—阴转子；2—阳转子。

图4-7　转子啮合图

注入空气压缩机内的油将转子的叶片在它们的啮合点上和它们与壳体的接触点上密封分隔开。另外，油还将压缩作用产生的热量吸收并带走。压缩过程实际上是绝热的。为了使内部的回注损失最小，不允许空气压缩机转速低于其额定转速。

油的注入只能出现在转子的旋转方向正确时。当转子反向转动时会造成设备的损坏。这里只允许最多2 s的反转（检查电机的接线顺序是否正确）。

单元四　辅助设备

一、温度开关

在失油、油量不足、冷却不良等情况下，均可能导致排气温度过高。当排气温度达到温度开关所设定之温度值时，则温度开关断开而停机。检查温度开关时，拔下温度开关上的电线护套，用电阻表测量温度开关两接线柱间的电阻，在温度没有达到断开时该电阻应为0。

二、压力开关

每当空气压缩机停机后，油气筒内和进气口处是空载的，因此机器可以在很小的负荷下再次启动。卸压过程不是一个突变的、不受控制的过程，而是一个通过控制定时的过程。这就是空气压缩机停机后，要等卸压完成后才能再次启动的原因。安装在空气压缩机上的膜片式压力开关，可以确保空气压缩机再次在小于300 kPa条件下启动。

压力开关受进气阀阀座内压力控制，空气压缩机停机后，油气筒内压力立即传至进气阀阀座内，压力开关断开。随着油气筒内的压力被卸荷阀快速卸除，进气阀阀座内压力也降低，当压力小于300 kPa时，压力开关恢复接通，此时压缩机才能再次启动，保证了电动机在低负载下启动，空气压缩机再次启动的最长时间间隔为（7 ±1） s。空气压缩机运行时，进气阀腔内压力低于大气压力，压力开关处于接通状态。压力开关在出厂前已设定好，请勿随意调整。

三、压力阀

压力维持阀位于油气筒上方油细分离器出口处，开启压力设定于（600 ±50） kPa左右。压力维持阀的功能主要为：

（1）启动时优先建立起润滑油的循环压力，确保机器的润滑。

（2）压力超过（600 ±50） kPa后开启，可降低流过油细分离器的空气流速，除确保油细分离效果之外，还可保护油细分离器避免因压差太大而受损。

（3）止回功能，即当停机后油气筒内压力下降时，防止主风缸内压缩空气回流。

四、安全阀

当车上的主风缸压力开关调节不当或排气管线上有堵塞现象而致使油气筒内压力高出安全阀整定值时，安全阀即会自动起跳而卸压，使压力降至设定的排气压力以下。安全阀于出厂前已经过整定（一般整定值为 1 250 kPa），请勿随意调整。此安全阀必须考虑作为最后一级的安全条件。在实际情况下，还有一个安全阀安装在空气处理单元的下游用来保护各种设备。这个安全阀在作用上等同于第一个安全阀，它的压力设定值为 1.06 MPa。

五、空气滤清器及真空指示器

过滤良好的无尘进气，可以降低空气压缩机的磨损，延长使用寿命。因此，在空气压缩机的进气口处都配有组合式空气滤清器。它的特点是最大程度地清除尘埃。当空气从空气滤清器入口切向进入时产生旋流，它使颗粒较粗的尘土沉积在滤清器内壁上，再落入壳体后盖内。粗滤度可达 80%，从而延长了滤芯的寿命。沉积在壳体后盖的尘土可通过隔膜阀排出。

空气滤清器的滤芯为干式纸质过滤器，它对空气进行精细过滤，过滤精度：3 μm 的颗粒为 99.9%；1μm 的颗粒为 99%；进行维护工作时，卸下滤芯，安全滤芯可以防止尘土进入干净的空气口。安全滤芯的寿命很长，只有当滤芯被第五次维修时才需要更换。空气滤清器结构图如图 4-8 所示。

真空指示器有助于最大程度地使用空气滤清器中的滤芯。真空指示器可以显示出何时滤芯需要维护，而以这种方式避免不必要的支出。真空指示器是一种气压式工作的精密仪器，带光学显示，通常安装在压缩空气系统的进口。当滤芯上灰尘越积越多，滤芯流体阻力就越大，结果，一个红色指示活塞被逐渐推出，进入外壳的透明部分。当指示活塞能全部看见或箭头指向 5 kPa 时，在此位置锁住，并在螺杆空气压缩机停机时仍保持完全可见，倒掉后盖内尘土或更换滤清器芯。重新装上空滤清器后，按下指示器顶端的复位按钮。真空指示器结构图如图 4-9 所示。

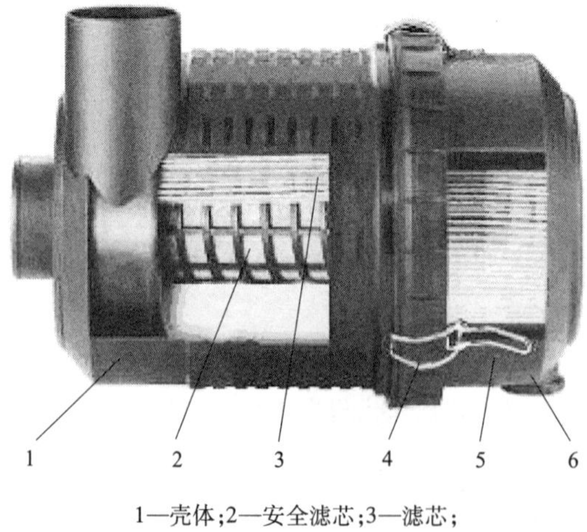

1—壳体；2—安全滤芯；3—滤芯；
4—压扣；5—壳体后盖；6—隔膜阀。

图 4-8 空气滤清器结构图

图 4-9 真空指示器结构图

六、油路系统流程

油路系统流程由油细分离器、温控阀、油冷却器和油过滤器等组成。润滑油是利用压差原理进行循环,无油泵。当空气压缩机运行时,在油气筒内形成压力,推动油通过油过滤器,然后将油传送到螺杆组的轴承、传动机构以及注油点处。所传输的油用来润滑机器、将转子的叶片在它们的端部密封分隔开,并将压缩作用所产生的热量带走。由空气压缩机所传输的油气混合物流过输出口并打在油气筒中的隔板上,这个过程对油液起粗滤作用。然后空气再通过油细分离器细滤。在这一阶段过滤后的油液被收集在油细分离器的底部,经过空气压缩机油气筒中压力的作用,油通过回油管返回到空气压缩机螺杆组。

1. 油细分离器

油细分离器的滤芯是用多层细密玻璃纤维制成,压缩空气中所含雾状油气经过油细分离器几乎可被完全滤去,排气含油量则可低于 5 mg/m^3。至于润滑油的选择,忌使用假润滑油或再制油。

2. 温控阀

油冷却器前装有一个温控阀,其功能是维持排气温度在压力露点温度以上,避免空气中的水汽在油气筒内凝结而乳化润滑油。刚开机时,润滑油温度低,此时温控阀自动开启通往机体的油路,油不经过油冷却器而进入机体。若油温升高到 77 ℃以上,温控阀被逐渐打开至油冷却器的通路,至 93 ℃时全开,此时油会全部经过油冷却器再进入机体内。

3. 油过滤器

油过滤器是一种纸质的过滤器,其功能为除去油中杂质,如金属微粒、油的劣化物等,以保护轴承及转子。若油过滤器未及时更换则可能导致进油量不足,造成排气温度升高,以致停机;或油过滤器内的旁通阀开启,使脏油未经过滤即进入压缩机内,损伤转子、轴承及壳体。在更换油过滤器时,请使用专用带式扳手,夹住黑色滤筒,按顺时针方向旋转,拆下旧的油过滤器,用手旋上新的油过滤器。油过滤器结构图如图 4-10 所示。

1—温控阀;2—油过滤器。

图 4-10　油过滤器结构图

4. 润滑油型号

喷油螺杆空气压缩机只有在当它的油路系统正常发挥作用时才能平稳工作。为了避免损坏转子部件,润滑油必须在启动后几秒内完成以下功能:

(1)使啮合的转子与壳体之间的间隙密封。

(2)吸收并带走压缩过程产生的热量。

(3)润滑滚动轴承和受载荷的转子面。

正确选择润滑油是极其重要的。每一种等级的润滑油都有其本身特定的黏度/温度特性。随着温度的降低,油的运动黏度会加大,使空压机低温启动时油的循环难以实现。润滑油对喷油螺杆空压机性能具有决定性的影响，若使用不当或错误，会导致压缩机体的严重损坏。选择原则：抗氧化性、抗乳化性、抗气性、抗泡性、抗融性、抗磨性、抗腐蚀性能好。

七、其他辅助设备

1. 供风系统中的其他辅助设备还包括截断塞门（C10），（C9）和（C2）是保证车辆总风管软管（C11 和 C11A）的连接空调系统，汽笛系统，自动车钩。

汽笛的 EP 阀和自动车钩的 EP 阀的控制由电磁阀模块（C5）的部分来完成的。

主风缸塞门及车钩塞门位置如图 4-11 所示。

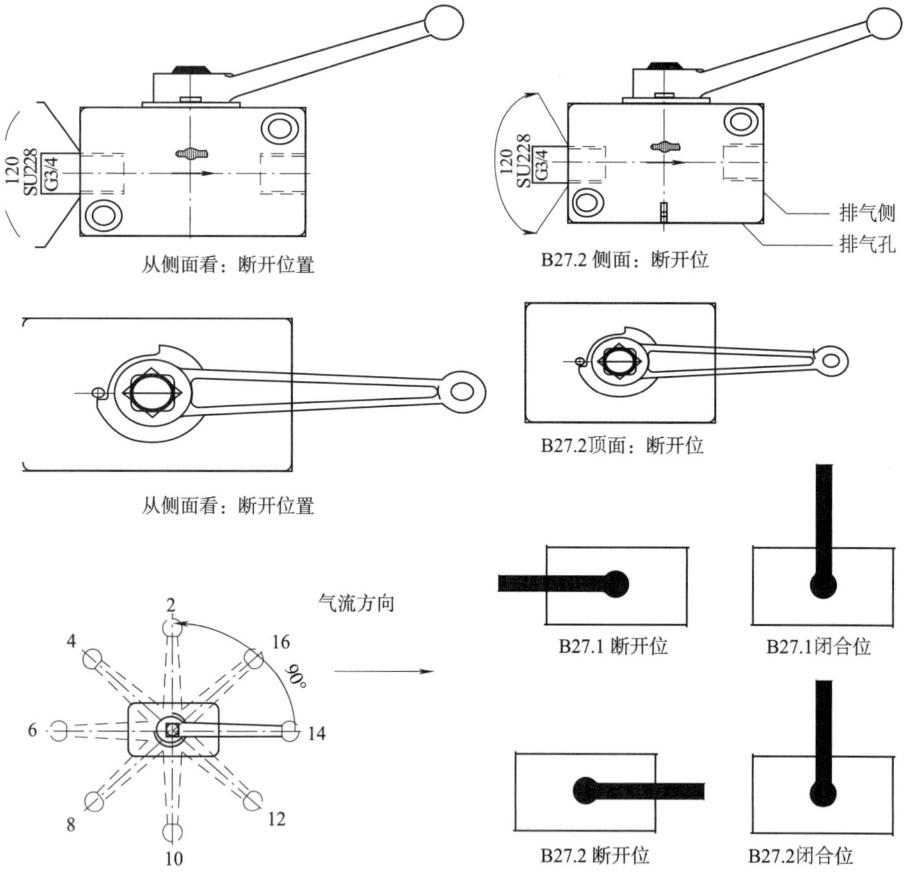

图 4-11　主风缸塞门及车钩塞门位置图

柔性软管（C11），（C11A），（C8），（D1）和（D2）为了总风管、自动车钩、转向架（常用制动缸和停放制动缸）的连接都属于该范畴。辅助设备位置图如图 4-12、图 4-13 所示。

2. 软管保护

车体和转向架上制动缸连接的软管对复式排风阀的节流孔提供保护作用，所以制动缸和复式排风阀没有必要采用软管连接，可直接采用硬管连接。

停放制动系统中的停放节流孔（A6. 6. 4）对停放制动缸的软管连接起到一个保护作用，这

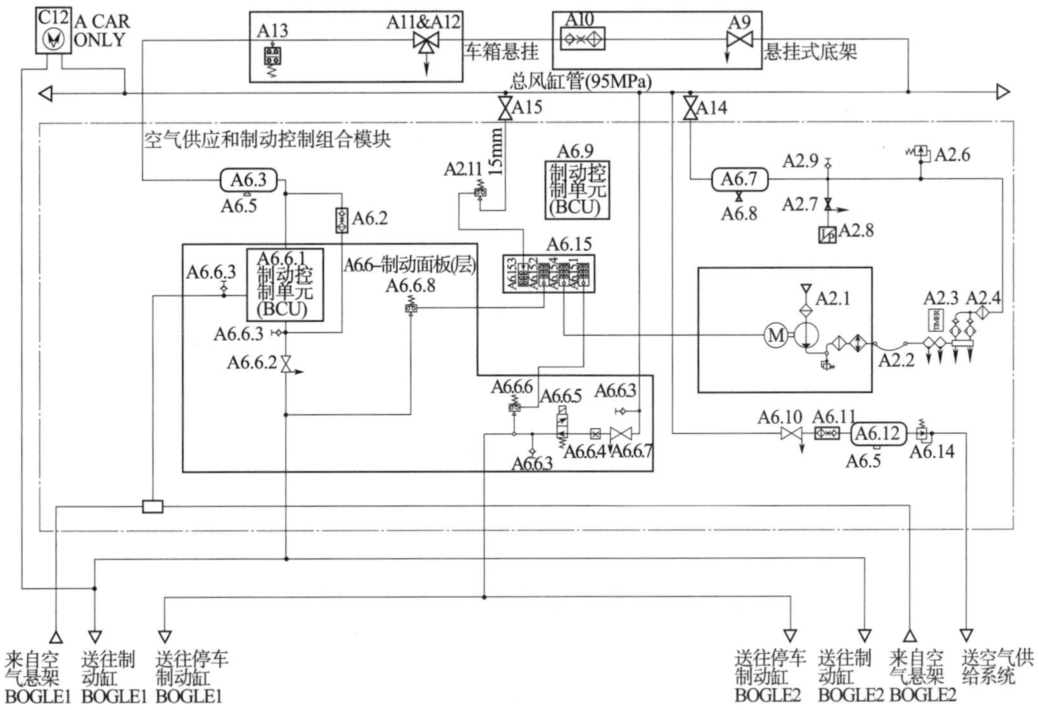

图 4-12　辅助设备在拖车位置图

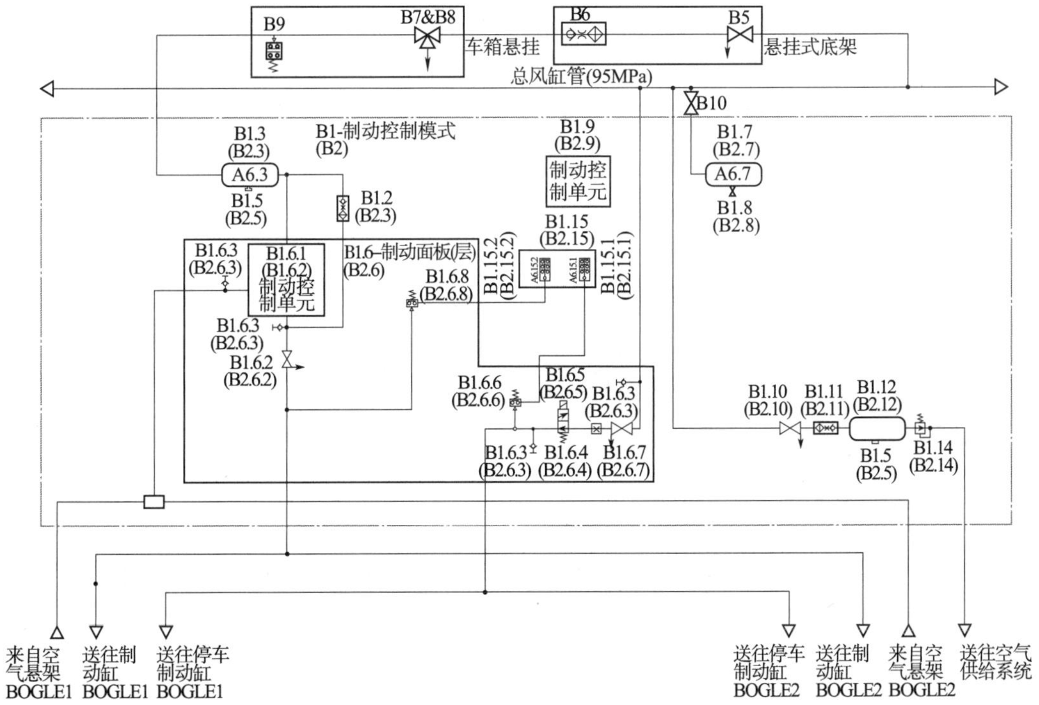

图 4-13　辅助设备在动车位置图

时停放制动缸的漏泄压力开关将提供一个连接软管破裂的信息。

空气干燥器(A2.3)中的检查阀位于连接空气压缩机和干燥器(A2.3)的运送软管(A2.2)的后面,它防止当运送软管破裂时总风缸的压力空气从破裂处漏泄出去。对于有两个空气压缩机的列车来说,一个运送软管破裂后就无须将这列车停下来。

3. 辅助设备维护

辅助设备维护表见表4-4。

表4-4 辅助设备维护表

频率	维护施加
8 333 km	软管[C8][C11][C11A][D1][D2]检查
100 000 km	双针压力表[C12]校对
600 000 km	汽笛控制模块[C5]更换检查 汽笛[C6][C7]更换 软管[C8]更换 软管[C11][C11A]更换 软管[D1][D2]更换

单元五 干 燥 器

压缩空气对于城轨车辆来说,由于其安全性高、结构简单而被广泛应用。但由于压缩空气是从大气中得到的,大量杂质很容易混入,特别是压缩空气中的水分。压缩机吸入大气储存压缩能,由于大气中含有水蒸气,水蒸气被一同吸入压缩机压缩,因此在被压缩空气中含有大量的浓缩水蒸气,但在空气中水蒸气的量是有限度的,一旦超过限度,多余的水蒸气就会结露变成水滴。在空气中水蒸气的限度(饱和水蒸气量)随温度而变化。温度越低含量越少,例如按二次冷却器冷却温度排出结露的水后,由于配管或设备内气温的变化或绝热膨胀再冷却后还会再次有冷凝水产生。冷凝水的危害是:①在设备及配管内结冰,引起重大事故。②使设备及配管内锈蚀,缩短使用寿命。③污染设备及配管内部造成检修困难。④发生的锈蚀引起网眼堵塞。

所以,城轨车辆供风系统中的空气压缩机提供的风源必须经过干燥器件的干燥,去除压力空气中存在的水分和油气,以防止管路的堵塞。干燥器有单塔式和双塔式干燥器,目前应用主要以双塔式为主。

一、双塔干燥器

双塔干燥器安装在每一辆拖车的压力空气供给和制动控制合成模块上,它的再生干燥剂采用活性氧化铝并且安装在空气压缩机的后面为全列车用风系统提供干燥清洁的压力空气。

空气干燥器单元的再生吸附功能采用双塔干燥器并且干燥剂采用活性氧化铝。双塔的运转的形式采用平行工作制,当潮湿空气在一个塔中进行干燥时则另一个干燥塔的干燥剂正在再生。

当潮湿的压力空气从空气压缩机中出来后进入双塔干燥器,压力空气中的水和油将被彻底分离出来，当压力空气经过一个塔的干燥剂后，出来的压力空气的相对湿度为35%。

电磁阀的打开和关闭是通过安装在电磁阀体内的计时芯片产生的信号进行控制的，电磁阀同样也位于空气干燥器支架的底部。

一些干燥的空气将流出、膨胀经过正在干燥的干燥塔，通过干燥和膨胀这些再生困难和湿透的干燥剂来吸附其中的水分，最后将饱和的湿空气排入大气中。

通常用来控制干燥器空气走向的组成部分被安装在铝管支架上，在干燥器上所有管路和电器接口都已做好，双塔干燥器也被安放在支架的顶部，同样支架也作为这个单元的安装面，并且用螺栓固定好。空气干燥器示意图如图4-14所示。

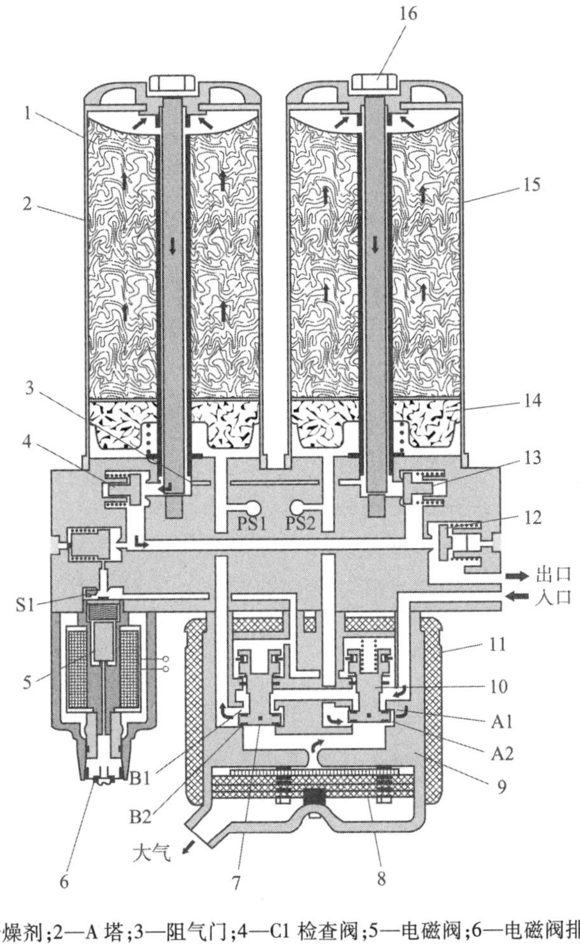

1—干燥剂；2—A塔；3—阻气门；4—C1检查阀；5—电磁阀；6—电磁阀排水口；
7—活塞B；8—消音器；9—合成活塞阀；10—活塞A；11—绝缘体；12—压力维持阀C3；
13—C2检查阀；14—油水分离器；15—B塔；16—贯穿螺栓。

图4-14　空气干燥器示意图

二、空气干燥器工作过程

空气干燥器工作状态从外形轮廓上显示出A塔处于干燥阶段时则B塔处于再生阶段，如图4-14所示。

视频学习

空气干燥器工作过程（电磁阀得电）

视频学习

空气干燥器工作过程（电磁阀失电）

定时器单元产生的信号来决定电磁阀的开关，电磁阀处于 S1 位置是打开的。在该通路处有活塞阀 A 和 B，活塞阀处于 A1 位置是关闭，处于 A2 位置是打开；同样活塞阀处于 B1 位置是打开，处于 B2 是关闭。

潮湿的压力空气进入干燥器 A 塔进行干燥，然后经过检查阀 C1 和压力维持阀 C3 进入压缩空气系统。其中一小部分被转移，一部分通过每个控制阀给电磁阀提供压力空气并且驱动活塞阀，还有一部分通过节流孔进入再生干燥塔 B 进行再生作用。

压力空气膨胀通过干燥剂，产生饱和的湿空气通过打开的阀座 A1 和消音器排出塔体外。

2 min 后干燥循环计时器根据电磁阀的开关信号移动来关闭阀座 S1，释放阀 A 和阀 B 的控制压力空气，由阀的控制弹簧来改变活塞的位置，打开阀座 A1 和 B2，关闭阀座 A2 和 B1。

潮湿的饱和压力空气进入干燥塔 B，在这里压力空气被处理并且通过检查阀 C2 和压力维持阀 C3 进入压缩空气系统。一小部分通过节流孔进入再生干燥塔 A 来干燥饱和湿干燥剂。

为了保证系统有效地工作，压力空气在干燥器中须尽快干燥，在压力维持阀的端部是空气干燥器的输出口，当里面的压力空气达到预先设定的压力值时该阀才被打开。

同样，活塞阀的动作也要求准确、快速地进行。为了能够快速动作就要求在电磁阀的入口处安装弹簧载荷控制阀，直到里面的压力空气达到足够的压力才能打开该控制阀来控制活塞阀迅速的动作。

检查阀 C1 和 C2 是防止压力空气回流到再生干燥塔中。

空气压缩机上的定时器开关的时间是相等的，它是按照设定的程序来控制开启和关闭的时间的。

空气压缩机停止运转时，则循环计时器同样也停止工作，当空气压缩机重新开始运转时计时器也重新开始为干燥塔的开关进行计数。通过这种方式能防止干燥剂过分饱和潮湿并确保再生干燥剂完全干燥。如果空压机控制系统产生一个主要故障而让该系统失去该功能，但该装置仍然保证空气在干燥器中的流向。在每个干燥器的干燥塔上有一个压力开关 PS1 和 PS2，当干燥器存在故障时，它们将把该错误信息通过 BCE 发送到 FIP 系统。

三、空气处理单元

空气处理单元包括预过滤器、干燥器、过滤器、加热器、压力阀和压力控制开关。

1. 预过滤器

干燥器前预过滤器去除压缩空气中润滑油及固体尘埃；可更换滤芯拦截细小微粒。过滤器下游压缩空气含油量小于 1 mg/m^3（ISO 8573-1 中 3 级要求）以及含尘量达到 ISO 8573-1 中 3 级要求。过滤器通过常闭电磁阀将污物及液态水排出。预过滤器基本参数见表4-5,其结构图如图4-15所示。

表4-5　预过滤器基本参数表

初始压差	8 kPa
推荐更换滤芯前最大压差	18 kPa
接口尺寸	3/4″G
最大流量	3 000 L/min(在0.7 MPa压力下)

2. 干燥器

(1)干燥器结构及工作原理

干燥器外形图如图4-16所示,此为无热再生双塔吸附干燥器。它由收集空气压缩机开关信号的控制箱控制工作。干燥器气控原理如图4-17所示,工作原理图如图4-18所示。

图4-15　预过滤器结构图

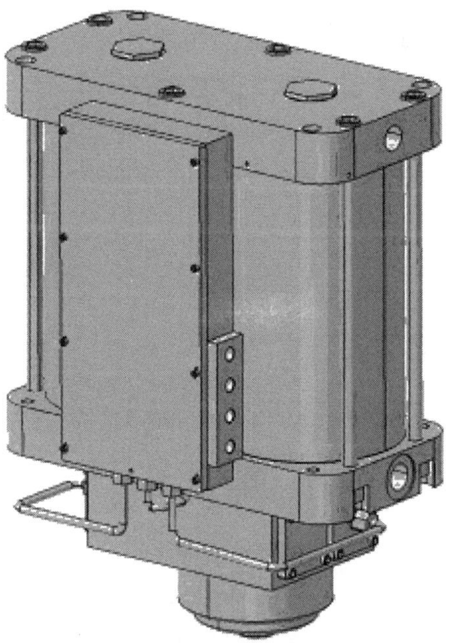

图4-16　干燥器外形图

当电控阀处于关闭位,在弹簧力的作用下,组合阀COV2开启,组合阀COV1关闭。此时干燥塔T1切换至再生状态,干燥塔T2进入吸附干燥状态。来自空气压缩机的饱和湿空气进入干燥器,通过组合阀COV2进入干燥塔T2,之后经过干燥塔下部的油水分离器,去除油、水及固体尘埃。之后压缩空气进入干燥塔中的干燥床,当压力达到出口压力止回阀设定值后由出风口排出。压缩空气进入总风缸。在左右出气腔进气室之间有相连通的小孔,此小孔使一部分干燥后的洁净压缩空气进入干燥塔T1,在干燥塔T1内干燥洁净压缩空气反向穿过干燥床,带走干燥剂工作所吸收的水分,将内部液态油、水固体尘埃聚集在油水分离器底部,由总排污阀排出。

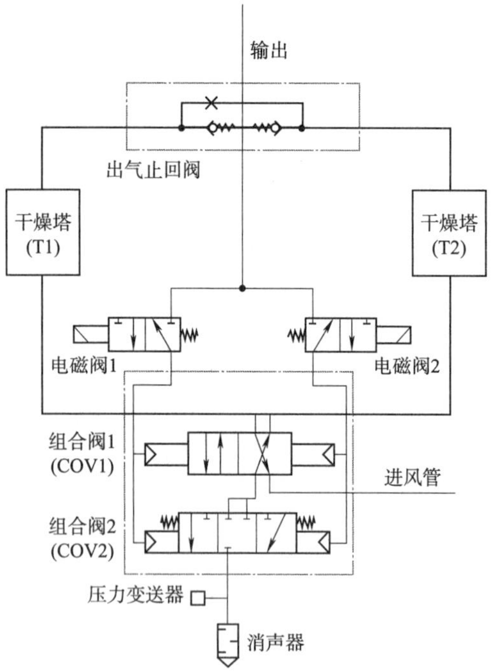

图 4-17　干燥器气控原理图

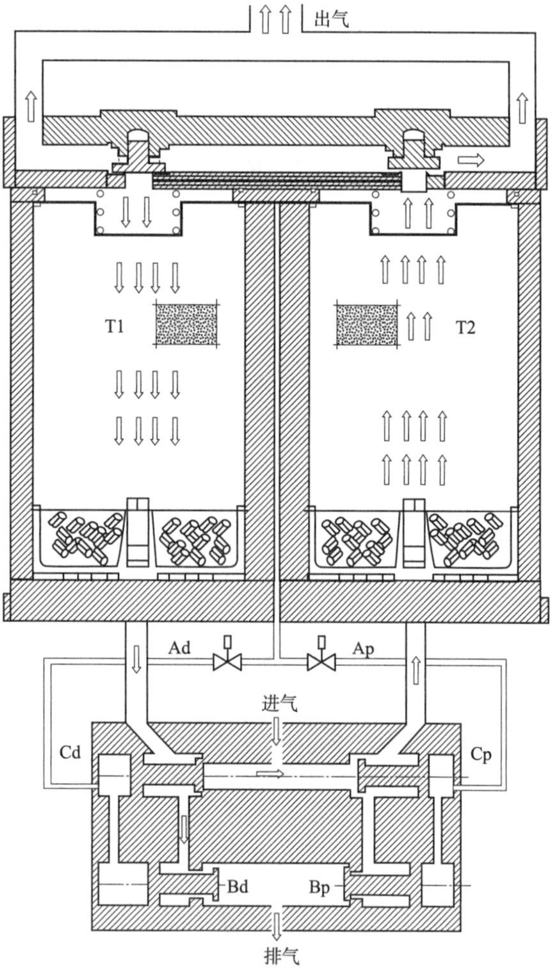

图 4-18　干燥器工作原理图

当干燥塔 T2 达到再生设定时间，干燥塔 T2、T1 相互转换吸附—再生，完成一个工作循环。在每一次转换循环中，每个干燥塔轮换担任吸附、再生角色。这样，左右两塔重复地进行着吸附和再生工作。超过指定的温度，干燥器的干燥介质将产生永久性的降解。

(2)干燥器故障检测及恢复

在干燥器正常工作过程中，一旦发生故障，有故障信号由干燥器传出。

干燥器故障分析表见表 4-6。

表 4-6　干燥器故障分析表

分析	故障
电磁阀短路	报警（输出由 110 V 变为 0 V）： 红灯亮起、绿灯熄灭
泄漏故障（压力损失）	报警（输出由 110 V 变为 0 V）： 红灯亮起、绿灯熄灭

出气口安装压力传感器检测压力，如果在 20 s 内检测不到，该控制器会给出一个故障信号。

空气处理单元主要性能参数见表 4-7。

表 4-7　空气处理单元主要性能参数

性能	参数
处理量	0.9 ~ 1.3 m^3/min
运行压力	>1 MPa
最大压力	1.1 MPa
干燥剂类型	活性氧化铝
干燥剂尺寸	ϕ3 ~ ϕ5 mm
再生模式	常压无热再生
再生耗气率	≤20%
含油等级	3 级（ISO 8573-1 标准）
露点	3 级（ISO 8573-1 标准）
	≥20 ℃
含尘等级	3 级（ISO 8573-1 标准）
压降	≤0.5 MPa
干燥剂饱和时间	1 h
切换时间	80 s
工作温度	−25 ~ −50 ℃
额定工作电压	DC 110(1 ±30%) V
最高进气温度	65 ℃

3. 加热器

当环境温度低于 5 ℃ 时，温度开关闭合给电加热器供电；当环境温度高于 10 ℃ 时，温度开关断开，使加热器断电。

加热器是由 PTC 材料制造，即使温控开关故障，加热器的温度也不会升高，因为 PTC 材料的电阻上升比温度上升的斜率快，因此可以由 PTC 材料的高阻抗来减少电流，从而温度不再会升高。

4. 最小压力阀

最小压力阀位于油气筒上方油细分离器出口处，开启压力设定于(600 ±50)kPa 左右。最小压力阀的主要功能为：

(1)启动时优先建立润滑油的循环压力，确保机油的润滑。

(2)压力超过(600 ±50)kPa 后开启，可降低流过油细分离器的空气流速，除确保油分离效果之外，还可保护油细分离器避免因压差太大而受损。

(3)止回功能：当停机后油气筒内压力下降时，防止主风缸内压缩空气回流。

以下为最小压力阀主要参数：

(1)设定值　　(0.4 ±0.05)MPa

(2)最高压力　　1.1 MPa

(3)工作压力　　　　　　0 ~ 1 MPa

(4)工作温度　　　　　　-40 ~ +120 ℃

5. 压力开关控制板

压力开关控制板结构图如图 4-19 所示。

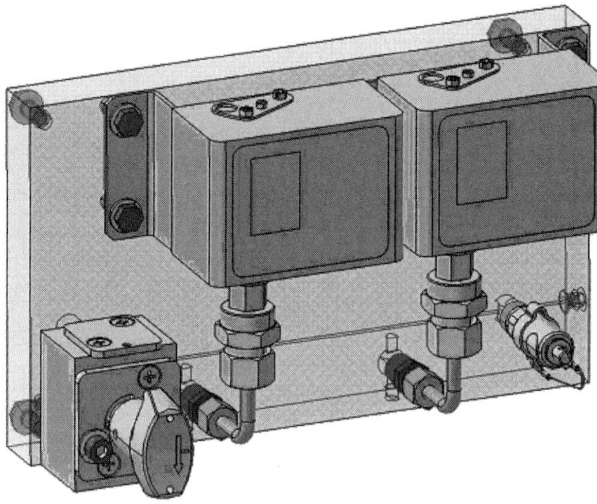

图 4-19　压力开关控制板

在面板上安装有两个设定值不同的压力开关，它们依靠代码识别。

(1)设定值 PCC　0.75 ~ 0.95 MPa

(2)设定值 PMP　0.65 ~ 0.75 MPa

四、单塔式空气干燥器

单塔式空气干燥器是一种无热再生作用的干燥器，其特点是吸附剂的吸附作用与再生作用在同一个干燥筒内进行，其原理如图 4-20 所示。

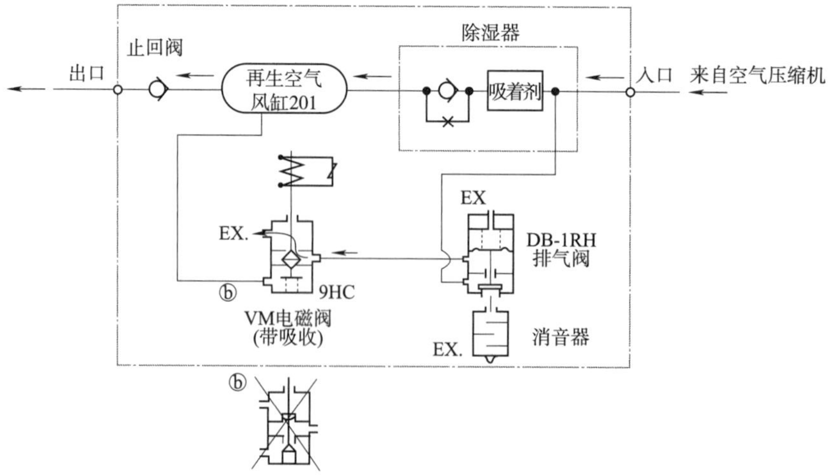

图 4-20　单塔式干燥器作用原理

1. 除湿作用

总风缸的压力降低到调压器动作值的下限压力时，调压器动作，在空气压缩机开始运转的同时电磁阀励磁，因为排气阀控制室的压力排向大气，所以在排气阀弹簧的作用下排气口关闭，因此，从空压机排出的压缩空气被二次冷却器冷却后，进入除湿装置的入口，送给除湿器，在吸附剂外部将水滴、灰尘、油等分离后，从吸附材料外部流入吸附材料内部。在这里充分除湿后，通过除湿器的逆止阀部，进入再生空气风缸，与此同时，通过 1″逆止阀送到总风缸。

2. 再生作用

除湿后的空气被送到总风缸，总风缸的压力上升，一达到调压器的上限压力值时，调压器动作，空压机停止运行。电磁阀消磁，排气阀控制室与再生空气风缸连通，因此排气阀在控制室压力的作用下打开，使从空气压缩机到除湿器逆止阀部之间的压缩空气急速地排向大气，同时从压缩空气分离出来的水分、灰尘、油等污物也被排出。

另外，再生空气风缸内被干燥后的压缩空气通过除湿器上部的缩孔，膨胀到大气压力，以更干燥的状态、逆向通过吸附材料内部，将之前吸收的水分，从排气阀排出。再生空气风缸的压力降低，吸附剂的再生完了后，排气阀在弹簧的作用下，自动地关闭排气口。

思考与练习题

1. 供风系统由哪些部分组成的？
2. 供风系统的工作原理是什么？
3. 生产压力空气的操作中工作模式有哪些？
4. 城轨车辆供风系统中常用的空气压缩机类型有哪些？
5. 活塞式空气压缩机的基本工作原理是什么？
6. 螺杆式压缩机的工作原理是什么？
7. 城轨车辆供风系统中有哪些辅助设备？
8. 城轨车辆供风系统为什么采用干燥器？
9. 双塔式干燥器的工作过程是怎样的？
10. 在供风系统的空气处理单元中为什么采用压力阀？
11. 在作用原理上，单塔式干燥器与双塔式干燥器主要不同点有哪些？

模块五　防滑控制系统

学习目标

1. 会分析列车制动产生滑行的原因。
2. 会分析防滑装置产生的过程。
3. 掌握轮轨间的黏着机理。
4. 会分析蠕滑理论。
5. 会分析车轮滑行的形成过程。
6. 会分析车轮防滑控制系统的结构。
7. 会分析列车防滑控制的逻辑框图。
8. 掌握防滑控制系统的要求。

城市轨道交通车辆正朝着安全性、高速性、环保性和舒适性的方向发展。其高速性也在不断促进单轴牵引功率和制动功率的不断提高。动力制动的实施等强力制动装置的采用,也带来了因制动力过大而导致列车制动滑行的倾向。列车制动滑行会产生普遍的轮轨发热、轮轨表面擦伤等现象,严重时还会使线路失稳,产生所谓的胀轨等事故。因此有效地防止列车制动的滑行极为重要。本模块我们将主要介绍和探讨制动过程中车轮的防滑控制系统。

单元一　防滑控制技术概述

一、防滑控制的必要性

人们对防滑的研究除了上述原因外,还基于以下一些主要原因:

(1)制动黏着系数是车辆制动设计和牵引设计的基本参数之一。制动黏着系数的测试研究结果表明,对应某一运行速度的黏着系数是一组成正态分布的随机变量。我们选取的某一个确定值,实际上是指其5% 打滑率的值。因此只能保证车辆轮对不会滑行的概率仅仅为95% 左右。

(2)低速制动的黏着系数离散度比较大是我国制动黏着系数分布的特点之一。在速度为50 km/h 以下的低速段,一般是在列车进站和出站的区段。一般情况下站台两侧轨面状态比较复杂,轨面污染比较严重是造成黏着系数离散大的主要原因。从制动黏着系数测试结果可知,有时站台两侧测得的黏着系数甚至比速度为120 km/h 时的黏着系数还要低。因此,列车在低速段时的车轮滑行和擦伤的问题更为突出。

(3)车轮踏面擦伤问题一直困扰着轨道交通的运营部门,虽然长期以来采取了很多措施,试图来降低轮轨表面擦伤的事故,但收效甚微,其根本原因主要是在列车制动过程中,制动力的设定基本上是一个定值,而黏着系数却是一个变化的量,黏着力不可能总是大于制动力,一旦遇到低于黏着的情况,造成制动力超过黏着力,车轮便会产生滑行,甚至可能造成车轮踏面的擦伤。

(4)城市轨道交通车辆一般都是在较高的速度下行驶,一旦出现车轮踏面擦伤,其危害也会随运行速度的提高而逐渐增加。因为车轮踏面擦伤造成的车轮踏面不圆或凹坑会产生对轨面的垂向冲击,而且车轮的垂向冲击加速度会随着运行速度的提高而加剧。从而也会降低旅客的乘坐舒适性,并且会使轴承发热,轨道受损,严重时将会危及行车安全。

总之,车轮踏面擦伤的根本原因在于列车制动过程中制动力超过黏着力。而这种可能性无论是在高速段还是在低速段均有可能发生。因此随着列车运行速度的提高,车轮踏面擦伤所造成的后果将更具危险性。解决这一问题的途径主要是通过加装防滑器或防滑系统。防滑器或防滑系统能够控制车辆制动过程中的制动力,并且能使随时检测和调整制动力大小,使之始终小于并接近即时的黏着力,防止滑行的发生。

防滑器是防止列车因制动力过大或者由于某种原因而引起的黏着系数降低造成车轮被抱死,致使车轮在钢轨滑行的一种装置。这种装置也经历了由简单到复杂,再由复杂到简单的发展过程。

二、防滑装置的发展

最初人们发现,由于制动强度过大,车轮踏面上会摩擦出一些小平面,被称为车轮踏面擦伤。踏面擦伤后,车轮由于存在不圆度就不能平稳地旋转,将会产生很大的冲击震动和噪声。最初的防滑装置被它装到机车上,意外地发现制动距离也在减小。此后又由德国发明了 ABS (anti-lock braking system)装置,它是由装在车轮上的电磁式转速传感器和控制液压的电磁阀组成。当制动液压力上升、车轮抱死时,转速传感器的输出为零,电磁阀动作,关闭制动液进口,使制动液压力降低;制动缓解后车轮再次旋转,转速传感器的输出恢复正常,电磁阀动作,打开制动液进口,液压随之上升再次对车轮制动。1948 年,美国的一家公司开发了铁路机车专用的 ABS 防滑装置。该装置利用安装在车轴上的转速传感器测出车轴的减速度,然后使电磁阀动作,控制制动空气的压力,防止车轴滑行。

三、国内外防滑系统现状

防滑装置经历了不断发展完善和进步的过程。早期的列车防滑器为机械离心式或电气混合式结构。我国铁路在 20 世纪 60 年代也曾采用过电气混合式结构的列车防滑器装置。随着计算机控制技术在工业控制中的迅速发展,相继进行了微机控制的防滑系统的研究与开发。进入 80 年代,国外推出的高速列车已无一例外地采用了微机控制防滑器。例如德国的 MGS-1 型防滑器、法国的 TGV 列车高性能防滑器等。我国在 80 年代后期也对单板机防滑系统进行了研究(如青岛四方机车车辆研究所)。90 年代,我国又在引进、吸收国外技术经验的基础上,对采用微机控制的防滑系统进行了深入的研究,并取得很大的进展,当然与国外的先进技术水平相比还有一定的差距。近年来,我国轨道交通发展很快,防滑控制的理论研究不断提高,防滑控制的很多参考条件也不停地发生变化,需要更深入的研究与开发。但是高速车辆用防滑器则要求在具有良好防滑性能的同时,还要具有改善和提高黏着的性能。目前我国很多轨道车辆安装的是国外进口的防滑控制系统，价格较为昂贵，因此设计出具有高灵敏度的防滑控制系统对于我国轨道交通的发展具有非常意义。

单元二　防滑控制机理分析

一、黏着机理

研究列车的防滑控制，必须深入地了解黏着机理。黏着是表示轮轨关系的轨道交通专用术语。黏着力是指轮轨接触面切线方向传递的力。轮轨之间的黏着是轨道交通车辆形成制动力和牵引力的基本依据。

黏着系数是表示了轮轨黏着的利用程度，它是具有一定离散性的随机因数，服从统计学上的规律。黏着系数的大小与滑移率大小直接相关，两者的相关规律只有通过大量试验数据才能得出。据各种试验数据分析认为：在滑移率大于35%时，应视为黏着状态被破坏，出现宏观滑行的界限。当然，这条界限也是有些余地的，但这时黏着系数已随滑移率的增加呈明显下降趋势，而且量值已下降到0.25以下，难以保证列车进行正常制动。

改善黏着条件，提高黏着的利用率，不仅可以充分发挥列车的制动和牵引性能，同时还能有效地防止滑行和空转，减少对列车和线路设备等的损伤。无论是摩擦制动还是动力制动，都是利用轮轨间的黏着力的作用，都属于黏着制动。摩擦制动力过大，会把车轮抱死而发生滑行。动力制动时制动力如超过轮轨黏着力，此时车轮的反力矩过大，会导致车轮的逆转。

改善黏着的方法之一是在钢轨上撒砂，这种方法对列车启动时的防空转比较有效。但是在高速制动时，由于无法保证砂子正好撒在钢轨面上，因此效果不是很理想。尽管有的国家研制出先进的撒砂器或把砂子制成悬浮体直接喷洒在轨面上取得了一定的成功，但由于成本太高，也没有得到推广应用。采用化学方法清洗轨面，尽管可以明显地改善轮轨间的黏着，但这也只能用于黏着状态特别不良的区间。国际铁路联盟试验研究所也进行过电火花处理轨面的试验，清除了表面油污，使轨面活化，明显地提高了黏着，但由于电火花处理轨面消耗功率较大，以及对轨道电路和通信产生干扰等原因，所以该方法也没有被广泛应用。

其实影响利用黏着的因素还很多，例如车轮滚动圆的偏心、车辆的蛇形运动、车体与转向架的垂直振动等。这些因素涉及到很多技术问题，要充分利用黏着，必须全面考虑。

二、蠕滑理论

20世纪60年代以来，众多学者的研究指出：滑动实际上包含了利与弊两个方面。一般来说，滑动反映的是传力条件，而黏着反映的是滚动条件。在力的方向上，接触面前沿的黏着区消失，这时的滑动是有害的；反之，则是有利的。这就是著名的蠕滑理论。然而，黏着系数不代表传统的摩擦系数，根据近代滚动理论的发展，它实际上是静摩擦系数、法向压力、接触面积轴长比以及材料弹性常数四者的函数。

从宏观上看，轮轨相对滚动时，法向力是切向力存在的必要条件。除了接触表面状态之外，轮轨切向力的大小还决定于轮轨相对运动状态。简单说来，蠕滑是宏观上车轮的非纯滚动的状态，由于轮轨的三维弹性形变，轮轨接触面上存在着微观的黏着区和相对滑动区，因而车轮在钢轨上滚动时存在着一定的相对滑动，即车轮轮心实际前进速度 v 总是低于以车轮的圆

周速度 ωR_i 计算的理论值。这是由于在旋转力矩 M 的作用下，轮轨接触面产生向后的弹性变形所致。这个现象称为蠕滑。蠕滑大小的程度可用滑移率来表示，即

$$\sigma=\frac{(\omega R_i-v)}{v}$$

但是在实际应用蠕滑理论控制黏着的过程，一般都把轮对的轮周速度与轮心位移速度之差与轮心位移速度的比值定义为滑移率。这是因为在列车上比较容易测出轮对转速和列车实际运行速度。虽然这种表示方法也是一种近似的表示方法，但便于获得检测信号使防滑控制系统获得控制信号。

此外在一些滚动接触理论中，滑移率定义为有切向力作用时车轮滚过距离与无切向力作用时车轮滚过距离之差的变化率。也就是说，如果轮轨之间不存在相对滑行，那么车轮将在钢轨上做纯滚动，滚过的距离等于车轮所转圈数乘以车轮圆周长所得的距离，即

$$S=n\times 2\pi R$$

然而，由于相对滑动的存在，车轮的滚动已不再是纯滚动，而是伴随着有车轮相对钢轨滑动的发生，这也反映了接触面间的由于滑动干摩擦所引起能量的消耗。车轮实际滚过的距离与纯滚动距离之差的变化率用滑移率来描述，即

滑移率 =（车轮实际滚过的距离 − 纯滚动距离）÷ 纯滚动距离

蠕滑是一种轮轨设备都可以接受和容忍的微量滑行现象，理论上可以将这种微量滑行按其滑移量的大小划分为贯穿整个滑移发展过程的若干发展阶段。

1. 正常运行区

正常运行区又可划分为以下两个阶段：

（1）微量滑移阶段（弹性形变阶段）：$\sigma\leqslant 0.2\%$

（2）轻度滑移阶段（弹塑性形变阶段）：$<0.2\%\ \sigma\leqslant 1\%$

2. 稳态运行区

稳态运行区又可分为以下两个阶段：

（1）稳定滑移阶段：$\sigma=10\%\sim 25\%$

（2）振荡滑移阶段：$\sigma=26\%\sim 35\%$

3. 非稳态运行区

非稳态运行区只有一个阶段即打滑阶段：$\sigma>35\%$

4. 锁轴滑行区

在锁轴滑行区，轮对速度下降，直至停止转动，处于完全在钢轨上的滑行状态。防滑控制一般是在 $\sigma\leqslant 35\%$ 进行，也就是在稳态运行区中进行。我们还可以把稳态运行区按照滑移程度的不同又分成三个阶段，即

（1）稳定滑移阶段：$\sigma<10\%$，此阶段可以不进行控制或只作低级控制。该阶段应充分挖掘黏着潜力，提高制动性能。

（2）自滑移阶段：$\sigma=10\%\sim 26\%$，此阶段已有滑移量迅速扩大的趋势，必须采用防滑措施进行滑移量的控制。它是防滑控制的主要区域。

（3）临界滑移阶段：$\sigma=26\%\sim 35\%$，此时黏着已经破坏，并已进入宏观滑行的界限，随着黏着系数的迅速下降和滑移率的增大，轮轨间已无能力产生可与连续制动力相平衡的切向力。

必须在此区域实行高级别的控制以抑制滑移发展成为宏观上的滑行。

三、车轮滑行的形成

研究表明，轮轨间的切向力与轮轨间的滑动是同时存在的。黏着控制就是要通过对微观滑移量的检测，给控制系统以控制信号，通过控制滑移使列车处于最佳的黏着条件。因此，控制滑移率，也是为了提高黏着的利用率。

图 5-1 所示是通过大量的实验研究和分析，在理想的、干燥的和无污染的条件下得到的滑移理论曲线。由图可知，当黏着系数随滑移率的增大而达到最大值时，若继续增大滑移率，将会使黏着系数急剧下降。这种性质是干摩擦本身所固有的，然而对于列车运行来说却是灾难性的。

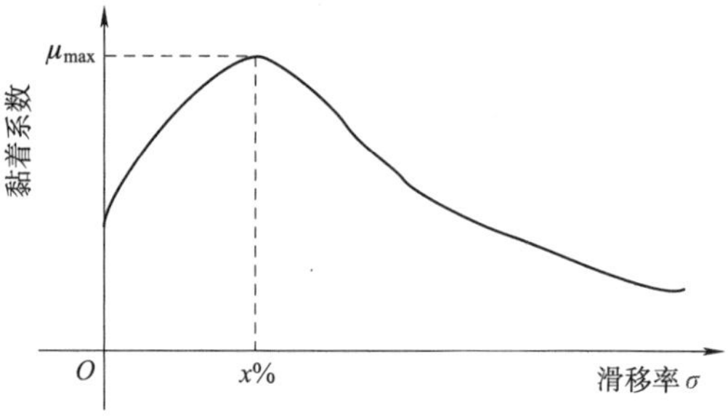

图 5-1　KALLER 滑移理论曲线

如果这时制动力的下降速度赶不上黏着系数的下降速度，那么由这种下降速度不平衡而建立起来的力的不平衡，将只能由车轮自己来消化，因此产生滑行。

单元三　防滑控制系统分析

根据以上分析可以确定，轮对滑行即黏着失去的根本原因是制动力大于所能实现的黏着力。而恢复黏着的有效手段就是降低制动力，以满足制动力小于所能实现的黏着力。而黏着一旦被破坏，单靠轮轨系统本身是不可能恢复的，需要外部机构的介入才能使黏着恢复。电子防滑控制装置就是帮助轮轨间恢复黏着的外部装置之一。防滑控制装置的基本原理就是当检测到因外界因素或制动力过大引起黏着系数下降时，就立即实施控制，尽快使黏着恢复。这种恢复应尽量接近当时条件所允许的最佳黏着，即黏着恢复必须充分提高黏着利用率。

一、防滑系统的基本结构

典型的防滑控制系统主要由控制单元、速度传感器、机械部件和防滑电磁阀组成。其中控制单元是防滑控制系统的核心部分，如图 5-2 所示。

防滑控制系统可以通过速度传感器检测出列车的正常速度以及列车与被抱死车轮间的速度差。这两个检测信号被传送到防滑控制系统的微处理器，微处理器根据比较和判断，然后发出防滑控制指令。防滑控制系统的执行装置按防滑控制指令的要求采取措施，使该车轮的制动力迅速降低，快速解除该车轮的滑行。当滑行消失时，微处理器得到消失后的速度信号后，重新发出指令，恢复该车轮的制动力。

1. 速度传感器

用于检测列车速度和轮对速度的装置称为速度传感器，又称为速度信号发生器。它安装在轮对上，其结构原理如图 5-3 所示。速度传感器由测速齿轮和速度传感器探头以及电缆线所组成。测速齿轮与速度传感器探头之间有一个空隙，永磁式的传感器会在间隙中感应磁力线。

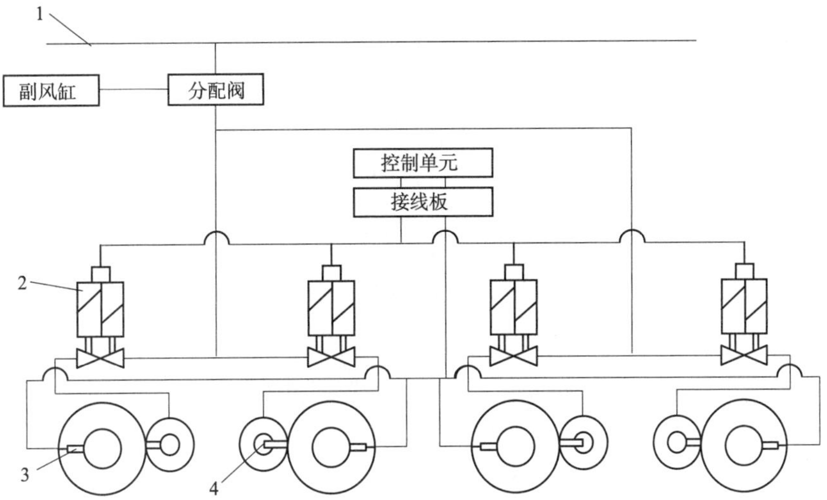

1—制动主管;2—防滑阀;3—速度传感器;4—制动缸。

图 5-2 电子防滑控制示意图

当车轮旋转时,齿顶、齿根交替切割磁力线,从而在永磁式传感器中产生一个频率正比于运行速度的电脉冲信号。这个电脉冲信号就是送入微处理器的速度信号。

2. 防滑电磁阀

防滑电磁阀(简称防滑阀)是轨道车辆中电子防滑系统的主要组成部分。它是防滑控制回路中的执行机构。防滑阀由电子开关装置控制,借助防滑阀,制动气缸压力 *C* 能够逐级降低或者再次升高到由控制阀设定的数值 *D*。目前地铁车辆使用的电磁阀主要有:GV12A、GV12A-1A、GV12-1B、GV12-2、GV12-ESRA 等。

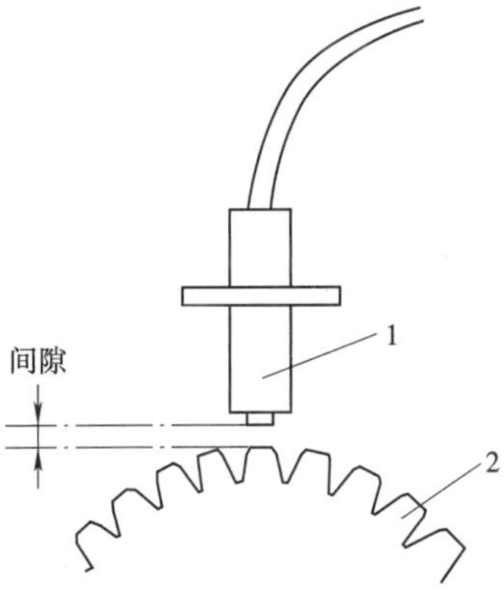

1—速度传感器探头;2—测速齿轮。

图 5-3 速度传感器示意图

(1)制动系统的排布

如图 5-4 所示,防滑阀 D 室与控制阀或压力转换器进行气动连接,C 室与其控制的制动气缸连接。与防滑电子装置的电气连接采用三芯线。在防滑阀上设置了一个三极插头分离点。芯线Ⅱ和芯线Ⅲ是用来对排气和进气的两个阀用电磁铁进行控制,芯线Ⅰ是共用回路。

(2)结构设计

防滑阀主要由一个带有两个换向膜板的通道板、一个双阀用电磁铁、两个将阀用电磁铁与通道板连接在一起的侧板和一个阀门支架组成。

通道板上有两个阀座(V_D 和 V_C)。每个阀座都能够通过 PD 膜板打开或关闭。PD 膜板可以接通或者断开从 D 室 C 室(到制动气缸)的连接。PC 膜板可以使 C 室和 O(空气)相连。双阀用电磁铁由两个二位三通换向阀(VM1 和 VM2)组成。其线圈在一个共用的塑料外壳里。用于电气连接的触销被浇铸在外壳上。

电磁阀在未励磁状态下,两个电枢通过电枢弹簧的弹力将外面的阀口密封;内部的阀口被打开，如图 5-4 所示。

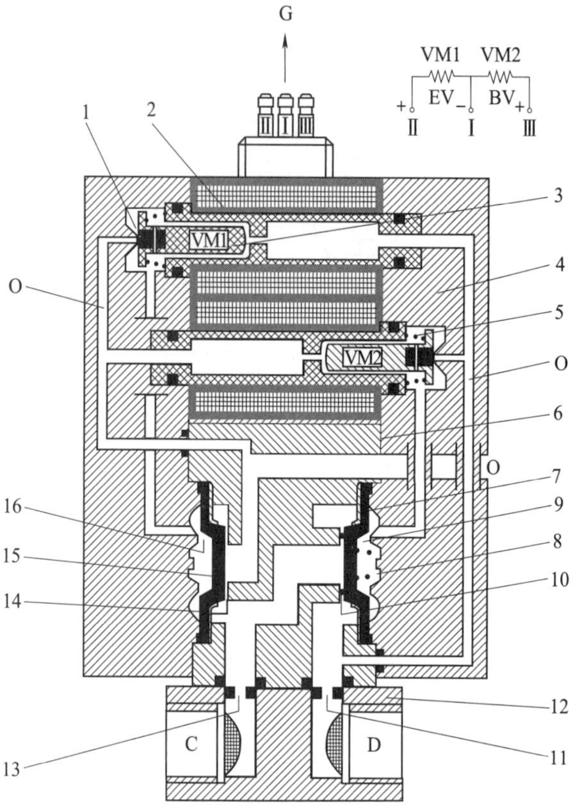

（制动解除、电磁阀失电、阀门无压力）

1—外部阀口；2—内部阀口；3—双阀用电磁铁；4—侧板；5—电枢弹簧；6—通道板；
7—PD 膜板；8—锥形弹簧；9—控制室 S_D；10—阀座 V_D；11—喷嘴 d_D（并非所有型号）；
12—阀门支架；13—喷嘴 d_C（并非所有型号）；14—阀座 V_C；15—P_C 膜板；16—控制室 S_C。

图 5-4　防滑阀 GV12 原理图

两个侧板中包括膜板控制室 S_D 和 S_C 以及通向双阀用电磁铁的输入管路。阀门拧在阀门支架上。支架上有 D 和 C 管路的两个连接螺纹口。阀门从支架上拆下后，喷嘴 d_D 和 d_C 便很容易接近（并非所有的型号都配备喷嘴）。

3. 功能说明

（1）无防滑系统的制动和松闸（阀用电磁铁 VM1 和 VM2 不励磁）

①缓解状态（图 5-4 ）

阀门处于无压状态。PD 膜板通过锥形弹簧保留在阀座 V_D 上。

②制动状态（图 5-5）

D 管路内的压力作用于 PD 膜板，由于控制室 S_D 仍然没有压力，膜板顶着锥形弹簧压向右侧末端。阀座 V_D 开启。

与此相反，通过开启的 VM1 内部阀口给控制室 S_C 加载 D 管路内的压力。D 管路内的压力（与阀口 C 的面积有关）作为一种闭合力作用于 PC 膜板，阀座 V_C 被关闭，D 和 C 管路间的通道开通。车辆可以无阻碍地进行制动。

③制动的解除(图5-5)

在制动解除时阀门仍保持上述制动状态中所述位置,即D和C之间的通道是开通的。当锥形弹簧的弹力超过了D管路内压力(与膜板的有效面积有关),在D管路内压力小的情况下PD膜板就关闭。这样随着D管路内压力不断降低,V_C阀座上的C管路内压力也会完全降低。

(2)通过防滑系统松闸(图5-6)

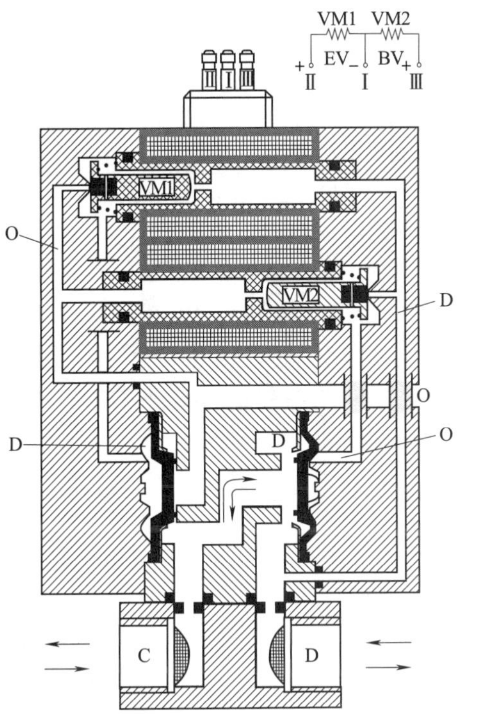

图5-5　防滑阀GV12原理图(VM1和VM2不励磁)
(无防滑系统的制动和松闸;通过防滑系统再次制动)

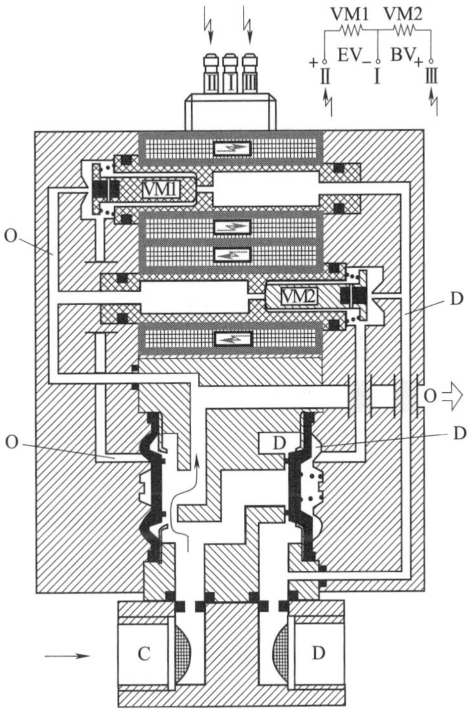

图5-6　防滑阀GV12原理图
(用防滑系统松闸、VM1和VM2励磁)

两个阀用电磁铁励磁。

通过VM2给控制室S_D加载D管路内压力。在PD隔膜上压力平衡,锥形弹簧将隔膜压到阀座V_D上。D管路内压力被阻断。

通过VM1给控制室S_C排气。C管路内压力将PC隔膜压向左面。阀座V_C打开;C压力通过V_C流向O 。

(3)通过防滑系统再次制动(图5-5)

两个阀用电磁铁不励磁。

控制室S_D排气,S_C进气。功能相应于上述无防滑器所述。

(4)通过防滑系统保持压力恒定(图5-7)

阀用电磁铁VM1不励磁,VM2励磁。

给两个控制室(S_D、S_C)加载D管路内压力。隔板将阀座V_D和V_C关闭。

C管路内压力与D管路内和O的通道关闭。

通过有效操作阀用电磁铁的控制不仅可以在排气阶段也可以在进气阶段产生恒压等级。

因此，可以根据防滑系统调节逻辑的要求，快速（无级地）或慢速（一级一级地）增压或降压。

进气或排气的压力梯度（无级）是由喷嘴 dD 和 dC 决定的。喷嘴的大小取决于需控制的 C 管路容积（并非所有型号都配有喷嘴）。

4. 防滑电磁阀在车辆上的安装

将防滑阀固定在车身上时须使排气口方向向下。

为了保持尽可能低的无效时间和气流损失，须注意要使通向受控的制动气缸的输入管路要短而且不能被截流。

防滑阀（除 GV12A 外）在阀门支架上有一个 C 管路压力的测量接口。这个测量接口在车辆投入使用之前必须密闭起来。

安装尺寸和技术数据请参见相关的安装图纸。

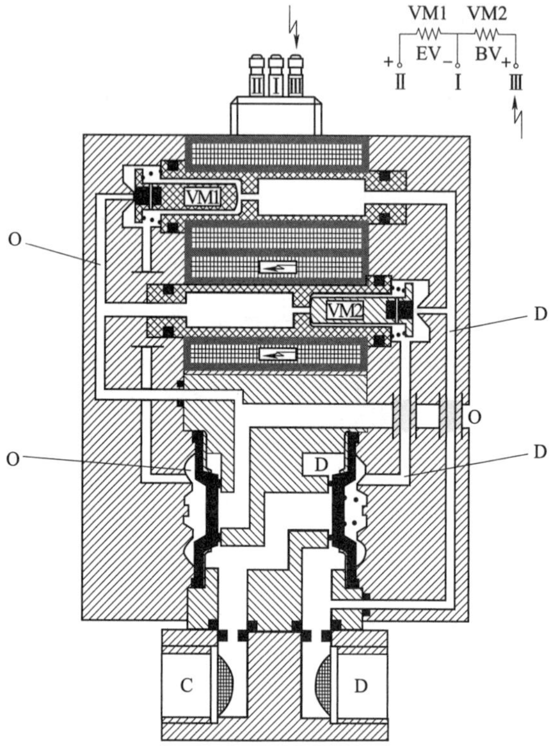

图 5-7　防滑阀 GV12 原理图

（通过防滑系统保持恒压、VM2 励磁）

二、防滑控制

列车防滑控制的逻辑框图，如图 5-8 所示。

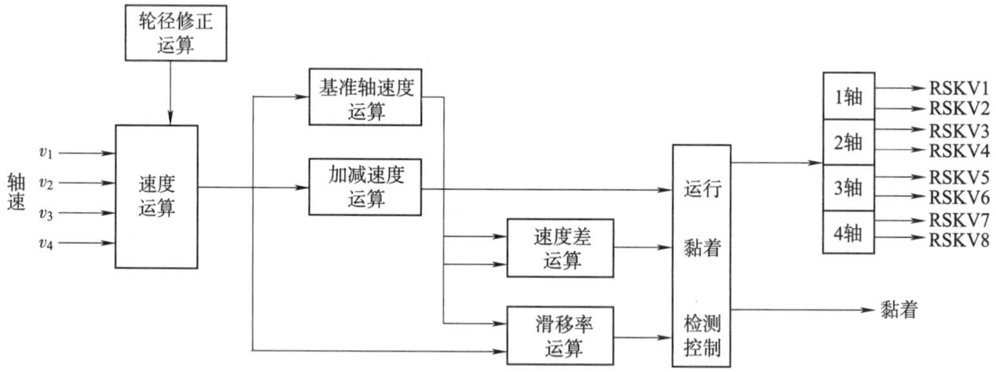

图 5-8　滑移控制过程逻辑框图

防滑控制是在制动力即将超过黏着力时，降低制动力，使车轮恢复处于滚动或滑滚混合状态，避免车轮滑行。

然而防滑控制的关键是：首先要正确判断滑行即将开始的时刻。判断提前，会使制动力损失过大，无法充分利用轮轨间的黏着，使制动距离延长；判断错后，就会产生滑行，造成踏画擦伤，起不到防滑作用。

目前，各种防滑控制系统在判断滑行时，使用了多种判据。这些判据主要有速度差、减速度、减速度微分和滑移率等。其中速度差和减速度使用最为普遍。无论采用哪一种判断依据，都把防滑和充分利用黏着作为主要目的，有时两种防滑系统采用相同的判据，但效果却不同，这主要是由于判据参数的选取以及对制动力的控制的过程不同造成的。

1. 速度差判据控制

速度差是根据某一根轴的速度与列车运行速度的差值。防滑时可针对速度差制定滑行检测标准。

对于速度差标准，车轮磨耗的允许值就为 6%～7%，再加上其他公差，因此速度差范围很大。如果速度差标准定得过高，会造成防滑控制系统误动作；但如果速度差标准定得过低，也会导致灵敏度降低（日本的轨道交通一般取速度差标准值为 15 km/h）。如果按高速范围制定速度差标准值，到低速时就不一定能保证正常的防滑作用。因此，速度差标准就不能是一个固定值，而应当是速度的函数。也就是说，速度差值应随着列车速度的减小而逐渐减小，所以确定速度差是否超限的阈值是随列车速度变化而变化的一个函数，这就使系统变得较为复杂。

能否精确地测定轮对间的速度差值是系统能否正常工作的关键。由于每个动轮直径不是绝对相同的，并且在运行中的磨耗也各不相同，所以轮对间的速度差总是存在的，尽管此时并没有发生滑动。这就要求在检测轮径速度差时，必须考虑此轮径差异的因素，并对轮径差异设置校正功能。我国列车运行允许的轮径差是同一车辆为 10 mm，同一转向架为 7 mm。

速度差控制就是当一辆车的四条轮对中的一条轮对发生滑行时，该轮对轴的速度必然低于其他没有滑行的轮对车轴的速度，将该轴速度与各轴速度进行比较并判定滑行轴的速度与参考轴的速度的差值，当比较差值大于滑行判定标准时，该车的防滑装置动作，降低所控制的该轴制动缸压力，此时该轴的减速度逐渐减小；当比较差值达到某个预定值时，防滑装置将使制动缸保压，让车轴速度逐渐恢复；当其速度差值小于滑行判定标准时，防滑装置将使制动缸压力恢复。

实践表明，轮对在连续滑行时，采用速度差判据控制，它需要把各根车轴联系在一起。同时，由于它往往受速度范围的制约且对于车轮磨耗造成的轮对圆周尺寸的误差特别敏感，因此速度差标准的制定和设计是个复杂的问题。

2. 减速度判据控制

一辆车的某根轴滑行或四根轴以接近速度同时滑行，用速度差是判别不到的，这时就需要采用减速度判据进行控制。当车轮速度发生突变时，减速度值也相应增大。当减速度值大于预定值时，防滑装置降低它所控制的制动缸压力；当减速度值逐渐减小，恢复到预定值时，防滑装置将使制动缸保压；当减速度值进一步恢复，小于预定值时，防滑装置将使制动缸压力逐渐恢复。

减速度的标准是相对独立的，被检测的轴与其他轴无关。由于具有这个特点，所以绝大多数防滑控制系统（无论是机械离心式防滑器或电子防滑器）都采用此标准作为判据。

减速度判据值的确定对黏着利用也十分重要，部分防滑控制系统一般在减速度达到 3～4 km/s^2 时降低制动缸压力，而且作为定值，不受速度变化的影响。

3. 减速度微分判据控制

上述使用减速度判据也有不足之处。由于防滑机械部分动作的延迟使制动缸的压力变化作用滞后。例如安装在法国 TGV 车上的防滑器，在使用减速度判据的同时，还引入了减速度微分进行辅助判断，因为当减速度达到判据标准时，虽然防滑装置动作，但需经过延迟时间后制动缸压力才开始变化，延迟时间内减速度的变化快慢会不同，即减速度的微分不同，这就有可能造成减速度变化快的，防滑作用不良，而减速度变化慢的，黏着利用不良。引入减速度微分控制后，就有可能解决上述问题。减速度微分控制的判据是

$$\left[a+\frac{\mathrm{d}a}{\mathrm{d}t}\Delta t\right]$$

式中 a——开始检测计算时的减速度值；

$\frac{\mathrm{d}a}{\mathrm{d}t}$——对减速度微分；

Δt——延时时间。

假定判据达到了滑行的判定值，则防滑系统动作，经过延时时间后，无论减速度变化快还是慢，制动缸压力开始变化的减速度都是相同的。控制制动缸压力开始变化时的减速度，可以充分利用黏着和良好的防滑作用。但这种判断方式对防滑系统的要求较高，控制单元要求要有较高的运算速度。

4. *滑移率判据控制*

滑移率是某一轴的速度与参考速度之差值和参考速度的比值。采用滑移率作为判据时，认为某一条轴的滑移率达到某一定值时就会发生滑行，防滑系统就会对该轴的制动缸压力进行控制，其控制过程与以上几种基本相同。

滑移率与黏着的利用密切相关，控制滑移率可以达到充分利用黏着的目的。日本的研究表明：当黏着系数为最大值时，滑移率将随着轨道的状况而发生变化，干燥轨道的滑移率一般在3%~10%，所以认为“在微小滑行时，即使不产生缓解作用也会再黏着的情况很多，超过适当大小的滑行才会进行缓解，这样将会有助于缩短制动距离”。

针对滑移率，日本还进行了专门试验，试验中把滑移率维持在10%以下。当滑移率低于5%时，瞬时黏着系数变化很小；当滑移率超过5%时，黏着系数趋于下降。这表明，如果制动缸压力能被准确地控制，即车轮的滑移率能维持在确定水平，黏着就能得到有效利用，相应的也可防止滑行的产生。在日本883系摆式车组（最大速度为130 km/h）的制动试验中，使用常规防滑器，制动距离延长15%；而采用滑移率控制的防滑系统仅延长3%以内。

综上所述，根据轮轨间极限摩擦力水平，滑行控制的主要出发点是：在合理控制滑移率量值的基础上，充分利用和挖掘列车的黏着潜力，通过控制制动力使车轮滑移率保持在一定范围内，完全能在防止滑行的基础上，充分利用黏着，防止制动距离延长过大。

三、防滑系统的基本要求

1. *灵敏度高*

在较高的速度范围内，由于黏着系数较低，本来就容易发生滑行，而且即使是在很短的时间内，因滑行距离较长，危害也是相当严重的，因此防滑控制系统应具有高灵敏度。同时，灵敏度也受滑行标准、滑行检测速等诸多因素的影响。

一旦某根车轴发生了滑行，要迅速被检测出来，不但要采用多种标准，而且关键问题在于这些标准的具体设置。标准定得高，使检测灵敏、动作快，可以使滑行很快地被制止。但是标

准定得太高，会使滑行控制的稳定性能变差，以至一些微小的滑行也使防滑控制系统动作，从而延长了制动距离，危及运行安全；滑行标准若定得过低，会使滑行性能不安全，同时会使检测滞后时间延长。因此，制定防滑标准是一个复杂的技术工作，要充分考虑到防滑装置的结构及线路、使用的速度范围以及车轮的磨耗等诸多因素。

2. 防滑特性良好

所谓防滑控制系统的防滑特性，就是当防滑控制系统检测到滑行之后，通过逻辑线路和机械装置，立即切断动力制动并且使摩擦制动的制动缸快速缓解；而当车轮停止滑行并恢复再黏着以后，制动缸又重新充气的整个过程的特性。它不但取决于检测系统、机械部件的灵敏性，而且主要决定于防滑控制采用的控制方法及算法。防滑特性好，将会取得良好的防滑效果，使制动距离延长较短等。

通常一个具有良好防滑特性的防滑系统可以保证：制动效率高、防滑反复动作次数少、制动距离适当延长、节约压力空气等特性。

思考与练习题

1. 简述列车防滑控制的必要性。
2. 城轨车辆常用的防滑控制系统由哪几部分组成？
3. 车辆制动时为什么会产生“滑行”？有什么危害？最重要的防滑方法是什么？
4. 简述防滑控制的依据。
5. 简述减速度判据控制的基本方法。

模块六　模拟式电气指令架控式制动系统

学习目标

1. 了解 EP2002 制动控制系统的组成。
2. 了解 EP2002 制动控制系统的优点。
3. 了解 EP2002 制动控制系统的缺点。
4. 掌握 EP2002 制动控制系统的原理。
5. 掌握 EP2002 制动控制系统的结构。
6. 掌握 EP2002 制动控制系统的制动控制形式。
7. 熟知 EP09 制动控制系统特点及组成。
8. 掌握 EP09 制动控制系统的工作原理。
9. 掌握 EP09 型制动控制系统具有的功能。

EP2002 制动控制系统和 EP09 制动控制系统都属于模拟式电气指令架控式制动系统，与常规的制动控制系统的最大区别在于设计思想不同：常规的制动控制系统采用车控式，即一个制动电子控制单元控制同一节车的两个转向架；而架控式制动控制系统，即一个阀控制一个转向架，因此当一个阀出现故障时，只有一个转向架上的空气制动失效，减小了对车辆产生的影响。

EP2002 制动控制系统是由德国公司研制生产的，为模拟式电气指令架控式制动系统，其核心部件是 EP2002 阀，负责空气制动系统的控制、监控及与车辆控制系统的通信。由于 EP2002 制动控制系统与常规制动控制系统相比具有突出的优点，目前已经在国内外多个新造城轨车辆项目中获得了应用，广州地铁 3 号线是较早采用 EP2002 制动控制系统的城轨车辆项目。

EP09 制动控制系统是中国铁道科学研究院集团有限公司（简称铁科院）独立研发的，近年来已经在宁波地铁、沈阳地铁、成都地铁等项目中得以应用，取得了长足的发展。相比较于国外既有的城轨车辆制动控制系统，铁科院的制动控制系统设计更为灵活，可以根据用户的需要进行系统的设计。本书结合 EP09 制动控制系统的应用情况，对采用架控式的铁科院 EP09 制动控制系统进行介绍。EP09 制动控制系统是一种先进的列车制动系统，它为现代列车提供了高效、安全和可靠的制动性能。

视频学习

EP2002控制阀

单元一　EP2002 制动控制系统的组成

EP2002 制动控制系统主要由 EP2002 阀、制动控制模块以及其他辅助部件组成，部件集成化程度高、节省了安装空间，同时也便于安装、使用和维护。图 6-1 所示为广州地铁 3 号线车辆气路原理图（动车），拖车除了不设有空气供给装置、升弓装置、双针压力表和气笛外，气路原理图基本与动车相同。

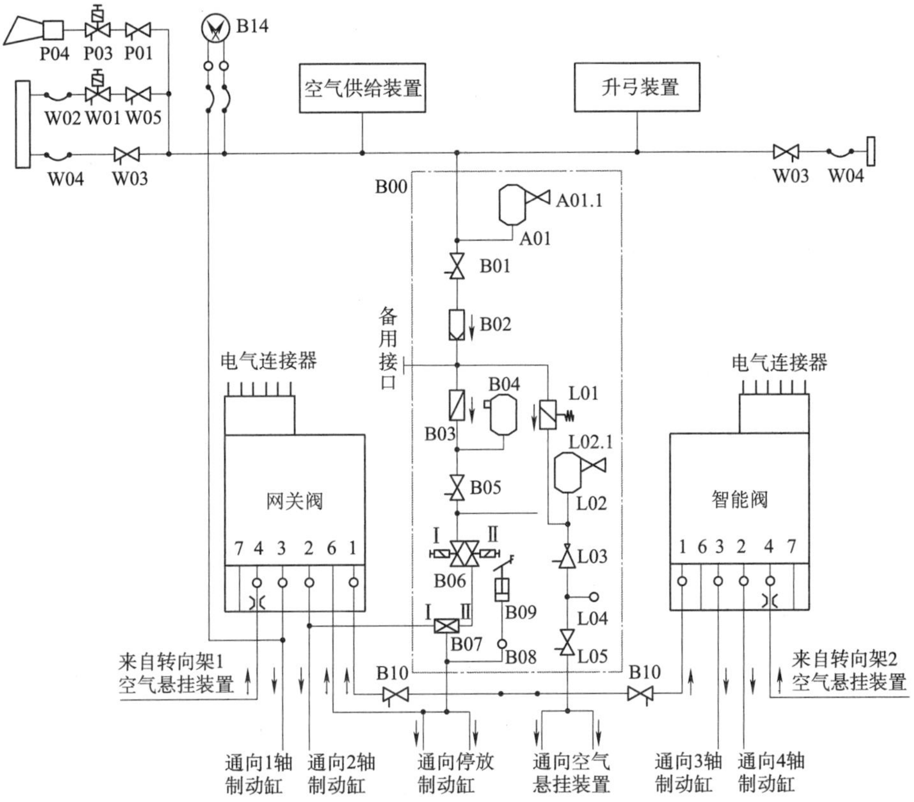

B00—制动控制模块；B10—转向架空气制动切除塞门；P04—汽笛；

W01—解钩电磁阀；W03—截断塞门。

图 6-1　广州 3 号线地铁车辆气路原理图（动车）

在图 6-2 所示的 EP2002 系统边界内，所有的 EP2002 系统都是采用三个核心

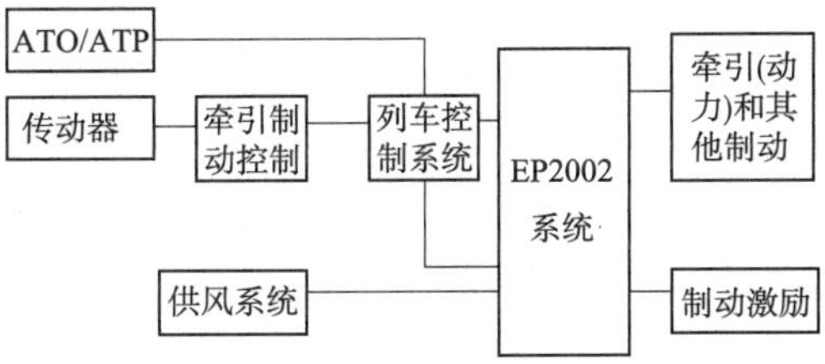

图 6-2　系统架构图

产品安排到所需的网络配置中而构成的。这三个核心产品是 EP2002 Gateway 阀、EP2002 Smart 阀和 EP2002 RIO 阀，分别安装在底架上靠近它们所控制的转向架的位置（每个转向架 1 个阀）。这些产品通过一根专用的 CAN 制动总线连接在一起。

一、EP2002 阀

EP2002 阀相当于常规制动控制系统中制动微机控制单元 ECU 和制动控制单元 BCU 的集成部件，根据功能的不同，EP2002 阀可以分为智能阀、RIO 阀（远程输入/输出阀）和网关阀三种，每节车设有两个 EP2002 阀，每个 EP2002 阀都安装在其控制的转向架附近的车体底架上，所有的 EP2002 阀上都提供了多个压力测试接口，可以方便地测量制动风缸压力、制动缸压力、载荷压力、停放制动缸压力等。EP2002 阀的主要技术参数见表 6-1。

表 6-1　EP2002 阀的主要技术参数

项　　目	网关阀	RIO 阀	智能阀
最高工作压力/kPa	1 030	1 030	1 030
允许环境温度/℃	-25 ~ +55	-25 ~ +55	-25 ~ +55
防护等级	IP66	IP66	IP66
额定工作电压/V	110	110	110
额定功率/W	85	85	70
重量/kg	18.5	18.5	17.2
外形尺寸/mm	210×210×324	210×210×324	210×210×268

1. 智能阀

智能阀是机电一体的产品，包括一个直接安装在气阀上的电子控制部件，如图 6-3 所示。智能阀产生电控制信号直接控制气阀，对其控制的转向架的电—空制动和车轮滑行进行控制，并通过 CAN 总线与其余 EP2002 阀进行通信。另外，智能阀还对其控制的转向架的气制动系

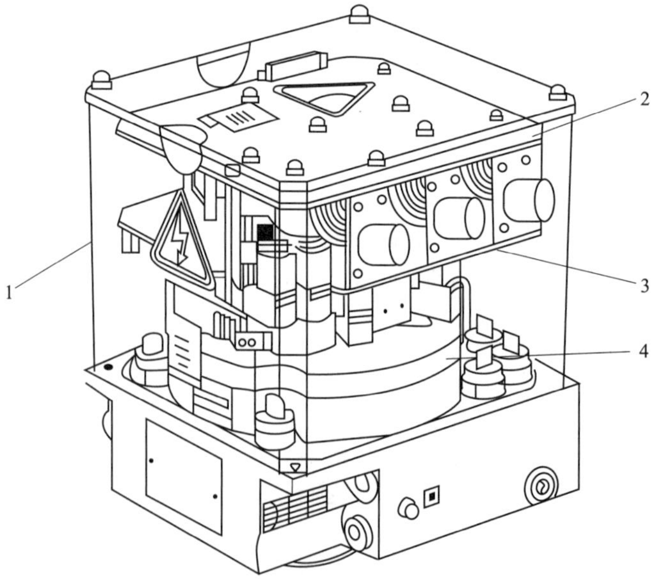

1—装置外壳；2—RBX 卡；3—PSU 卡；4—PVU。

图 6-3　智能阀

统进行故障诊断及故障显示。智能阀通过硬连线与列车安全回路(紧急制动回路)相连,当列车安全回路失电时,智能阀将使其控制的转向架产生紧急制动。

EP2002 Smart 阀输入/输出示意图如图 6-4 所示。

EP2002 Smart 阀是一个机电一体化的部件,它包括一个直接安装在气动伺服阀上的电子控制部分,称为气动阀单元(PVU)。每个阀分别按照由 EP2002 Gateway 阀通过 CAN 制动总线提供给它的制动要求来控制其所在转向架上的制动执行机构中的制动缸压力(BCP)。该装置为每一个转向架提供摩擦制动和紧急制动,同时还执行每根轴的 WSP 控制。阀采用软件和硬件结合的方式予以控制和监视,从而能够检测到潜在的危险故障。通过结合所在车轴的轴速数据和由专门的 CAN 制动总线传递的其他轴速数据,来执行车轮防滑保护。车轮滑动保护是采用本车取得的轴速数据和从其他阀门获得的速度数据相结合并通过专用 CAN 制动总线来提供的。

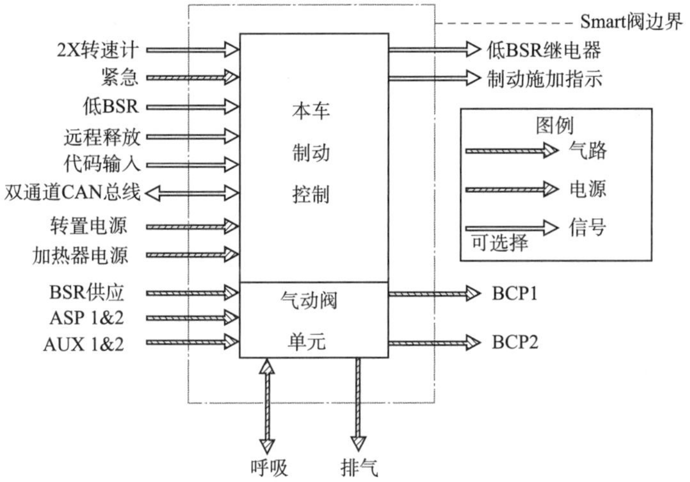

图 6-4　EP2002 Smart 阀输入/输出示意图

2. RIO 阀

RIO 阀结构如图 6-5 所示。

RIO 阀除了具有智能阀的所有功能外,还可以通过硬连线与其控制的转向架上的牵引控制单元进行通信,使电制动和空气制动协调工作。

RIO(远程输入/输出)阀与 Gateway 阀的输入/输出相同,但是它不进行制动控制运算,也没有安装网络接口卡。

RIO 阀读取可编程输入,主要的 Gateway 阀通过 EP2002 双通道 CAN 总线也可应用可编程输入。RIO 阀可编程输出的状态由主要的 Gateway 阀控制。

RIO 阀的输入/输出如图 6-6 所示。

3. 网关阀

网关阀的结构如图 6-7 所示。网关阀除了具有 RIO 阀的所有功能外,还具有制动管理功能。另外,EP2002 制动控制系统(包括网关阀、RIO 阀和智能阀)由网关阀的通信卡通过 MVB 总线(或其他总线)与列车控制系统进行通信。

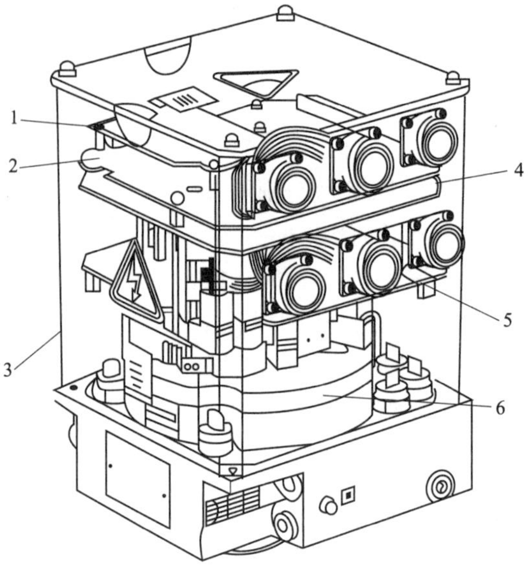

1—可选择的模拟输入/输出卡;2—BCU 卡;3—装置外壳;4—RBX 卡;5—PSU 卡;6—PVU 卡。

图 6-5　RIO 阀结构

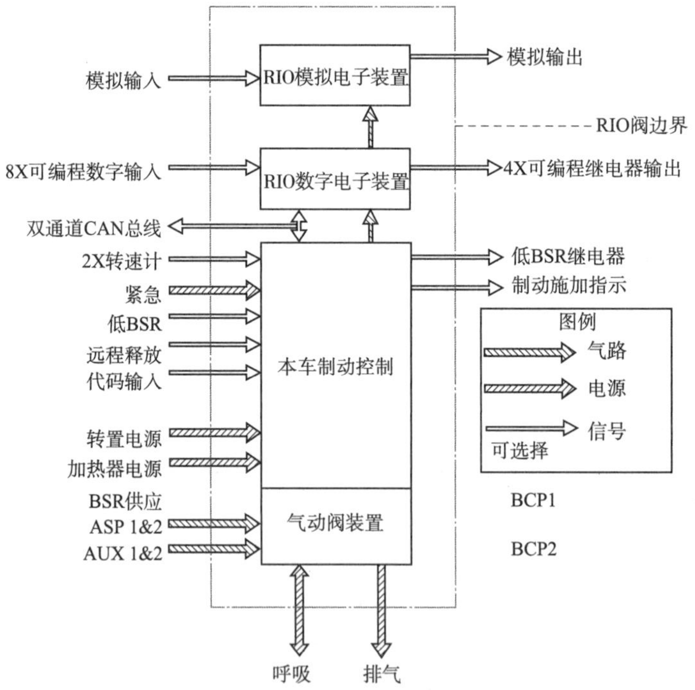

图 6-6　RIO 阀的输入/输出示意图

在任何 EP2002 系统中,EP2002 Gateway 阀内的制动需求分配功能可以将踏面制动制动力要求分配到列车上安装的所有制动系统中,以便达到驾驶员/ATO 所要求的制动力。

EP2002 Gateway 阀执行 EP2002 Smart 阀的所有功能,并且把踏面制动压力要求分配到安装在本车 CAN 网内的所有 EP2002 阀。它还提供 EP2002 控制系统与列车管理系统之间的接口。EP2002 Gateway 阀可以进行量身定制以便与 MVB、LON、FIP 和 RS-485 通信网络和(或)传统的列车线及模拟信号系统接口。Gateway 阀的输入/输出如图 6-8 所示。

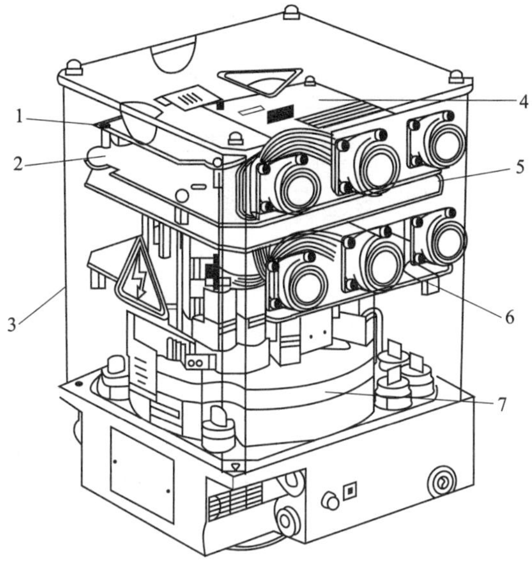

1—可选择模拟输入输出卡;2—BCU 卡;3—装置外壳;4—可选择网络 COMMS 卡;
5—RBX 卡;6—PSU 卡;7—PVU 卡。

图 6-7　Gateway 阀结构

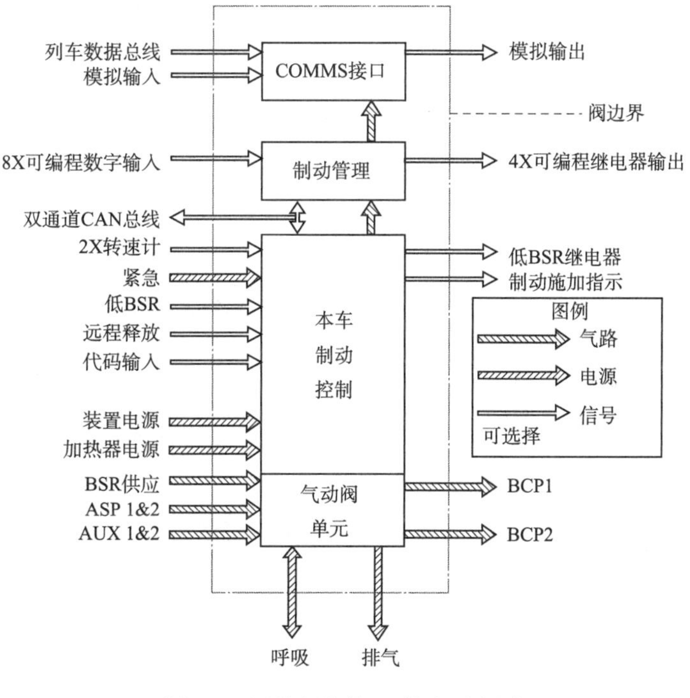

图 6-8　网关阀的输入/输出示意图

EP2002 阀的外形图如图 6-9 所示。

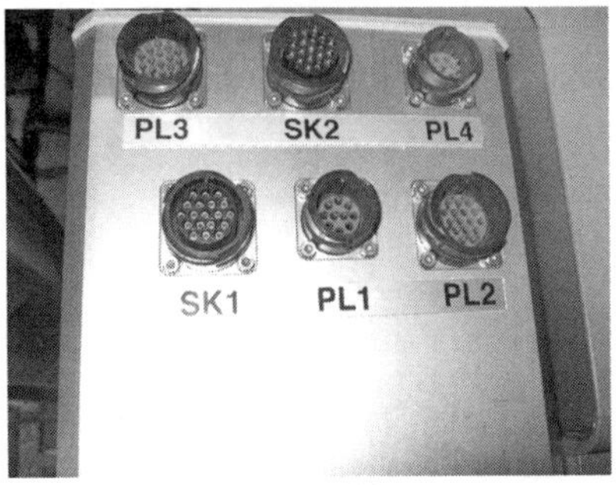

（a）网关阀

（b）智能阀

SK1—CAN/PAL；SK2—模拟 I/O；PL1—测速；PL2—电源；PL3—数字 I/O；PL4—MVB

图 6-9　EP2002 阀的外形图

二、制动控制模块

如图 6-1 所示，制动控制模块主要由风缸及其他一些辅助部件组成，上述装置也被集成到一个构架上，采用模块化结构，节省了安装空间，同时也便于安装、使用和维护。制动控制模块的主要作用是储存风源、施加和缓解停放制动以及向 EP2002 阀和空气悬挂装置供风。

三、其他辅助部件

1. 空气制动力切除装置

为了便于维护和隔离，在制动风缸向 EP2002 阀供风的气路中设有两个塞门（B10），一般将这两个塞门安装在座椅下便于进行操作。操作其中的一个塞门，可以将其控制的转向架上的空气制动切除。

2. 双针压力表（B29）

在每个 A 车司机室内设有一个双针压力表（B29）用于显示主风缸压力和本车第一根轴上的制动缸压力，带有内照明并提供常规测试/校正用接口。

单元二　EP2002 制动控制系统的工作原理

一、EP2002 阀内部气路结构

所有 EP2002 阀的内部气路是相同的，为了便于理解，将它的功能区域可分成如图 6-10 所示的几个区域来进行说明。

（1）主调节器（A 区域）：由一个中继阀负责调整压力到相应载荷的紧急制动压力值。如果电子称重系统发生故障，该阀也负责提供一个最小的空载紧急制动压力。

（2）副调节器（B 区域）：在主调节器的上游，副调节器负责限制供给到制动缸的最大压力不超过超员载荷下紧急制动压力的水平。

（3）载荷压力（C 区域）：负责提供控制压力到主调节器中继阀。这个控制压力在常用制动和紧急制动时有效并且与空气悬挂压力（ASP1. ASP2）成正比。

（4）制动缸压力调整（D 区域）：负责将主调节器的输出压力调整成要求的制动缸压力大

小。制动缸压力调整区域也负责防滑保护功能激活时的制动缸压力调节。为了安全起见，紧急制动电路和常用制动控制电路是分开的。

(5)连接阀(E 区域)：连接阀可以使制动缸压力连接到一起或分开。在常用制动和紧急制动时，向两根轴上的制动缸输出气路连接到一起，以转向架为单位施加制动；在车轮防滑保护功能激活时，两个轴的制动缸压力被分离开来，每个轴上的制动缸压力是由制动缸压力调整阶段单独控制的。

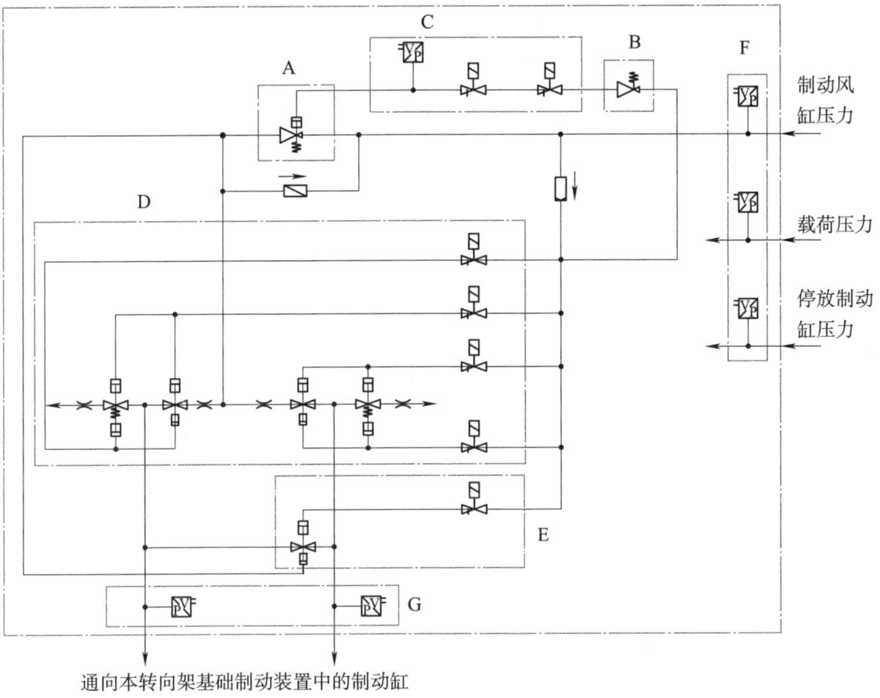

A—主调节器；B—副调节器；C—载荷压力；D—制动缸压力调节器；E—连接阀；F、G—压力传感器。

图 6-10　EP2002 阀内部气路原理图

视频学习

称重调节工作原理

视频学习

防滑保护

视频学习

紧急制动工作原理

(6)压力传感器(F 和 G 区域)：压力传感器用于内部调节或外部显示(制动风缸压力，载荷重量，制动缸压力，停放制动)。

按照如上功能区域进行划分仅为了方便理解该阀内部气路特性。EP2002 阀是一种精密的机械电子阀，由上百个零件组成，供货时将以整体的形式提供给车辆制造商。

二、EP2002 制动控制系统网络结构

EP2002 制动控制系统的网络结构关系到列车制动控制以及制动力分配等关键问题，因此非常重要。EP2002 制动控制系统具有很高的可用性和灵活性，可以与多种总线结构兼容，如 MVB 总线、RS-485 总线、LONBUS 总线和 FIP 总线等。制动控制系统网络结构的设置主要应从安全性、可靠性、经济性等方面考虑，下面以六节编组的地铁车辆为例，对目前应用较多的两种 EP2002 制动控制系统网络

结构进行说明。

1. 半列车 CAN 总线网络结构

半列车 CAN 总线网络结构是将半列车所有的 EP2002 阀用 CAN 总线相连，并由 B 车和 C 车上的两个网关阀通过 MVB 总线（或其他总线）与列车控制系统进行通信，如图 6-11 示。每半列车上 B 车和 C 车中的一个网关阀将被定义为主网关阀；而另一个被定义为从网关阀。当主网关阀出现故障时，从网关阀能够自动接替主网关阀的工作，保证了系统的冗余性。如果 MVB 总线（或其他总线）出现故障，则网关阀将按照默认状态工作，另外，CAN 总线由两对双绞线组成，具有较好的冗余性。

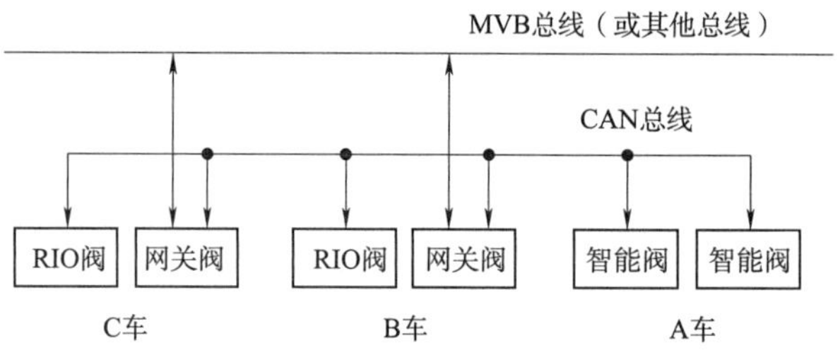

图 6-11　半列车 CAN 总线网络结构图

在 B 车和 C 车上各设置一个 RIO 阀的目的是 RIO 阀可以通过硬连线与其控制的转向架上的牵引控制单元进行通信，使电制动和空气制动协调工作。根据每个项目的实际情况，在充分研究网关阀与车辆总线信息传输量的情况下，可以考虑用网关阀与 MVB 总线（或其他总线）之间的通信来代替 RIO 阀与其控制的转向架牵引控制单元的通信工作，这样 B 车和 C 车上的 RIO 阀就可以用智能阀来代替，增强了部件的互换性，同时也减少了备品备件的种类，经济性更好。

2. 单节车 CAN 总线网络结构

单节车 CAN 总线网络结构是将每节车上的两个 EP2002 阀用 CAN 总线相连，并由每节车上的网关阀通过 MVB 总线（或其他总线）与列车控制系统进行通信。如果 MVB 总线出现故障，则网关阀将按照默认状态工作。单节车 CAN 总线网络结构如图 6-12 所示。

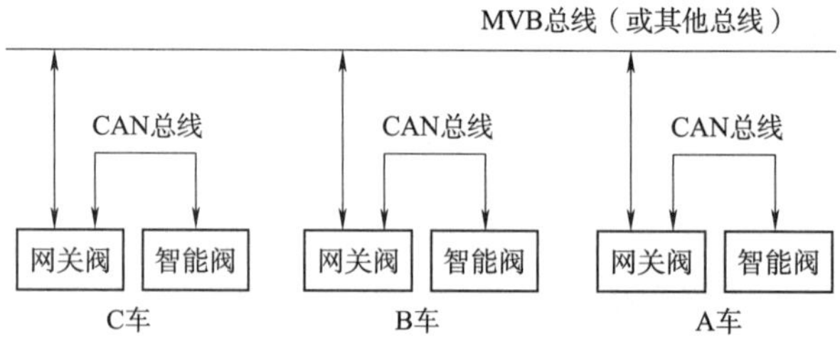

图 6-12　单节车 CAN 总线网络结构图

从安全性和可靠性角度进行分析，半列车 CAN 总线网络结构中的从网关阀作为主网关阀的备份，具有较好的冗余性，如果 CAN 总线在 A、B 车之间断开，将导致 A 车的空气制动失效，但发生这种故障的概率是比较低的；而在单节车 CAN 总线网络结构中如果某节车上的网关阀出现故障则本节车空气制动失效，如果某节车上的 CAN 总线断开则一个转向架上的空气制动失效。经过上述对比可见半列车 CAN 总线网络结构的安全性和可靠性略高于单节车 CAN 总线网络结构。

从经济性角度进行分析，半列车 CAN 总线网络结构比单节车 CAN 总线网络结构少使用一个网关阀，多使用了一个 RIO 阀或智能阀。如单纯从 EP2002 阀的总价格来考虑，半列车 CAN 总线网络结构的价格低于单节车 CAN 总线网络结构；但是由于半列车 CAN 总线网络结构比单节车 CAN 总线网络结构所使用的 CAN 总线更长，从综合成本考虑，两者经济性基本相同。

三、EP2002 制动控制系统的制动管理及工作逻辑

在单节车 CAN 总线网络结构的 EP2002 制动控制系统中，一般选择由列车上的主车辆控制单元（VCU）负责列车的制动管理。除紧急制动外，主 VCU 控制列车电制动力与空气制动力的分配。制动力指令由列车线传输给 VCU 和网关阀，主 VCU 连续循环计算车辆系统所需制动力的大小，实际总制动力值由车辆的载荷所决定。主 VCU 再根据网压、电制动/空气制动分配特性将总制动力合理地分配给电制动控制单元和空气制动控制单元。另外，为了使列车具有载荷补偿功能和制动故障时车辆内部制动力的合理分配，VCU 和网关阀之间通过列车和车辆总线进行实际制动力施加值的数据交换。

在半列车 CAN 总线网络结构的 EP2002 制动控制系统中，可以选择由列车上的主车辆控制单元（VCU）负责列车的制动管理；也可以设置两个半列车 CAN 总线网络结构中的任何一个主网关阀作为整列车的主网关阀，负责列车的制动管理，另一个半列车 CAN 总线网络结构中的主网关阀作为备份。

广州地铁 3 号线车辆采用由 VCU 来负责列车的制动管理的工作模式，其制动控制系统的工作逻辑图如图 6-13 所示。

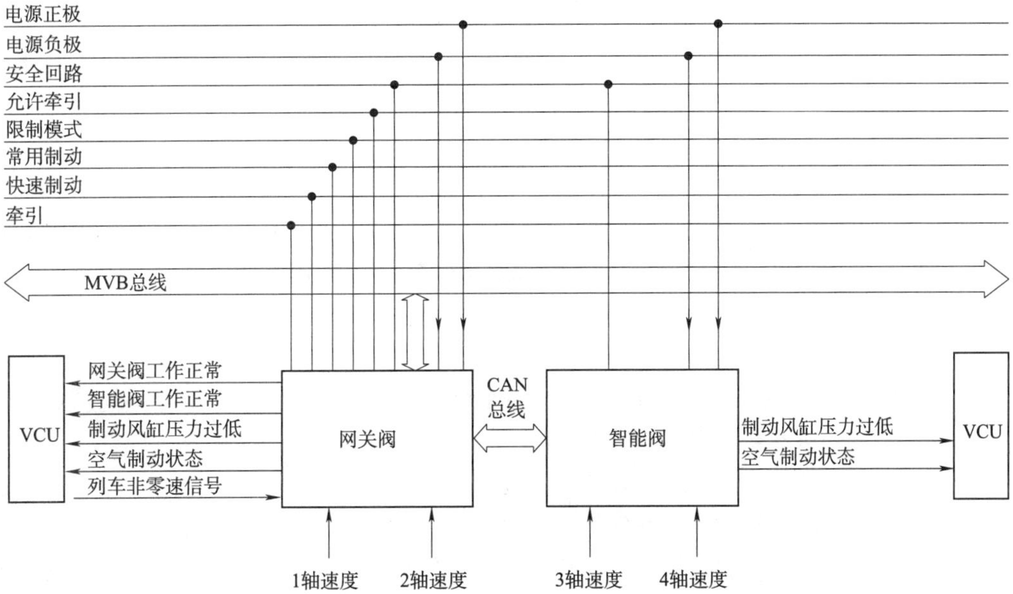

图 6-13　广州地铁 3 号线车辆制动控制系统工作逻辑图

四、制动控制

1. 常用制动

在常用制动模式下，电制动和空气制动一般都处于激活模式，以便电制动和空气制动之间的及时转换。常用制动优先采用电制动，当电制动故障或电制动力不足时由空气制动补充以达到要求的常用制动减速度。常用制动具有防滑控制功能并且受到冲击极限的限制。

每个 EP2002 阀测量其控制的转向架的载荷，并通过局部制动控制卡传输数据到 CAN 总线。CAN 总线内的主网关阀通过 MVB 总线（或其他总线）与列车控制系统进行通信，根据列车控制数据和转向架载荷为本节车的每个转向架产生单独的、与载荷信号相关的空气制动力指令，并通过 CAN 总线将指令发给各个 EP2002 阀。上述过程考虑到了每个转向架的黏着限制情况，每个局部制动控制卡通过气动阀和气动阀单元内的传感器反馈信号提供闭环摩擦制动控制。

2. 快速制动

当司机操作主控制器手柄使其处于快速制动位时快速制动被触发。快速制动是一种特殊的制动模式，快速制动与紧急制动的制动率相同。快速制动优先使用电制动，当电制动故障或电制动力不足时由空气制动补充，快速制动命令是可以恢复的，快速制动时具有防滑控制功能并且受到冲击极限的限制。快速制动时 EP2002 制动控制系统的工作原理基本与常用制动时相同。

3. 紧急制动

紧急制动是列车在紧急情况下而采取的制动方式，紧急制动是通过列车安全回路来控制的，一般情况下紧急制动可以由以下系统或元件触发：紧急按钮、列车超速、警惕按钮、车钩断钩、ATP 系统等，紧急制动一经触发，列车安全回路中断，触发信号传输给列车控制单元和牵引控制单元，牵引控制单元中断牵引系统工作。紧急制动是按照比常用制动更高的制动率而设计的。紧急制动仅仅由空气制动提供。且制动命令在停车之前是不可恢复的，紧急制动时具有防滑控制功能但不受冲击极限的限制。

4. 停放制动

为了满足列车较长时间停放的要求，停放制动采用弹簧施加，压缩空气缓解方式，另外还具有手动缓解功能。EP2002 阀将实时监控停放制动缸的空气压力。

5. 保压制动

（1）激活保压制动的条件

当地铁列车施加制动后，当检测到列车停车（列车速度约为 0.5 km/h，可以根据不同的项目进行调整）后，由 EP2002 阀激活保压制动，以防止列车溜动，保压制动力的大小将保证 AW3 载荷的列车停在最大坡度线路上而不会产生溜动。

（2）缓解保压制动的条件

①司机将主控制器手柄置牵引位，每个牵引系统将牵引力的实际制发送给列车主 VCU。

②主 VCU 计算列车牵引力实际值的总和。

③ 牵引力实际值的总和足以启动列车（不会引起列车后溜）。

④主 VCU 向 EP2002 阀发出“缓解保压制动”信号。

空气制动的状态信号将反馈给 VCU，VCU 通过该信号确认制动是否缓解，如果空气制动在某一时间段内没有完全缓解，则主 VCU 将向各牵引系统发出中断牵引的指令，并再次施加保压制动。

6. 车轮防滑保护功能

车轮防滑保护系统采用轴控防滑方式，包括防滑阀、测速齿轮、速度传感器、防滑电子控制单元，防滑电子控制单元和防滑阀都集成在 EP2002 阀内。

车辆防滑保护控制集成在 EP2002 控制系统内。系统通过控制制动力来检测和校正车轮滑行。安装于每根轴上的速度传感器用来监控轴速，这个信息共享于 CAN 区域内的 EP2002 阀。

如果 EP2002 阀检测到滑行，它将控制制动缸压力来校正该轴上的车轮滑行。当列车制动时并且检测到滑行存在时，车轮防滑保护控制能独立控制每根轴的制动力。两种检测车轮滑行的方法用于确定低黏着情况的存在：

①单个轴过大的减速度。

②每根轴和旋转速度最高的轴的速度偏差。

当由上述任意一条件检测到车轮滑行，则负责其控制的转向架的 EP2002 阀将快速沟通该轴制动缸与大气之间的通路，通过减小制动缸的压力来消除滑行现象；同时控制系统将定期执行地面速度检测，以便更新计算真实的列车速度。系统能根据轨道条件精确地控制滑行深度，这将改进后面车轮的黏着条件，在低黏着情况下使用最大制动力，同时确保没有车轮擦伤。当车轮防滑保护装置计算确定粘着条件回到正常状态，系统将返回到最初的状态，地面速度检测将结束。

除此之外，EP2002 制动控制系统还具有空气制动和停放制动状态检测功能、制动风缸压力过低检测功能、自测功能、故障记录功能等。

单元三　EP2002 制动控制系统的特点

一、EP2002 制动控制系统的优点

(1) 减小了故障情况下对列车的影响。如果一个 EP2002 阀出现故障，则只有一个转向架的制动失效，地铁列车只需要对此转向架损失的制动力进行补偿；而如果常规制动控制系统中的制动电子控制单元 BECU 出现故障，地铁列车需要对本节车损失的制动力进行补偿。所以使用架控方式的 EP2002 制动控制系统尤其适合于短编组的地铁列车。

(2) 缩短了制动响应时间。根据克诺尔的试验数据，EP2002 制动控制系统的响应时间比常规制动控制系统的响应时间缩短约 0.2 s。

(3)提高了制动精确度。常规制动控制系统的精确度约为 ±0.02 MPa；而 EP2002 制动控制系统提供给制动缸制动力的精确度可以达到 ±0.015 MPa。

(4)空气消耗量减少。由于 EP2002 阀靠近转向架安装，从 EP2002 阀到制动缸的管路长度减小，所以在制动时的空气消耗量将减小，同时空气泄漏量也将减小。

(5)节省安装空间、减轻重量、减少布管和布线数量。

(6)更高的可靠性和可用性，减小了故障率，根据克诺尔的计算，EP2002 制动控制系统的故障率比常规制动控制系统的故障率减少了约 50%。

(7)维护工作量小。EP2002 制动控制系统部件集成化程度较高，需要维护的部件较少，大修期从常规制动控制系统规定的 6 年提高到 9 年。

(8)缩短了安装和调试时间。

(9)降低总体成本。EP2002 制动控制系统的产品价格基本与常规制动控制系统价格相同;但是由于缩短了安装和调试时间以及后期维护费用降低等原因,EP2002 制动控制系统的总体成本将低于常规制动控制系统。

(10)可以根据每个转向架的载荷压力调整施加在其控制的转向架上的制动力,比常规制动控制单元以每节车载荷压力进行制动力控制更加精确和优化。

二、EP2002 制动控制系统的缺点

(1)关键部件维护难度增大。由于 EP2002 阀的技术含量和集成化程度很高,如果 EP2002 阀出现故障,基本均需要将整个阀送回制造厂家进行维修,维修周期长;如果常规制动控制系统出现故障,有经验的工作人员可以直接查找并更换故障部件(如压力传感器、防滑阀、印刷电路板等),缩短了维护周期,减少了对车辆产生的影响。

(2)互换性差。在 EP2002 制动控制系统中如果一个 EP2002 阀出现故障,只能够用相同类型的阀进行更换;而常规制动控制系统中的制动电子控制单元 BECU,甚至 BECU 中单独的印刷电路板在所有车上都可以互换。

(3)无直观的故障显示代码。常规制动控制系统中的制动电子控制单元 BECU 安装在车上电器柜内,可以提供 4 位数字的故障代码显示,有利于工作人员查找故障;而 EP2002 制动控制系统没有直观的数字故障代码显示功能,工作人员只能通过专用软件才能查找故障。

单元四　EP09 制动控制系统概述

EP09 制动控制系统是铁科院研制的新一代制动控制系统,该系统采用架控方式的微机制模拟直通式电空制动系统,每辆车都配有两套电空制动控制模块。

一、系统特点

EP09 制动控制单元是一个机电一体化的电子机械装置,每个 BCU 由气动单元(PVU)和电子控制装置两部分组成。在结构设计上,它将安装在集成气路板上的气动单元(PVU)和电子控制的板卡机箱分隔成两个独立单元,但又组合在同一箱壳内,这就为故障检测和维修保养提供了方便。

所有制动控制单元(BCU)中的气动阀单元的结构完全一致,它们接受电子指令的控制,产生供气动设备使用的控制压力。各制动控制单元的电子控制板卡略有不同,制动网关单元中的板卡除包含本地制动控制单元中的所有功能外,它还含有与 MVB 总线通信和列车制动管理功能的板卡。此外,制动扩展单元中还含 I/O 接口功能。

EP09 制动控制系统的技术特点如下:

(1)供电电压:该系统通常使用 DC(1 ±5%) 110 V 的供电电压,波动范围在 77 ~ 137 V 之间。这种供电电压的稳定性和适应性,确保了制动系统在各种电力条件下的正常运行。

(2)气压参数:EP09 制动控制系统对气压有严格的要求。总风缸、管的最大压力通常为 1 000 kPa,而正常的工作压力范围则在 750 ~ 900 kPa 之间。这种精确的气压控制对于保证制动系统的稳定性和制动效果至关重要。

（3）制动性能：在制动性能方面，EP09 制动控制系统表现出色。常用制动平均减速度（在 100 km/h 时）为 1.0 m/s^2，而紧急制动平均减速度（在 100 km/h 时）则高达 1.2 m/s^2。这意味着系统能在短时间内产生足够的制动力，确保列车在紧急情况下能够迅速停车。

（4）制动黏着系数：计算用制动黏着系数是评估制动系统性能的重要参数之一。EP09 制动控制系统的制动黏着系数为 0.15，这意味着系统在制动过程中能充分利用车轮与轨道之间的摩擦力，提高制动效率。

（5）冲击极限：冲击极限是衡量制动过程中列车纵向冲击力的指标。EP09 制动控制系统的冲击极限小于或等于 0.75 m/s^3，这有助于减少列车在制动过程中产生的冲击和振动，提高乘客的舒适度。

（6）制动转折点：电制动与气制动转折点应尽量低，一般应不大于 6 km/h（可调整）。这种设计使得列车在低速运行时能够充分利用电制动，减少气制动的使用，降低能耗和噪声。

（7）响应时间：紧急制动时，制动缸压力升至最高压力 90% 的时间（即动作响应时间加上增压时间）应小于或等于 1.6 s。这种快速的响应时间确保了列车在紧急情况下能够迅速停车。

（8）技术特点：EP09 制动控制单元由气动单元（PVU）和电子控制装置两部分构成。气动单元负责产生和调节制动所需的气动压力，而电子控制装置则负责接收、处理和发送制动指令，实现精确的制动控制。

二、系统组成

EP09 制动控制系统由空气制动系统及相关控制部件组成，主要包括：风源系统、控制系统、基础制动装置、防滑装置、空气悬挂辅助装置。

1. 风源系统

风源系统的作用是为空气制动系统和其他子系统提供清洁而干燥的压力空气。列车的每个动力单元配备一套风源装置，六辆编组的列车共两套风源系统，如果其中一套风源系统不能工作，另一套风源系统也能提供足够的压力空气以保证列车的正常运行。风源系统主要由空气压缩机、干燥器、精细过滤器、压力开关、安全阀等组成，如图 6-14 所示。

图 6-14　EP09 风源系统

图 6-15 所示为风源系统气路图，A1 部分为空气压缩机，其内部由过滤装置、电机、压缩装置等组成，A2 为软管，A3 为安全阀。A5 为干燥器，其余为截断塞门、压力开关等部件。

2. 控制系统

控制系统包括微机控制的模拟电空制动控制模块 EP09 和微机控制的空气防滑控制装置等。一般每节车配有两套制动控制单元，从功能上分为制动网关单元（EP09G）、制动控制单元（EP09S）和制动扩展单元（EP09R）。制动网关单元负责与车辆制动系统的通信，并进行制动计算，分配制动力给其他单元；制动控制单元执行相关转向架的制动控制；制动扩展单元不进

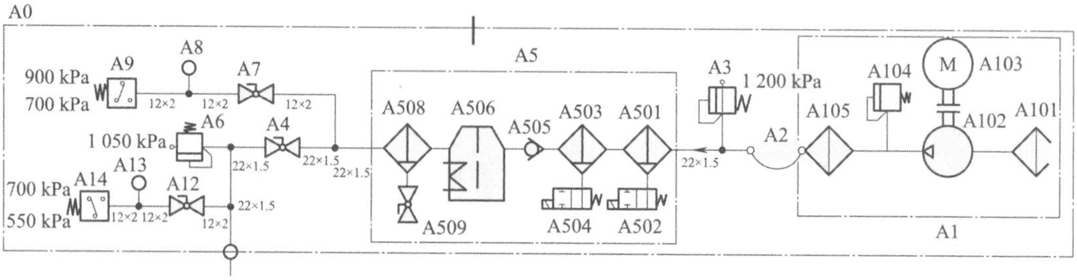

图 6-15 EP09 风源系统气路图

行制动控制计算，没有安装网络接口，但具有模拟和数字量接口功能。EP09G 负责与 TMS 通信，还接收列车硬线信号执行相应的操作模式和制动级别。同时，EP09S 采用机电分离的模块化设计，无单独防滑阀、制动和防滑一体化控制。图 6-16 所示为制动网关单元（EP09G），图 6-17 所示为 EP09 制动控制单元内部布局图。

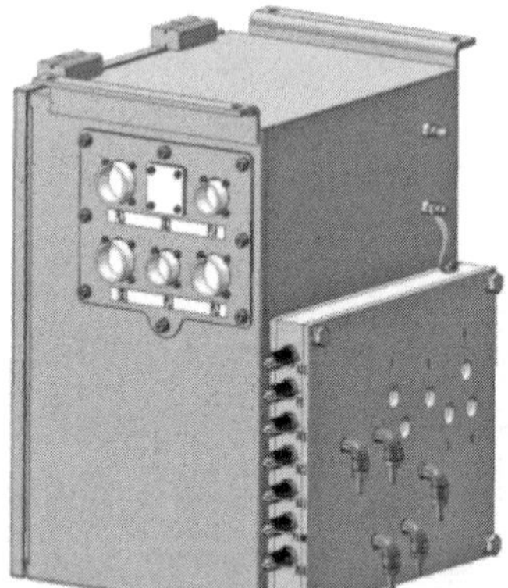

图 6-16 制动网关单元（EP09G）

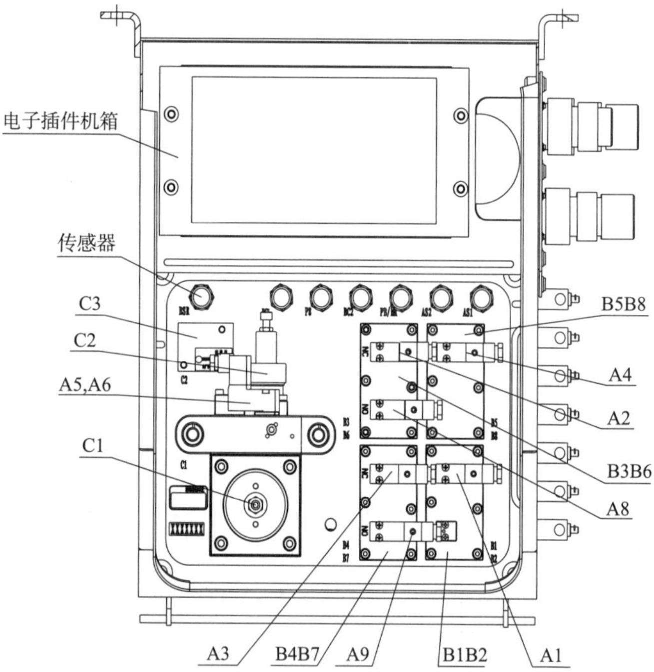

图 6-17 EP09 制动控制单元内部布局图

每节车配有一套辅助控制模块，该模块集成了停放制动控制功能和空簧供风用溢流阀、减压阀、塞门以及风缸等部件。辅助控制模块如图 6-18 所示。

EP09 制动控制系统中，每节车具有两个架控单元，以转向架为单位进行制动控制。制动控制系统气路图如图 6-20 ~ 图 6-22 所示。

由风源系统产生的压力空气经塞门（A10）通入 Te 车总风管中，再经过截断塞门（W1）和软管（W2）使车辆与车辆间的气路贯通。总风管的压力空气给总风管上的风缸（B3）充气，同时通过滤清器（B7. 01）、截断塞门（B7. 02）和单向阀（B7. 03）给制动风缸（B9）充风。

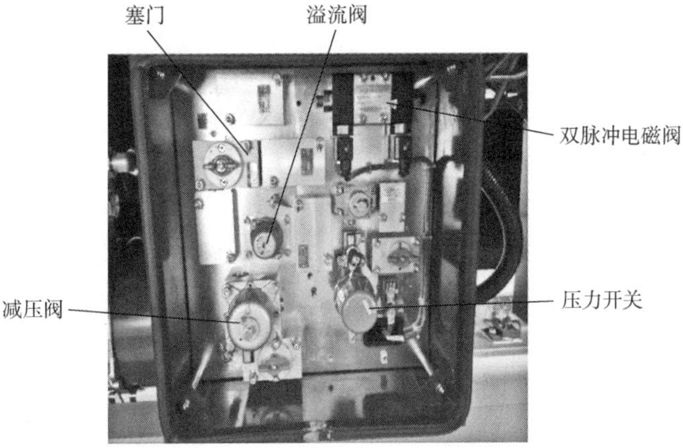

图 6-18　辅助控制模块

制动风缸可以为本列车的制动控制装置提供快速、稳定的压力空气。截断塞门(B7.02)下方的压力空气为停放制动控制装置供风。空气弹簧系统的用风也取自总风管,通过滤清器(B7.01),再经过溢流阀(L1)和塞门(L14)给空气弹簧系统供风。空气弹簧系统的短时间用风不会影响到制动风缸和制动控制单元的风源压力。当空气弹簧系统故障时,可通过关闭塞门(L14)来切除。

由制动控制单元产生的制动压力空气,分别经由两个带电接点的截断塞门(B5.01 和 B5.02)送往两个转向架的制动缸,每个转向架的空气制动可以用截断塞门 B5.01 和 B5.02 单独切除。

3. 基础制动装置

基础制动装置采用盘形制动方式,主要包括制动夹钳、制动盘和制动闸片等。基础制动装置气路如图 6-19 所示。

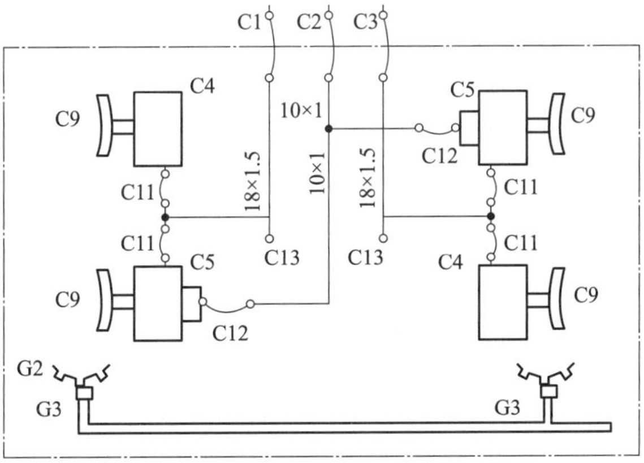

图 6-19　基础制动装置气路

4. 防滑装置

防滑装置通过各个车轴的速度传感器监测车轮速度,可以独立地控制各个车轴的制动力,以防止车轮在列车制动时发生滑行。这样可以使轮轨之间在低黏着力条件下最大限度地提高制动力,同时降低车轮和钢轨损坏的风险。

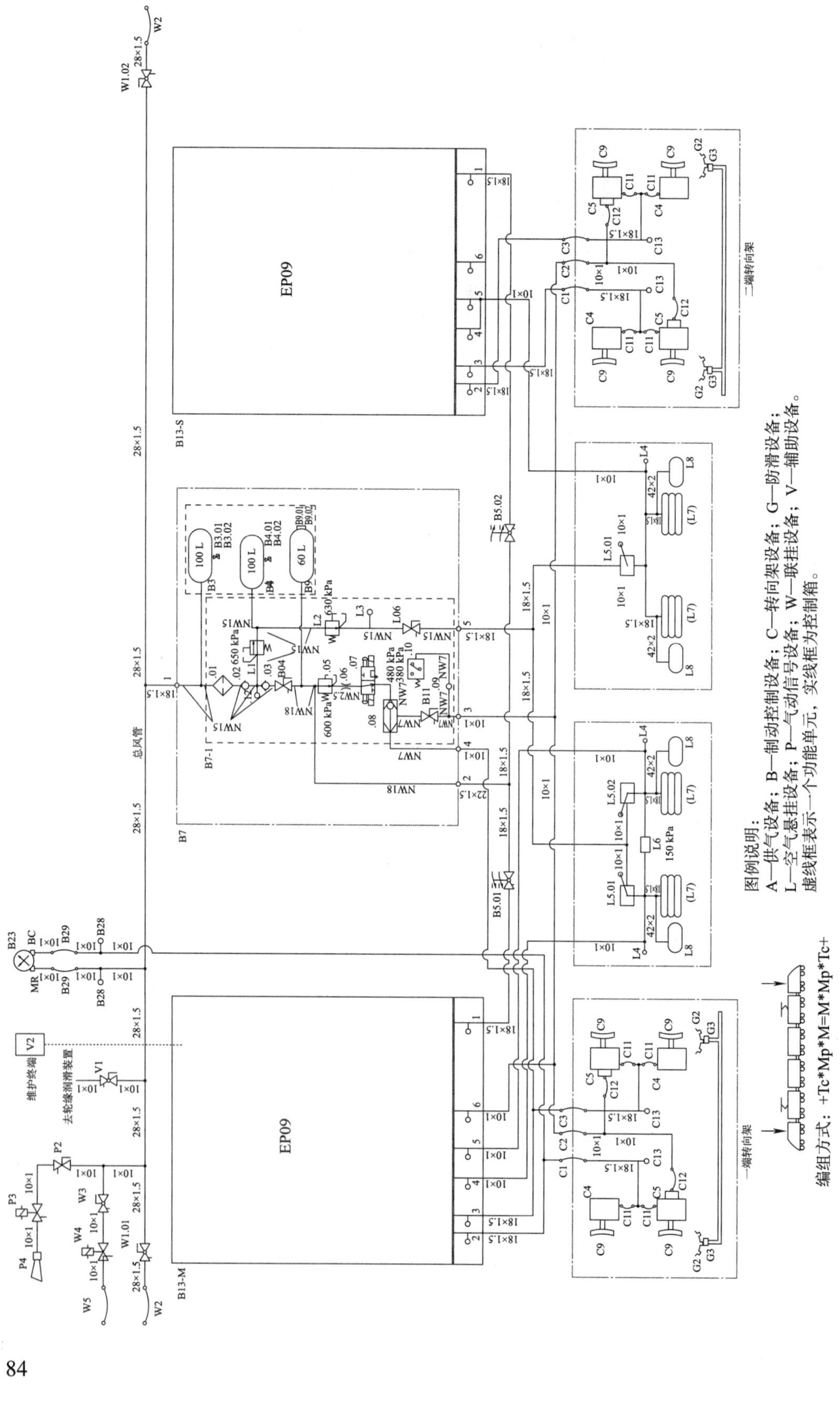

图例说明：
A—供气设备；B—制动控制设备；C—转向架设备；G—防滑设备；
L—空气悬挂设备；P—气动信号设备；W—联挂设备；V—辅助设备。
虚线框表示一个功能单元，实线框为控制箱。

图 6-20　Tc 车制动系统气路图

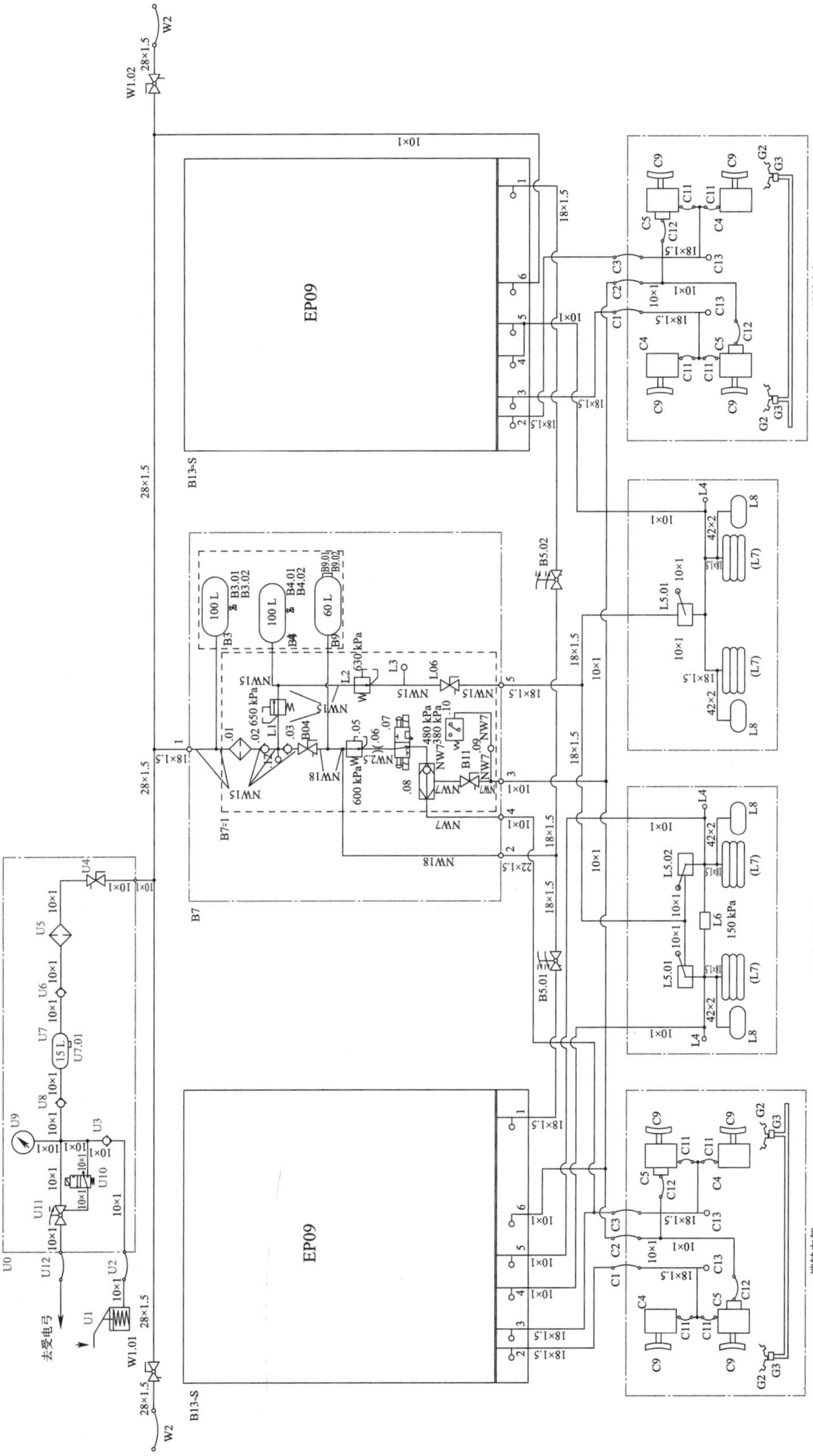

图例说明：
A—供气设备；B—制动控制设备；C—转向架设备；G—防滑设备；
L—空气悬挂设备；P—气动信号设备；W—联挂设备；V—辅助设备。
虚线框表示一个功能单元，实线框为控制箱。

编组方式：+Tc*Mp*M=M*Mp*Tc+

图 6-21　Mp 车制动系统气路图

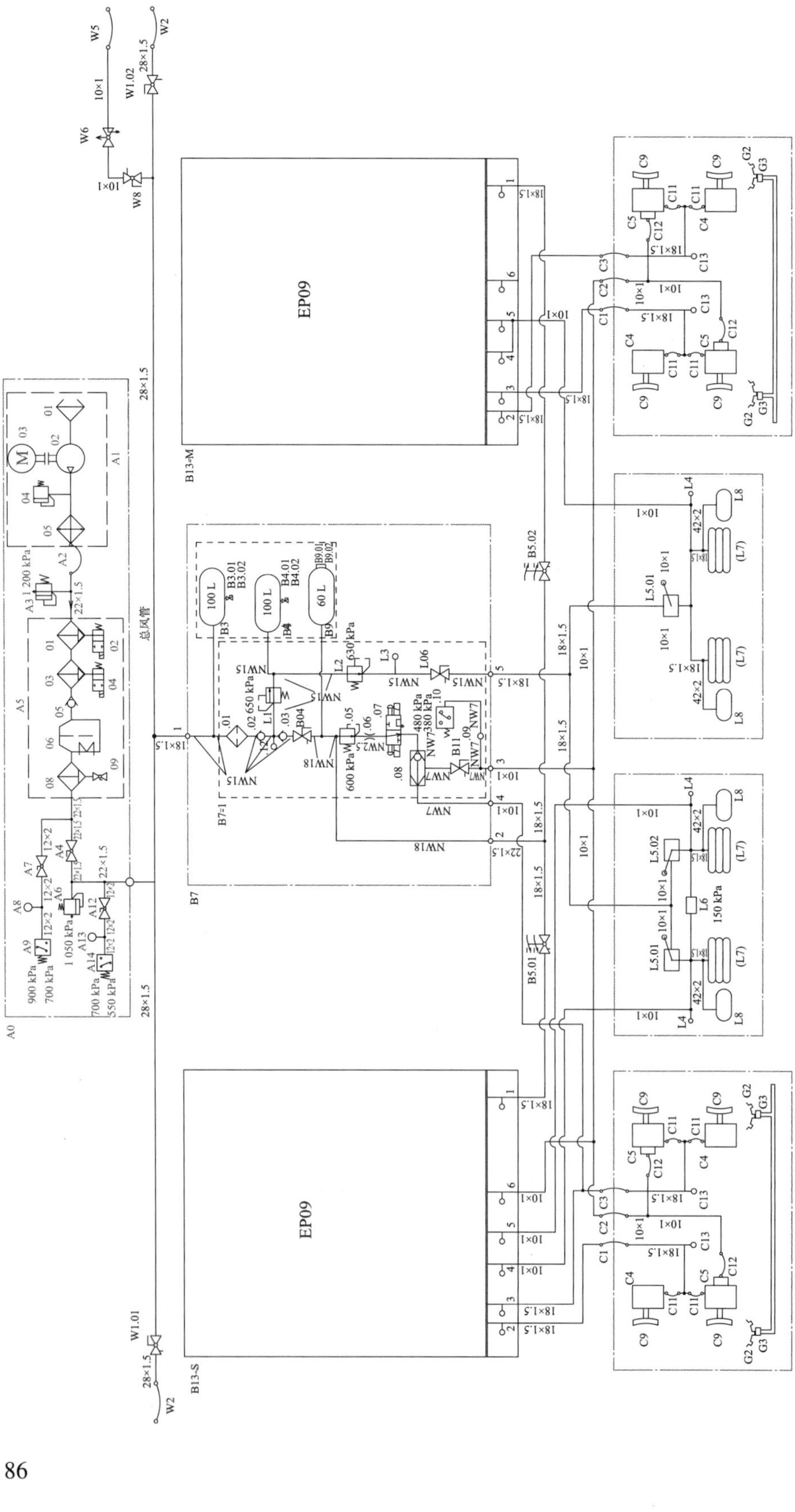

编组方式：+Tc*Mp*M=M*Mp*Tc+

图例说明：
A—供气设备；B—制动控制设备；C—转向架设备；G—防滑设备；
L—空气悬挂设备；P—气动信号设备；W—联挂设备；V—辅助设备。
虚线框表示一个功能单元，实线框为控制箱。

图 6-22 M 车制动系统气路图

5. 空气悬挂辅助装置

主风管的压力空气通过过滤器、溢流阀后进入空气弹簧附加风缸，为空气悬挂辅助装置存储压力空气，并保证相关管路压力的稳定。从空气弹簧附加风缸出来的压力空气经调压阀和塞门后通向转向架的高度阀，高度阀根据车辆载荷变化情况控制气囊的充气和排气。

单元五　EP09 制动控制系统的结构与组成

EP09 制动控制系统的结构主要包括以下几个部分：

(1)制动网关单元(EP09G)：负责与 MVB(多功能车辆总线)总线的网络接口。它接收制动指令和电制动信号，并计算出各个转向架上应施加的空气制动。

(2)制动控制单元(EP09S)：每个制动控制单元采用气电分离的设计，由独立的电子控制单元(EBCU)和气动控制单元(PBCU)组成。电子控制单元负责接收制动指令并控制气动控制单元，而气动控制单元则负责实际执行制动操作。

(3)制动扩展单元(EP09R)：在一些配置中，可能需要额外的制动扩展单元来支持更多的制动需求。

此外，EP09 制动控制系统还包括速度传感器、防滑控制器(防滑控制板)和防滑排风阀等组成部分，用于实现空气制动防滑控制功能。在没有制动滑行时，两个轴的制动缸压力通过连通阀将两个轴的气路沟通，常用制动的压力调节只使用一个轴的压力控制阀，另一个轴的压力控制阀处于保压状态。在发生制动滑行时，连通阀将断开二个轴的连接通路，使二个轴的制动缸压力可以单独控制。

系统网络接口：对于采用 MVB 总线结构，架控制动系统的网络接口方式如图 6-23 所示，每个两动一拖单元中配置两个 EP09G 单元，负责与 MVB 总线的网络接口。EP09G 单元通过 MVB 总线接收制动指令和电制动信号，并计算出本单元中各个转向架上应施加的空气制动压力，然后通过制动系统 CAN 总线传送给本单元的各架控 EP09S/EP09R。通常情况下，一个单元内的 EP09G 只有一个工作在主控模式，另一个作为备用，工作在从模式。

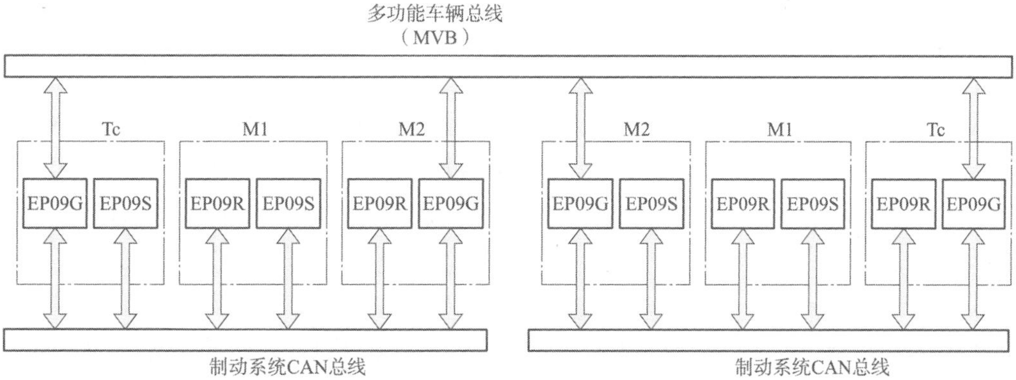

图 6-23　架控制动系统的网络接口方式

一、EP09 架控制动系统结构

EP09 架控制动系统分主制动控制模块(制动网关单元:EP09G)和从制动控制模块(制动控制单元:EP09S),每个模块都是一个机电一体化的智能装置,其中包括电子控制部分和气动阀单元部分。主制动控制模块的电子控制部分包括通信接口、制动管理部分、本车制动控制部分,而从制动控制模块不包括制动管理部分。通信接口主要是该控制模块与列车 MVB 等指令的接口,响应列车的指令控制。制动管理部分主要进行本 CAN 网段内各个转向架控制模块的制动力的分配和管理。EP09 型制动系统制动控制单元如图 6-24 所示,制动控制单元气动控制部分如图 6-25 所示。

图 6-24　EP09 制动系统制动控制单元

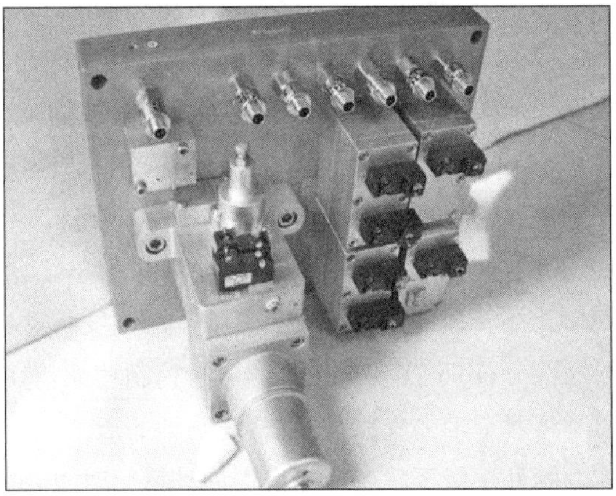

图 6-25　制动控制单元气动控制部分

根据 EP09G、EP09S、EP09R 配置的不同,气侧面连接的配置也不同,其中 EP09G 具备 PL1、PL2、PL3、PL4、SK1、SK2;EP09G 具备 PL1、PL2、SK1;EP09R 具备 PL1、PL2、PL3、SK1、SK2。

PL1 连接器提供轴速度信号(1、2);PL2 连接器提供电源、紧急制动硬线信号、制动施加状态信号、制动缓解状态信号、远程缓解硬线信号;PL3 连接器提供数字 I/O 接口;PL4 连接器提供 MVB 网接口;SK1 连接器提供 CAN 网(内网)。SK2 连接器提供模拟 I/O 接口。

二、EP09 制动控制阀的组成

EP09 制动控制阀是机电一体的集成单元,采用了气电分离的模块化设计,具有相对独立的电子制动控制单元(EBCU)和空气制动控制单元(PBCU),大大提高了系统的可用性和可维护性。制动控制单元可实现电子称重、常用制动和防滑制动一体化的功能,具有响应快、动作准确等特点。

1. 电子制动控制单元

EP09 的电子制动控制单元(EBCU)从设计、生产和检修、维护的标准化要求出发,采用了标准的模块化的结构,按系统的功能要求划分为若干个功能模块,每个功能模块为一个电子插件板。EBCU 各板卡的主要功能见表 6-2。

表 6-2　EBCU 各板卡的主要功能

构成	插件名称	序号	含义
POWER ONE	电源模块		110 V 转 24 V
PWR	电源插件	PW	DC 110 V 电源输入
EXB	继电器插件	D11	紧急输入和强迫缓解输入
		R02	开关量输出
		REL	远程缓解电磁阀驱动输出
EPC	制动控制插件	FS	速度传感器输入
		HV1	1 轴保压电磁阀驱动输出
		RV1	1 轴排风电磁阀驱动输出
		HV2	2 轴保压电磁阀驱动输出
		RV2	2 轴排风电磁阀驱动输出
		LINK	连接电磁阀驱动输出
		BCP1	制动缸 1 压力传感器输入
		BCP2	制动缸 2 压力传感器输入
		AUX1	停放压力传感器输入
VLD	空重车调节插件	LHV	称重保压电磁阀驱动输入
		LAR	称重充风缓解电磁阀驱动输入
		VLP	称重压力传感器输入
		ASP1	空簧 1 压力传感器输入
		ASP2	空簧 2 压力传感器输入
		BSR	制动风缸压力传感器输入
DIO	开关量输入/输出板	DI	开关量输入
		ROI	开关量输出
AIO	模拟量输入输出	AILD	载重输出
		EBEA	电制动力
		PWM	制动指令
CAN	CAN 通信板	CAN1	CAN 通信
		CAN2	CAN 通信
MVB	MVB 接口板	MVB1	MVB 通信
		MVB2	MVB 通信
CDR	记录板		记录车辆运行状态
CDP	通信显示插件	COM	串口通信，数据显示

机箱中的模块插件包括 EPC 制动控制插件板、MVB 通信插件板、CAN 通信插件板、VLD 载荷控制插件板、EXB 继电器输出扩展插件板、DIO 数字量输入/输出插件板、CDP 显示插件板、CDR 记录插件板、AIO 模拟量输出插件板、PW1 和 PW2 电源插件板等组成，根据 EP09G/EP09S/EP09R 的功能不同进行配置。机箱中的插件板的布置和功能如图 6-26 所示。

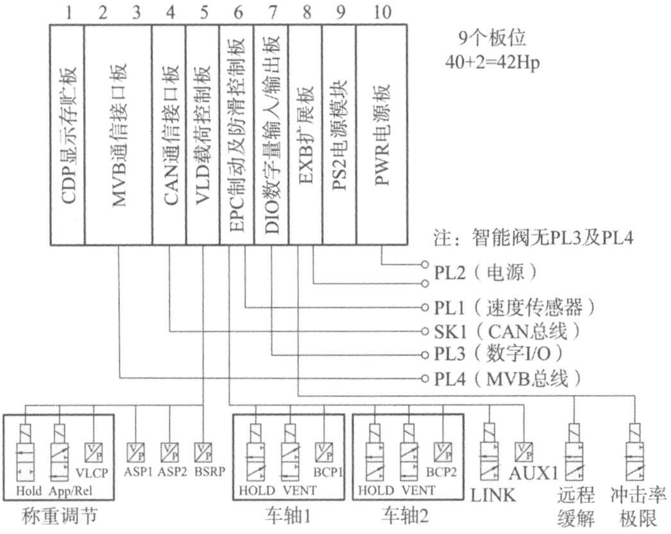

图 6-26　EBCU 机箱中的插件板布置和功能

2. 空气制动控制单元

制动网关单元负责和车辆制动系统的通信，并进行制动计算，分配制动力给其他单元。制动控制单元执行相关转向架的制动控制。

空气制动控制单元(PBCU)接收电子制动控制单元(EBCU)的指令来对车辆实施制动和缓解的操作。PBCU 主要包括气路集成板和电磁阀、气控阀、调压阀等气动执行部件。PBCU 中包括多种气动阀，在集成板上实现模块化安装，便于维护。PBCU 外形图如图 6-27 所示。

图 6-27　PBCU 外形图

EP09 制动控制模块的气动原理如图 6-28 所示，其 PBCU 分为以下六个功能模块。

(1)空重车调整模块

空重车调整模块包括 C2、A6、A5、P8 和 C1。C2 为减压阀，按重车的紧急制动缸压力设定；A6、A5 为电子称重阀，输出为实际车重的紧急制动缸压力；P8 为压力传感器和压力测点，用于调整后的压力；C1 为主调节阀，最小(即无电子称重压力输入)输出为空车紧急制动缸压力。正常输出根据电子称重压力输入调整。

(2)远程缓解模块

远程缓解模块包括设备 A1、B1、B8。紧急缓解时电磁阀 A1 得电，阀 B1 和 B8 动作，在切断输入压力的同时，排出制动缸的压力空气。

(3)紧急冲动限制模块

紧急冲动限制模块包含设备 A7、B2。常用制动时，电磁阀 A7 得电动作，阀 B2 打开，使压力空气不受限制地进入制动控制回路。紧急制动时，电磁阀 A7 失电，阀 B2 关闭，使压力空气

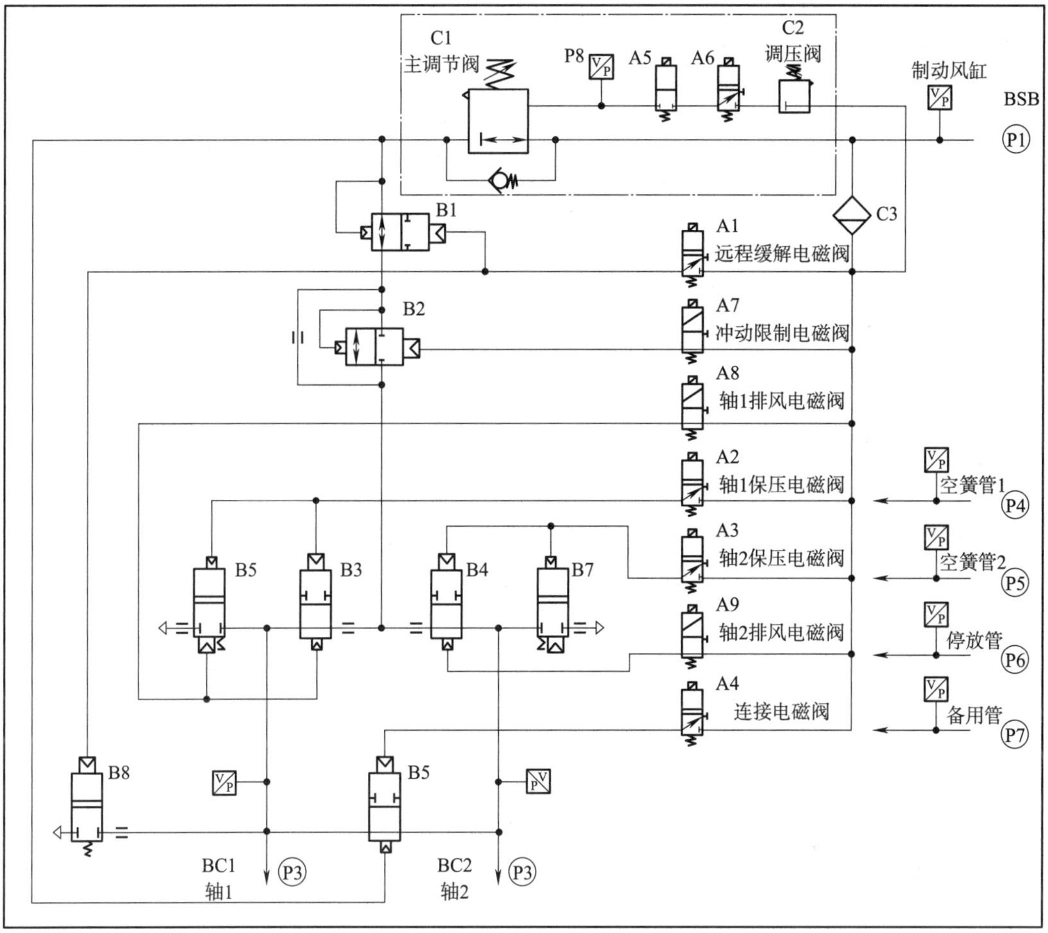

图 6-28　EP09 制动控制模块的气动原理

经限流后进入制动控制回路，从而具有冲动限制功能。当取消紧急冲动限制功能时，可以在电磁阀处安装一块带排风孔的遮断板。

(4)制动控制模块

制动控制模块有相同的两组，分别为 A8、A2、B6、B3 和 A3、A9、B4、B7。这两组阀的功能全部相同，都是根据不同的制动级别，产生相应的制动缸压力。正常情况下，只有一组阀作用，另一组备用。下面以一组阐述。

充风时，电磁阀 A8、A2 失电。阀 B6 关闭，阀 B3 打开，向制动缸充风。

排风时，电磁阀 A8、A2 得电。阀 B6 打开，阀 B3 关闭，制动缸经 B6 排出。

保压时，电磁阀 A2 得电，电磁阀 A8 失电，阀 B6 关闭，阀 B3 关闭，制动缸处于保压状态。

(5)连通模块

连通模块包含设备 A4 和 B5。正常状态下，电磁阀 A4 失电，阀 B5 处于连通状态。制动时，制动控制模块产生的制动压力同时进入同一转向架的两根轴，即正常状态下制动方式采用架控方式。当滑行产生时，电磁阀 A4 得电，阀 B5 关闭，两组制动控制模块分别对每根城市轨道交通车辆制动系统轴进行控制，即滑行状态下采用轴控方式。

(6)传感器和压力测点模块

传感器和压力测点模块包括 P1、P2、P3、P4、P5、P6、P7 和 P8；压力传感器用于对制动储风缸压力、空气弹簧压力、制动缸输出压力、停放制动缸压力进行采集；压力测点可以在必要时实行检测。

单元六　EP09 制动控制系统的工作原理

一、EP09 制动控制系统的工作原理

制动控制单元从控制类型上分为两个部分：电子控制装置和气动控制单元。

EBCU 主要分为制动及防滑控制、空重车调节、开关量输入输出、通信及故障诊断五个部分。

配有制动网关单元 EP09G 和本地制动控制单元 EP09S 的一辆车的制动系统电气和气路接口如图 6-29 所示。每个 EP09G 和 EP09S 都有紧急制动的控制输入和两路速度传感器接口。

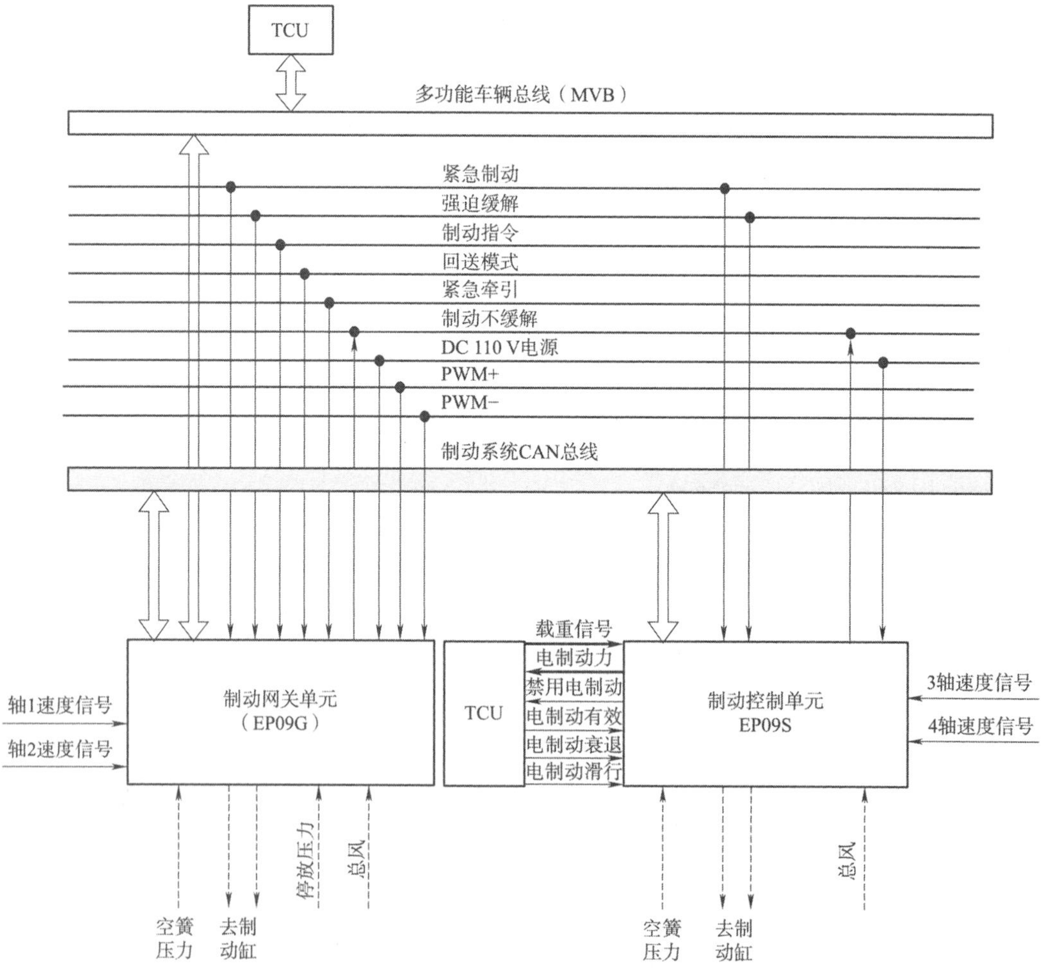

图 6-29　每节车的制动系统电气和气路接口

常用制动是通过车辆硬线和 MVB 网络进行控制，硬线优先，当硬线故障时采用网络控制，但紧急制动不采用网络线控制，而是由紧急制动列车线直接控制每个转向架的 EBCU。

常用制动控制指令通过硬线和 MVB 网络发送到 EP09G，EP09G 优先响应硬线指令，当硬线故障时，EP09G 响应网络指令。常用制动控制硬线采用 PWM 信号进传输，实现无极控制。

紧急制动和强迫缓解通过硬线传输到每个 EBCU，紧急制动指令硬线失电施加紧急制动。

EBCU 与 TCU 之间通信采用网络和硬线同时传输，硬线优先，EBCU 与 TCU 之间的硬线接口主要有：载重信号（电流）、电制动力（电流）、电制动有效、电制动衰减、电制动可用、禁止电制动。

列车两动一拖一个单元，制动力分配在一个单元内完成，只有 EP09G 进行制动力计算，并把各个转向架的制动力通过 EBCU 内部 CAN 网络传输到单元内各个 EBCU，CAN 网络存在冗余，当一个 CAN 网络故障时，自动由另一个 CAN 网络进行传输。

二、EP09 制动控制系统的功能

EP09 制动控制系统的主要功能包括常用制动、紧急制动、保持制动、车轮防滑保护、制动施加指示、远程缓解等控制。

1. 常用制动控制

常用制动时，EPC 板根据本转向架应施加的制动力计算出本转向架的制动缸压力目标值，实际的制动缸压力由两根轴制动缸压力（BCP）传感器来检测。在没有滑行时，电磁阀 A4 是不通电的，使同一转向架上两根轴上的制动缸气路被连通，产生相同的制动缸压力，因此在常用制动控制时，两路压力传感谢器信号是冗余的。EPC 板通过对保压和排风电磁阀的组合通电控制，可以实现制动缸的充风、保压和排风。

制动缸压力控制的保压电磁阀和排风电磁阀的通电组合功能见表 6-3。

表 6-3　保压电磁阀和排风电磁阀的通电组合功能

保压电磁阀	排风电磁阀	功能
不通电	不通电	充风
通电	不通电	保压
通电	通电	排风
不通电	通电	禁用

由于常用制动时每台转向架上的两根轴的制动缸压力是相同的，在调节制动缸压力时，可以由其中任一根轴的保压/排风电磁阀来控制，另一个轴的保压/排风电磁阀始终工作在保压状态。

EPC 板根据实际制动缸压力的反馈信号实施对保压/排风电磁阀的控制来实现制动压力的闭环控制。当实际制动缸压力低于制动缸压力设定值时，EPC 板控制保压/排风电磁阀组为充风组合均（不通电）对制动缸进行充风使其压力上升；当实际制动缸压力高于制动缸压力设定值时，EPC 板控制保压/排风电磁阀组为排风组合（均通电），对制动缸进行排风使其压力下降。EPC 板根据制动缸的设定值与实际值的偏差大小来控制一个控制节拍中（采样周期）充排风的时间长短（工作率和占空比），偏差越大则通电时间就越长。当实际制动缸压力与制动缸压力设定值间的偏差小于允许误差时，就停止对制动缸的充风或排风，两根轴的电磁阀组均处于保压状态，制动缸压力就可以稳定不变。

常用制动的压力控制是以每台转向架为单位施加的，并根据该转向架的空气悬挂压力（ASP）进行随载荷变化的压力补偿，使 BCP 压力达到所要求的目标值。

为满足制动控制系统导向安全的设计原则，该制动控制系统采用失电制动、得电缓解的模式。制动系统既接收司控器发出的手动控制指令，也接收自动驾驶系统（ATO）和自动防护系统（ATP）发出的自动驾驶指令。此外，当 ATP 监测到列车超速时，会自动实施 ATP 的最大常用制动，以保证列车的安全。该制动系统设计的常用制动平均减速度（0 ~ 100 k/h）为 1.0 m/s^2，冲击极限为 0.75 m/s^3。

常用制动是空气制动与电制动自动配合的电—空混合制动。当电制动力不足或丧失时，可由空气制动来补足或产生所需要的总制动力。当电制动力减速接近停车前，为保证停车平稳，将以空气制动力来替代快速衰减的电制动力。

2. 紧急制动控制

紧急制动的系统为独立的系统。

紧急制动线状态由强迫缓解控制板（CMPREL）来检测，当 CMPREL 检测到紧急制动线的失电状态时，会把紧急制动的施加信号发给 EPC 板，EPC 板收到紧急制动的施加指令后，控制两根轴上的制动缸压力控制电磁阀使它们都处于失电状态，使制动缸压力达到称重的紧急制动压力水平。

强迫缓解电磁阀使用的是紧急制动电源，当紧急线失电时，强迫缓解功能自动失效。当 EBCU 无电或故障时，CMPREL 板上 EBCU 正常的继电器将会复位，接通强迫缓解的电磁阀作电路，如果紧急制动线有电，EBCU 将通过强迫缓解电磁阀使制动缸压力缓解，当紧急制动失电时，紧急制动仍能施加。

紧急制动的压力控制是以每台转向架为单位施加的，并根据该转向架的空气悬挂压力（ASP）进行随载荷变化的压力补偿。该控制功能一直处于激活状态。其紧急制动的最大压力被次级调整减压阀的设定所限制，而最小的空车压力又被主调节阀的弹簧设定所保证，这就使当电子称重失效时，既可防止紧急制动压力的完全失去，又可避免过量施加。

紧急制动由纯摩擦制动提供，达到最高制动缸压力 90% 的时间小于 1.5 s，而且在 100 km/h 下的平均减速度为 1.2 m/s^2，且不受冲击极限率的限制。紧急制动功能通过列车控制系统的失电来实施，独立紧急制动控制回路，下列任一情况的发生，将导致紧急制动的触发：

（1）司机室中的警惕装置被触发。

（2）按下司机控制台上的紧急制动按钮，同时还产生受电弓降弓的联动保护。

（3）断钩。

（4）当列车处在运行状态时，将方向控制手柄置零位。

（5）紧急制动列车回路控制线中断或失电。

（6）DC 110 V 控制电源失电。

（7）ATC 系统发出紧急制动指令。

3. 保持制动控制

EP09 制动控制系统具有保持制动（holding brake）功能，列车停稳后，制动系统自动施加能确保超员情况最大坡道下保证列车不发生溜滑的制动力。启动牵引力克服保持制动的制动力后，车辆发送保持制动缓解指令，保持制动缓解。

列车停稳后，制动系统会自动施加能确保超员载荷情况最大坡道下保证列车不发生溜滑的制动力。同时在列车启动后发送保持制动缓解指令，保持制动缓解。

4. 车轮防滑保护控制

当列车制动时检测到了滑行使 WSP 被激活时，由架控的制动控制自动转为各轴制动力的单独控制，并同时检测和修正车轮的滑行。每根轴上装有一个速度传感器，一个 CAN 网段内各轴的速度信息可被本制动单元的各阀所共享。

检测低黏着状态的判据为：

（1）单一车轴上的减速率超限。

（2）每轴转速与车轴最高转速之间的速度差超限。

一旦检测到上述两种之一的滑行，控制系统就进行规定间隔时间内的地面速度测试，使计算的实际列车速度得到更新，用以判断并修正车轮滑行的程度，使轨道黏着条件得到恢复，实现了低黏着情况下制动力利用最大化，而又不会对车轮造成擦伤。当根据滑行防护判定的黏着条件恢复到正常时，系统就回复到初始状态，并停止在规定时间间隔内的地面速度的测试。为保证防滑控制时的制动装备不会处于长时间的保压或排风，通过看门狗定时硬件，可对连续保压超过 8 s，及连续排风超过 4 s 的设定进行监控。

5. 制动施加指示控制

制动时可连续监控每台转向架上一轴和二轴的制动缸压力（BCP），当制动缸压力超出设定值时，将向列车管理系统的接口提供一个硬线通知信号。另外，当制动缸压力大于 40 kPa 时，将独立于 EP09 系统提供继电器失电的输出指示。

6. 远程缓解控制

本系统允许在远程位置（如来自驾驶室），对远程缓解电磁阀手动施加 110 V 蓄电池电压，来实施常用制动时的远程缓解，此时阀内的供风压力被切断，同时又将制动缸压力空气排向大气。当紧急制动或 EP09 系统因故障失电时，它又可通过继电器联锁使远程缓解电磁阀自动得电来实施紧急制动的自动缓解，使列车能被牵引到安全区域。

7. 制动缸压力连通控制

通过 PBCU 的连通阀，允许将本车两个转向架上的气动 BCP 输出压力连通或切断。在常用制动和紧急制动时，允许按架控方式将两根轴上的 BCP 输出连通：对于轴控的 WSP 系统，则允许将两根轴的 BCP 连通切断，对每根轴进行单独的 BCP 控制。

8. 紧急制动载荷补偿

紧急制动的制动缸压力的载荷补偿是由 LDP 板来控制的。LDP 板根据空簧压力来计算本转向架的荷重和紧急制动所需要的制动缸压力，并由载荷控制保压电磁阀和充/排风电磁阀组进行控制。

载荷控制保压电磁阀和充/排风电磁阀的通电组合功能见表 6-4。

表 6-4 载荷控制保压电磁阀和充/排风电磁阀的通电组合功能

保压电磁阀	充排电磁阀	功能
通电	通电	充风
通电	不通电	排风
不通电	通电	保压
不通电	不通电	保压

LDP 板根据载荷补偿压力传感器的反馈信号来控制载荷控制电磁阀，使载荷补偿压力输出达到设定值。载荷控制电磁阀在失电的情况下处于保压状态，当制动系统断电后，紧急制动压力仍能保持一段时间不变。

9. 制动的冲动限制

施加在制动缸上的升压速度可按用户要求进行设定。

在正常情况下（常用制动），通过对紧急制动冲动限制电磁阀的得电控制，使制动充风速度不受限制。但紧急制动时，因紧急制动冲动限制电磁阀的失电，使制动充风速度受到限制，要求达到制动缸最高压力 90% 的时间不超过 1.6 s。如果用户要求取消制动的冲动限制功能，则可在冲动限制电磁阀的安装处配置一块带排风小孔的遮断板。

10. 故障诊断和监测功能

EP09 制动控制系统的故障诊断和监测功能是其关键组成部分，这些功能确保系统能够及时发现潜在问题，并在必要时提供修复建议，从而提高系统的可靠性和安全性。以下是 EP09 制动控制系统通常具备的故障诊断和监测功能：

（1）故障代码存储：当系统检测到任何异常或故障时，它会生成一个特定的故障代码，并将其存储在系统的存储器中。

（2）故障代码读取：通过特定的诊断工具或软件，技术人员可以读取这些故障代码，从而快速定位问题所在。

（3）故障原因解析：系统可能还包含对故障代码的解释或建议的修复步骤，帮助技术人员更快速地修复故障。

11. 制动优先使用等级

EP09 制动控制系统的制动优先等级为：再生制动→电阻制动→空气摩擦制动→电阻制动，再生制动→空气摩擦制动。

12. 混合制动的方式

列车制动采用“电制动与空气制动实时协调配合，电制动优先使用，空气制动延时投入”的混合制动方式。列车制动优先响应硬线信号，对网络信号的响应处于备用状态。

列车制动时，EP09G 会收到制动指令及制动级别，同时从制动系统 CAN 总线获取列车的载荷工况、运行速度及工作状态等信息，然后计算出列车所需要的总制动力，并判断各动车的电制动力之和是否满足全列车所需要的总制动力要求。若电制动力之和已满足列车所需要的制动力要求，则不再补充空气制动；若电制动力之和不能满足全列车所需要的制动力，则其余所需要的制动力将平均分配到各个车上，由空气制动力进行补充。各车上所能补充的空气制动力的大小将受到黏着极限的限制。

当硬线发生故障时，EP09G 将从 TMS 总线上获取制动指令、制动级别、各车的载重信息以及电制动力发挥状态等，然后按上述方法进行制动力分配。

若在制动过程中出现电制动滑行，造成制动力的损失，则不进行空气制动补偿，以便于电制动的防滑控制。当电制动滑行时间较长时，制动系统将发出电制动切除信号，由制动系统负责防滑控制，所损失的电制动力全部由制动系统承担。

在电制动力快要衰减时，由牵引控制单元（TCU）发出一个电制动退出（衰减）预告信号；EP09G 收到电制动退出预告信号后，按预定速度预补空气制动力。

13. 辅助控制模块

EP09 制动控制系统的停放制动需要辅助控制模块实现停放制动的施加和缓解功能。

思考与练习题

1. 简述列车防滑控制的必要性。
2. 城轨车辆常用的防滑控制系统由哪几部分组成？
3. 车辆制动时为什么会产生“滑行”？有什么危害？最重要的防滑方法是什么？
4. 简述防滑控制的依据。
5. 简述减速度判据控制的基本方法。
6. EP09 制动控制系统有哪些技术特点？
7. EP09 制动控制系统是由哪些部分组成的？
8. 说明 EP09 制动控制系统电气原理。
9. 说明 EP09 制动控制系统气动原理。
10. EP09 制动控制系统具有哪些功能？
11. EP09 制动控制系统紧急制动时是怎样控制的？

模块七　模拟式电气指令车控式制动系统

学习目标

1. 掌握 KBGM 模拟式电气指令制动系统组成。
2. 掌握 KBGM 模拟式电气指令制动系统工作原理及特点。
3. 掌握 KBWB 模拟式电气指令制动系统组成。
4. 熟知 KBWB 模拟式电气指令制动系统工作原理及特点。

随着轨道交通技术的不断发展,模拟式电气指令车控式制动系统在列车运行控制中发挥着重要作用。本模块重点介绍了 KBGM 和 KBWB 两种模拟式电气指令制动系统的构成、工作原理以及各自的特点。通过对 KBGM 系统的详细分析,读者将了解其系统架构及在列车制动中的应用特性。同时还深入探讨了 KBWB 系统的工作原理和优势,使读者能够熟练掌握该系统的实际应用。本模块内容旨在为学习者提供扎实的理论知识,以提升对模拟式电气指令车控式制动系统的理解和应用能力。

单元一　KBGM 模拟式电气指令制动系统的组成

KBGM 模拟式电气指令制动系统是由德国公司生产的,能达到制动无级控制的目的,从而实现制动的准确性和停车的平稳性。这一系统还有利于电制动和空气制动的协调配合,操纵灵活方便,反应迅速,是当今制动控制的最佳方式之一。

KBGM 制动系统由动力制动系统、空气制动系统及指令与通信网络系统组成。

一、电子制动控制单元

电子制动控制单元是空气制动管理控制的核心,如图 7-1 所示。可通过列车总线(MVP)接受各种与制动有关的信号(载荷、电制动实际值、PWM 信号),计算出一个制动指令,输出到 EBCU。检测轴的转速,一旦发生滑行,防滑装置使制动缸排气,解除滑行。

图 7-1　电子制动控制单元

EBCU 具有以下主要功能:

(1)接收司机控制器发来的指令信号,并通过 PWM 波控制常用(1-7N)制动级别命令。

(2)接收速度传感器信号,通过速度解调器读出列车的运行速度。

(3)根据不同的制动级别命令和从载重传感器得到的车重信息算出要求的总的制动力。

(4)EBCU 通过 EP 单元实施对空气制动的控制。

(5)常用制动和快速制动时实施冲动限制控制,把减速度的变化率限制在一定数值以下,以提高乘坐的舒适性。

(6)当 EBCU 检测到列车发生滑行时,控制防滑阀动作,防止列车车轮磨损严重,获得最佳滑行控制。

(7)系统具有自检功能。EBCU 在开机时进行系统自检,并且在列车运行过程中将根据检测到的信号进行部件的故障判断。

(8)具备足够的容量用以存储故障信息,存储的故障信息包括故障名称、代码、所在部件或元件、故障发生日期和时间、故障消失日期和时间、同类故障统计数、运行公里数及相关的环境。

(9)有便携式测试仪器通信的接口(USB 或网口)及相应的软件,用于调试、测试及读出存储器内的信息等。

二、制动控制单元 BCU

制动控制单元(BCU)是电控制动的核心,主要由模拟转换阀(EP 阀)、紧急阀、称重阀和中继阀等组成,如图 7-2 所示。

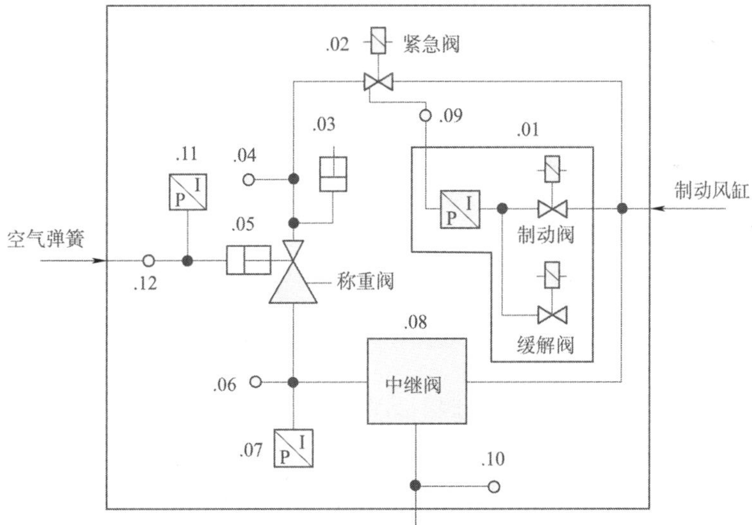

图 7-2 BCU 气路图

1. 模拟转换阀

结构:模拟转换阀(图 7-3)又称为电—气转换阀或 EP 阀,是由一个电磁进气阀 3(类似控导阀)、一个电磁排气阀 2 及气—电转换器 1 组成。

作用原理:当微处理机 ECU 发出制动指令时,电磁进气阀的励磁线圈得电励磁,顶杆克服电磁进气阀弹簧弹力,吸开阀芯,打开进气阀,使制动储风缸压力空气通过进气阀进入模拟转换阀输出口,作为预控制压力 C_{v1} 输出。C_{v1} 一路送向紧急阀,同时 C_{v1} 也送向气—电转换器和电磁排气阀,气—电转换器将该压力信号转换成相对应的电信号,并馈送回微处理机,微处理机将此信号与制动指令对应的参考值比较。当小于参考值时，则继续开放进气阀口，预控制压力 C_{v1} 继续增高；而当大于参考值时，则关闭进气阀并打开排气阀，压力空气从 O 口排向大气，预控制压力 C_{v1} 降低，当预控制压力 C_{v1} 降到符合制动指令的要求时，进气阀和排气阀均处于关闭状态。从模拟转换阀出来的 C_{v1} 压力空气通过气路板内的气路进入紧急阀的旁路。

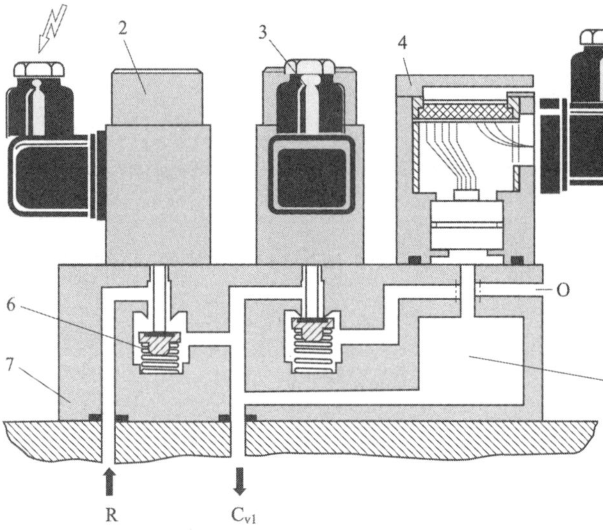

1—气—电转换器；2—电磁进气阀；3—电磁排气阀（图示线圈处于励磁状态）；4—阀座；5—阀；6—弹簧；7—阀体；R—由制动储风缸引入压力空气；C_{v1}—预控制压力空气引出；O—排气口。

图 7-3　模拟转换阀

2. 紧急阀

紧急阀是一个电磁阀控制的二位三通阀，它的三个阀口分别通制动储风缸（A1），模拟转换阀输出口（A2）及称重阀输入口（A3）。它主要由空心阀、阀座，空心阀弹簧、活塞、活塞杆、活塞杆反拨弹簧和电磁阀组成。其中空心阀还起到阀口的作用，而活塞杆顶部做成阀口结构。

在紧急制动时，紧急阀失电，其电磁阀不励磁，如图 7-4（a）所示，电磁阀阀芯在其反力弹簧作用下，关闭下阀口，切断控制压力空气的通路（A4），活塞右侧压力空气经电磁阀上阀口 V2 排入大气。于是，空心阀在弹簧作用下右移，关闭 A2 与 A3 通路，而活塞在弹簧作用下继续右移，活塞杆顶部离开空心阀，打开 A1 与 A3 通路，制动储风缸压力空气越过模拟转换阀而直接进入称重阀。

在常用制动时，紧急阀的电磁阀得电励磁，如图 7-4（b）所示，阀芯吸起，打开下阀口 V1，由 A4 输入的控制压力空气送入活塞右侧，推动活塞、活塞杆和空心阀左移，一方面关闭制动储风缸 A1 的气路，另一方面开放 A2 与 A3 的通路，这时由模拟转换阀输出的预控制压力 C_{v1} 便可通过紧急阀输出到称重阀。

3. 称重阀

称重阀即空重车调整阀，为杠杆膜板式结构。称重阀的作用是根据车辆载重的变化，即根据乘客的多少自动调整车辆的最大制动力。其结构原理如图 7-5 所示，其结构主要由负载指令部、压力调整部和杠杆部组成。

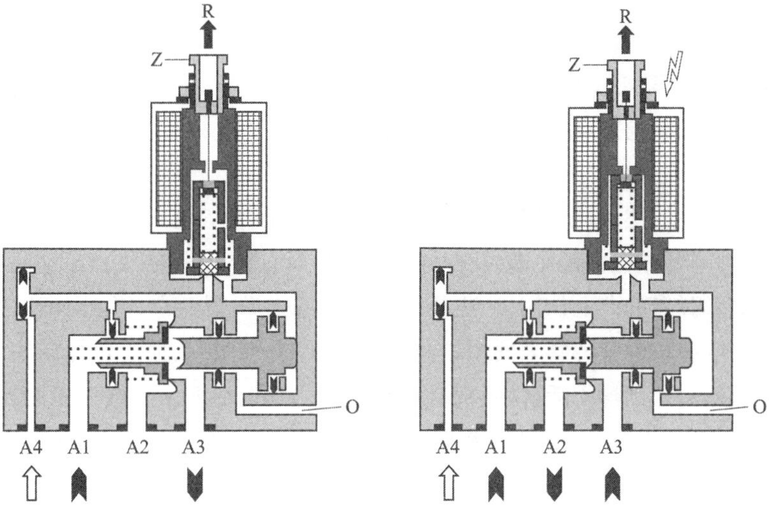

(a) 不励磁工况　　(b) 励磁工况

—通制动储风缸；A2—通模拟转换阀；A3—通称重阀；A4—控制空气的通路；O—排气口。

图 7-4　紧急电磁阀

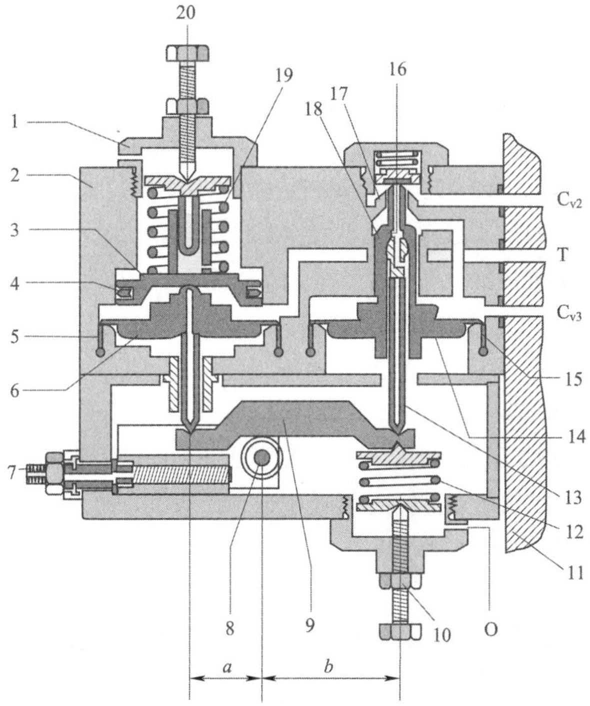

1—螺盖；2—阀体；3—从动活塞；4—K形密封圈；5—膜板；6—活塞；7—调整螺钉；8—支点滚轮；9—杠杆；10—调整螺钉；11—管座；12—弹簧；13—空心杆；14—活塞；15—膜板；16—橡胶夹心阀；17—充气阀座；18—排气阀座；19—弹簧；20—调整螺钉；O—排气口。

图 7-5　称重阀

(1)结构

负载指令部由主动活塞(活塞)、主动活塞膜板、从动活塞、K形密封圈及调整弹簧、调整螺钉等部分组成;压力调整部由橡胶夹芯阀、均衡活塞、空心阀杆、阀座、调整弹簧和调整螺钉等组成;杠杆部由杠杆、滚轮支点和调整螺钉组成。

(2)作用原理

与车辆负载重量成比例的空气压力信号(空气弹簧压力)T输入到主动活塞的上部,将主动活塞向下推,活塞杆顶在杠杆左端,使杠杆左端下降而右端上升,绕支点沿逆时针方向转动,同时右侧压力调整弹簧的向上作用力,也推动杠杆右端上升,从而使空心阀杆向上运动,推开夹芯阀,开放充气阀口,由紧急阀来的预控制压力 C_{v2} 经充气阀座,成为预控制压力 C_{v3} 输出到中继阀。同时该压力送到均衡活塞(膜板活塞)上方,当均衡活塞上方空气压力和下方空心顶杆压力(即杠杆力调整弹簧力之和)平衡时,夹芯阀在夹芯阀弹簧作用下关闭,停止向中继阀供风。

当乘客减少时,空气弹簧压力T下降,均衡活塞上方的空气压力大于下方顶杆推力,于是均衡活塞下移,空阀杆离开夹芯阀,C_{v3}压力空气经空心阀杆阀口排向大气,直到均衡活塞上下方压力达到平衡,均衡活塞重新上移,关闭排气阀口。

当空气弹簧空气压力很低,甚至(空气弹簧)破损而无压力时,从动活塞向上的作用力不足以平衡调整弹簧的力,由两个调整弹簧的作用力使称重阀输出压力保持一定的值。

由于模拟转换阀输出的预控制压力是受微处理机控制的,而微处理机的制动指令本身就是根据车辆的负载、车速和制动要求而给出的。因此,在常用制动中称重阀几乎不起作用,仅起预防作用,以防模拟转换阀控制失灵,而主要作用是在紧急制动发生时体现。由于紧急制动时预控制压力是从制动贮风缸直接经紧急阀到达称重阀,中间没有受模拟转换阀的控制,而紧急阀也仅仅作为通路的选择,不起压力大小的控制作用。所以,在紧急制动时,预控制压力只受称重阀的限制,即制动贮风缸空气压力经称重阀限制后作为最大的预控制压力输出。同样,控制压力 C_{v2} 流经称重阀时,也受到阀的通道阻力,压力有所下降,成为预控制压力 C_{v3} 并通过管路板进入中继阀。

4. 中继阀(均衡阀)

KBGM模拟式电气指令制动机的空气制动装置是一个间接控制的直通式制动机。即由制动控制单元BCU控制预控制压力,再由中继阀根据预控制压力的大小控制车辆制动缸的充风和排风作用,即均衡阀起到“放大”作用。

(1)结构

中继阀由带橡胶阀面的空心导向杆、膜板活塞(即均衡活塞)、进/排气阀座、弹簧等部分组成,如图7-6所示。

(2)作用原理

从称重阀经节流孔进入中继阀的预控制压力 C_{v3} 压力空气,推动具有膜板的活塞(均衡活塞)上移,首先关闭了通向制动缸的排气阀口(下橡胶面与排气阀座密贴),然后进一步打开吸气阀口(上方的橡胶阀面离开进气阀座),使制动储风缸经接口R进入中继阀的压力空气,通过开启的吸气阀口,经接口C充入各单元制动缸,产生制动作用。

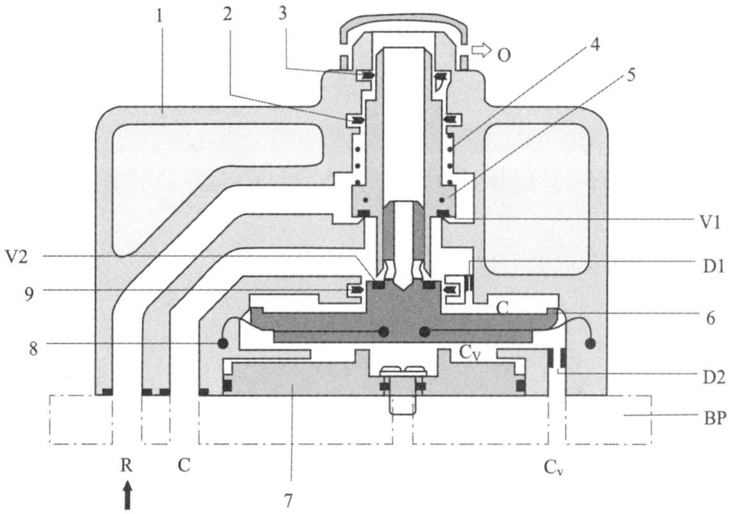

1—阀体；2、3、9—K形密封圈；4—弹簧；5—空心导向杆；6—活塞；7—阀底座；8—膜板；BP—安装座；C—接口，通向各个单元制动缸；C_v—来自称重阀的预控制压力（空气）；D1、D2—节流孔；O—排气口；R—接口，通向制动储风缸；V1、V2—橡胶阀面。

图7-6　中继阀（均衡阀）

从上述可知，中继阀能迅速地进行大流量的充、排气，大流量压力空气的压力变化是随预控制压力 C_{v3} 的变化而变化的，并且互相间的压力传递比为1∶1，即制动缸压力与 C_{v3} 相等。因此，我们可以把中继阀看作是一个气流放大器，相当于电子电路中的一个电流放大器。当经过节流孔反馈到膜板活塞上腔C的制动缸压力与膜板活塞下腔 C_v 压力相等时，吸气阀口关闭。

如果 C_v 压力空气消失，中继阀活塞在其上方的制动缸压力空气作用下向下移动，于是空心导向杆的下橡胶阀面离开排气阀座，排气阀口开启，使各单元制动缸中的压力空气经开启的排气阀口、空心导向杆中空通路及排气口O排入大气，列车得到缓解。

三、辅助制动控制单元

辅助制动控制单元如图7-7所示。

1. 制动控制元件

空气控制屏的主要组成部件如图7-8(a)所示。

B02——截断塞门，可用来切除制动系统管路与主风管的通路，便于测试与检修；

B03——止回阀，防止制动系统管路的压力空气逆流；

B07——压力测试点，从此处可以得到主风管压力；

B08——压力开关，用于监控主风管压力，当主风管压力低于600 kPa时，列车将自动实施紧急制动，并牵引封锁，当主风管压力高于700 kPa时，列车解除牵引封锁；

图7-7　辅助制动控制单元

B12——减压阀，将主风管压力空气减压至 630 kPa；

B19——脉冲阀，用于控制停放制动的施加与缓解；

B20——双向阀，防止常用制动与停放制动同时施加时而造成制动力过大；

B21——压力开关，用于控制停放制动指示灯的动作，当压力低于 350 kPa 时，停放制动指示灯（蓝灯）亮，表示停放制动已施加，当压力高于 450 kPa 时，停放制动指示灯（蓝灯）灭，表示停放制动已缓解；

B22——压力测试点，从此处可以得到停放制动的压力。

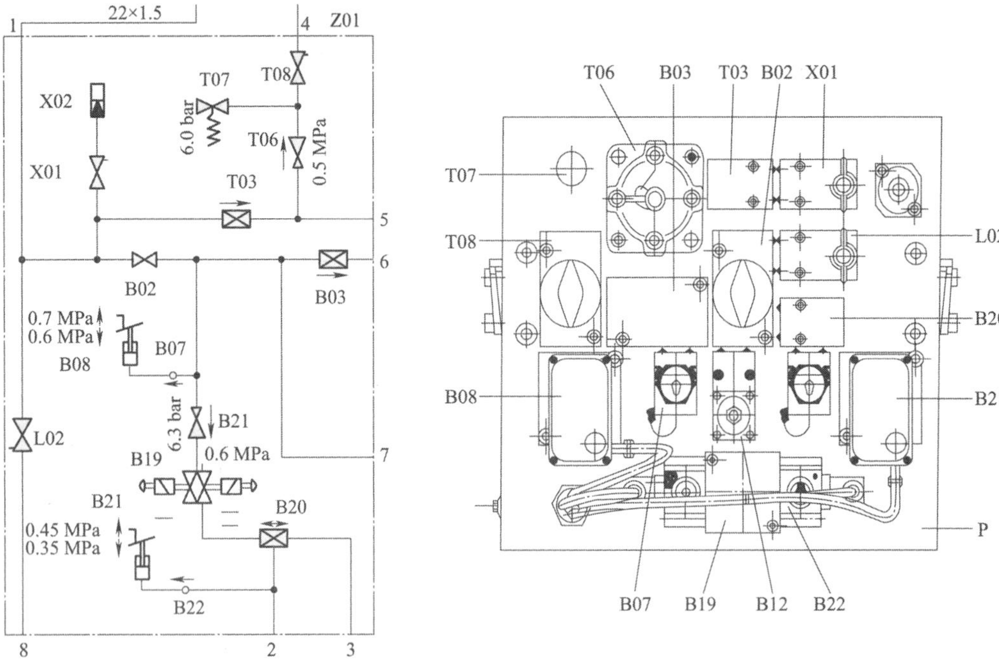

（a）空气控制屏气路简图　（b）空气控制屏控制布置图

图 7-8　空气控制屏的主要组成部件

2. 车门控制元件

车门控制元件如图 7-8(b)所示。

T03——止回阀，防止车门控制系统管路的压力空气逆流；

T06——减压阀，将主风管压力空气减压至 350 kPa，供车门控制系统用；

T07——安全阀，防止车门控制系统压力过大；

T08——截断塞门，可用来切除车门控制系统管路与主风管的通路，便于测试与检修。

3. 空气弹簧控制元件

空气弹簧控制元件如图 7-8(a)所示。

L02——截断塞门，可用来切除空气弹簧控制系统管路与主风管的通路，便于测试与检修。

4. 车间外接供气元件

车间外接供气元件如图 7-8(a)所示。

X01——截断塞门，可用来切除车间外接供气管路与主风管的通路；

X02——车间外接供气快速接头。

空气控制屏 Z01 与外接设备的接口是：接口 1 与主风管相连；接口 2 与踏面单元制动器的弹簧制动缸相连；接口 3 与踏面单元制动器的制动缸相连；接口 4 通往门控设备及空调；接口 5 与门控风缸 T04 相连；接口 6 与制动贮风缸 B04 相连；接口 7 通往防滑阀 G01 的控制管路；接口 8 通往空气弹簧。

停放脉冲电磁阀是先导控制的二位五通阀（R、A、P、B、S），用于气电控制回路中，如果电脉冲被触发，则控制腔充气或排气，或按照顺序交替进行，如图 7-9 所示。例如，用于单作用风缸或双作用风缸（操作弹簧驻车制动，控制门风缸等）。其作用原理是：当阀磁铁 1 和 2 失电时，城轨车辆处在缓解位，即电磁铁断电，活塞总是处于一个端部位置（见图 7-9，活塞处于左端）。进气口 P 和排气口 A 形成通路。

当阀磁铁 1 得电时，控制空气经阀座 5 到活塞，使活塞移到右端位。当电脉冲终止时，衔铁同其底座被弹簧压在阀座 5 上，流进活塞的控制空气被切断，活塞仍留在原处（右端位）。操作气流 A 经排气口 R 排入大气。当磁阀 2 得电时，压力空气驱动活塞运动到左端位。

当断电情况下，可以手动操作脉冲电磁阀，按下按钮到停止位，使活塞移到左右两端中的一端，松开手后，按钮复原，活塞停留在原处。

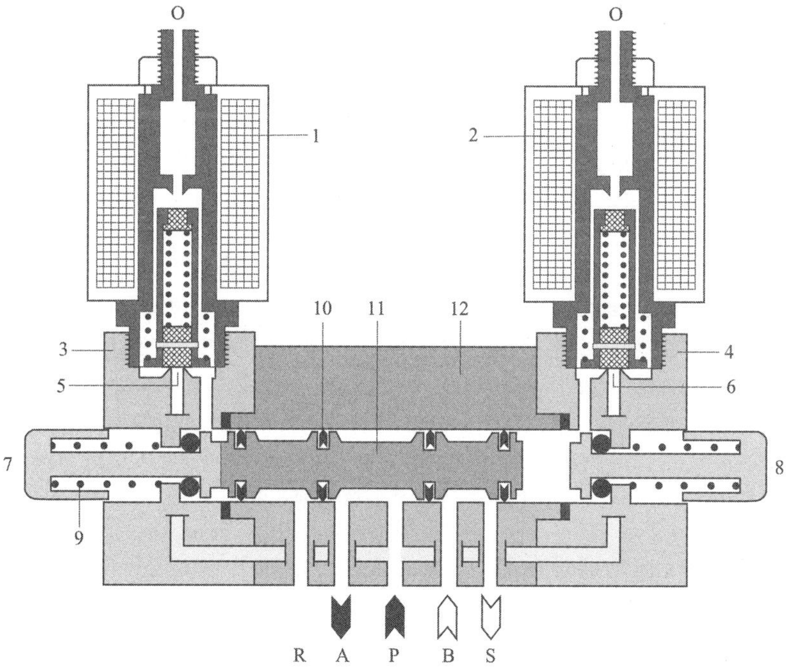

1、2—阀用电磁铁；3、4—阀盖；5、6—阀座；7、8—手动操作按钮；9—弹簧；10—K 形密封环；11—活塞；12—底阀；A、B—用气设备接口；O—排气口；P—压缩空气接口；R、S—排气口。

图 7-9　脉冲电磁阀

四、执行部分（单元制动器）

执行部分由基础制动装置、踏面单元制动器及滑行保护的控制执行元件防滑阀 G01 组成。

踏面单元制动器有 PC7Y 和 PC7YF 两种形式。PC7Y 型不带弹簧制动器，而 PC7YF 型带有弹簧制动器，能起到停放制动作用，每根轮轴装备一个，如图 7-10 所示。

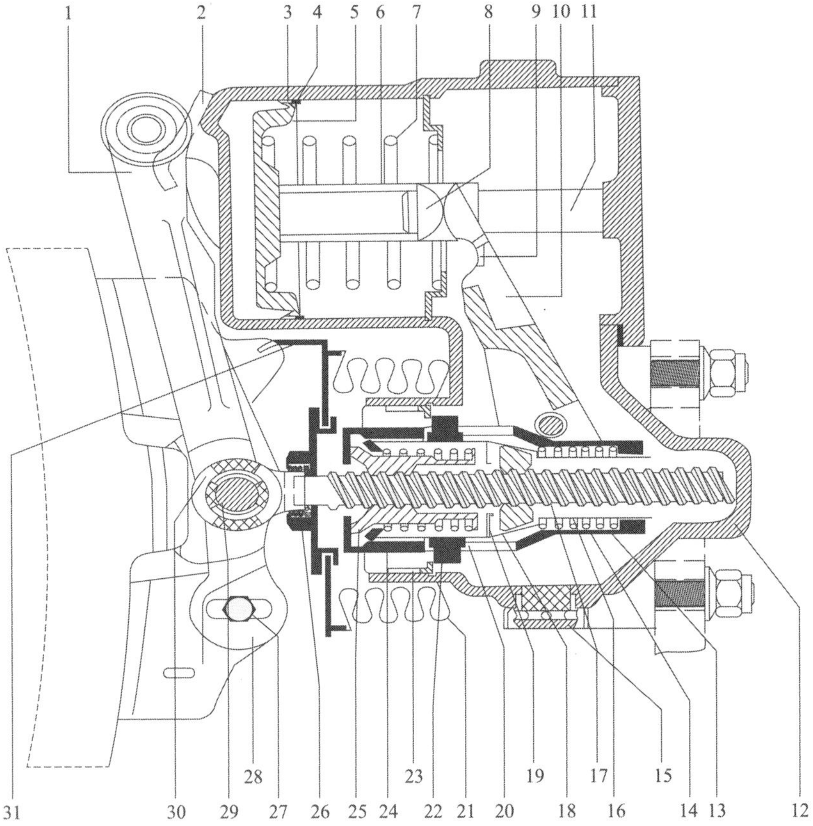

1—吊杆；2—扭簧；3—活塞涨圈；4—滑动环；5—活塞；6—活塞杆；7—缓解弹簧；8—止推片；9—凸头；10—杠杆；11—导向杆；12—外体；13—闸调器外壳；14—压紧弹簧；15—滤尘器；16—离合器套；17—主轴；18—调整螺母；19—轴承；20—轴承；21—波纹管；22—引导螺母；23—止环；24—调整弹簧；25—止推螺母；26—回程螺母；27—摩擦联轴器；28—闸瓦托；29—销；30—主轴鼻子；31—波纹管安装座。

图 7-10　PC7Y 型单元制动器

PC7YF 型踏面单元制动器是在 PC7Y 型的基础上增加了一个用于停车制动的弹簧制动器，它包括停车缓解风缸、缓解活塞、活塞杆、螺纹套筒、停放制动弹簧、缓解拉簧、停放制动杠杆等。

当列车制动时，制动缸充气，在压力空气的作用下，制动缸活塞压缩缓解弹簧右移，活塞杆推动制动杠杆，而杠杆的另一端则带动闸瓦间隙调整器向车轮方向推动闸瓦托及闸瓦，使闸瓦紧贴车轮。

缓解时，制动缸排气，这时闸瓦及闸瓦托上所受到的推力被撤除，在制动缸缓解弹簧及闸瓦托吊杆上端头的扭簧的反弹力作用下，闸瓦及活塞等机构复位。

单元二　KBGM 模拟式电气指令制动系统的工作原理

空气制动系统的主要作用是将来自微处理制动控制系统 MBCU(B5/G2)的电子模拟信号通过 B6 制动控制单元中的模拟转换阀转换成一个与其相对应的预控制(空气)压力,这个预控制压力是呈线性变化的,以后还受到称重阀和防冲动检测装置的检测和限制,最后使制动缸 C1 和 C3 获得符合制动指令的空气制动压力。

制动控制单元的工作原理如图 7-11 所示。

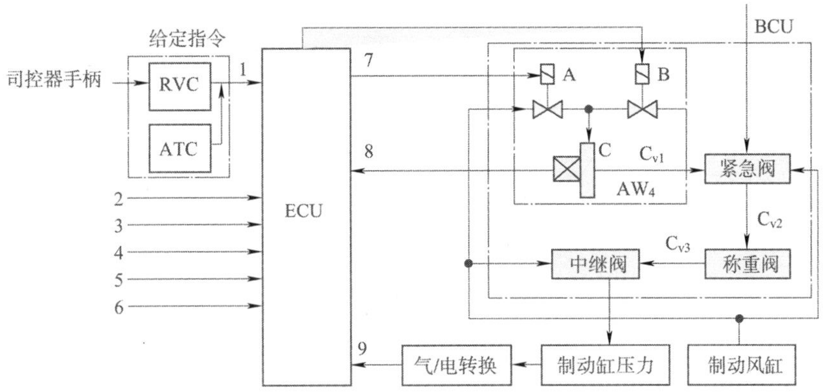

图 7-11　空气制动控制原理图

一、常用制动

当模拟转换阀的电磁进气阀的励磁线圈接收到摩擦制动的电指令时,吸开阀芯,使压力空气从制动储风缸接口 R 进入模拟转换阀,并通过该进气阀转变成与电指令要求相符的压力,即预控制压力 C_{v1}。由于是常用制动,这时紧急阀处于励磁工况,滑动阀在左侧,接口 A2 和 A3 导通,C_{v1}经紧急阀成为 C_{v2}由接口 A3 进入称重阀。称重阀根据车辆负载对 C_{v2}再次进行调整,输出预控制压力 C_{v3}。C_{v3}进入中继阀后推动具有膜板的活塞上移,打开进气阀,使制动储风缸经接口 R 进入中继阀的压力空气通过该开启的进气阀口,经输出口 C 充入各单元制动机的制动缸,产生制动作用。

同样,制动缓解指令也由微处理机发出,模拟转换阀接到缓解指令后,将其电磁排气阀打开,使预控制压力 C_{v1}通过此阀向大气排出。C_{v2}、C_{v3}压力空气也都在紧急阀和称重阀输出口消失,中继阀活塞向下移动,排气阀口开启,使各单元制动缸中的压力空气经开启的排气阀口和空心导向杆中空通路及排气口 O 排入大气,列车得到缓解。

二、紧急制动

紧急制动时,紧急阀处于不励磁工况,滑动阀在右侧,接口 A1 和 A3 导通,从制动储风缸接口 R 来的压力空气绕过模拟转换阀直接进入称重阀。称重阀根据车辆负载输出最大预控制压力,进入中继阀后使制动储风缸的压力空气通过该开启的进气阀口和输出口 C 充入各单元制动机的制动缸,产生紧急制动作用。

三、防滑控制

当黏着状态不好时，列车速度和车轮速度之间将产生一个速度差，防滑控制系统就是用来控制车轮速度并消除该速度差的，其作用原理如图 7-12 所示。

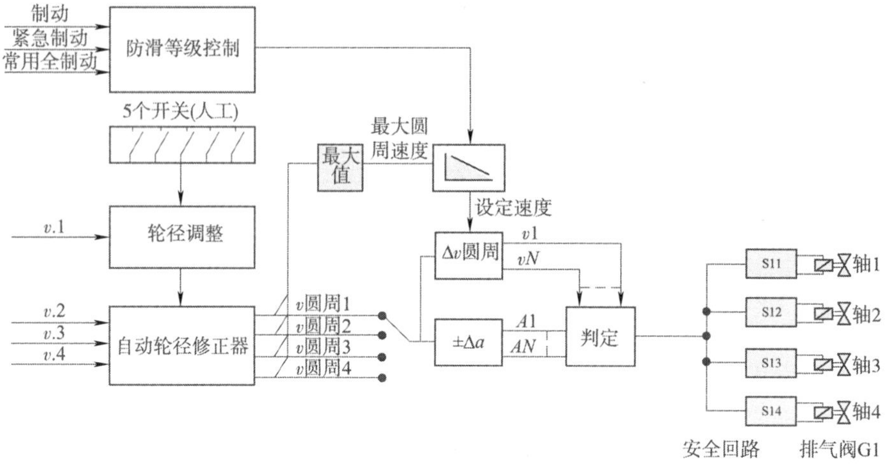

图 7-12　防滑控制系统作用原理

列车启动后，防滑系统就对每个轮对的圆周速度进行检测，然后形成一个参考速度以取代列车速度，并用排气阀 G1 来控制车轮的滑行和减速度。轮对的速度和减速度与设定的标准相比较就形成控制排气阀的指令。

由于轮对踏面加工直径和磨耗的差别，轮对的线速度有差别，所以在防滑控制系统中设置了人工的轮径调整装置。这个装置就是线路图中的五个开关，利用这些开关分和合的不同位置，将车轮直径分成 32 挡（每挡 3 mm）。将每辆车中的一位轴调整到它的规定标准，而其他轴也将会根据轴端的速度传感器输出的速度信号进行自动调整。

参考速度是通过以下方法取得：在牵引时取四根轴中的最大速度，在制动时取最小速度，然后让其余三根轴的速度与其比较，以判定是否在牵引时空转或在制动时滑行。如果确定是空转或滑行，防滑系统将切断牵引回路或减小牵引力以消除空转，打开制动缸的排气阀 G1 以消除滑行现象。

整个制动系统原理总图如图 7-13 所示。

空气制动施加时，气体经过主风管进入 B04 制动缸，然后进入制动控制单元 BCU，在 BCU 内经过调节、放大输出，经过 G01 防滑阀分别送入两个转向节的八个单元制动缸。一部分气体由主风管经过空气控制屏进，经停放脉冲电磁阀调解，由 2 号口分别送入两个转向节的 C03 停放制动缸。另外一主风管还将一些气体送入解构风缸、受电弓以及气动车门等部件。

四、系统特点概述

上海地铁 DC01 型列车采用德国公司生产的 KBGM 模拟式电气指令制动系统。该系统用一条列车线贯通整列车，形成连续回路，其电气指令采用脉冲宽度调制（PWM），能进行无级控制。它的制动方式有三种，即再生制动、电阻制动和空气（摩擦）制动，分别为第一、第二和第三优先制动。系统具有以下特点。

（1）具有先进的防空转和滑行保护功能，能有效地防止轮轨异常磨耗。

（2）具有载荷校正功能，能根据车辆载荷的变化，自动调整制动力，使车辆制动率基本保持恒定，能有效地减小车辆间的纵向冲动。

（3）车辆控制系统具有故障诊断、故障贮存及故障显示功能。

（4）制动策略：拖车空气制动优先补足。

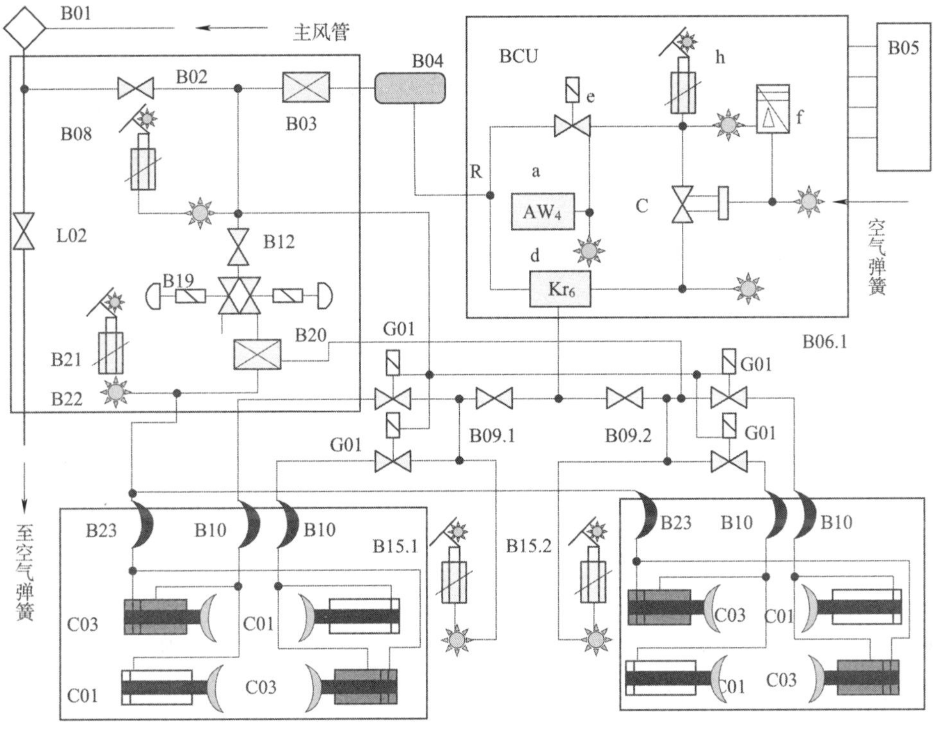

图 7-13　系统原理总图

视频学习
供风设备

视频学习
基础制动装置

视频学习
空气悬挂系统

视频学习
受电弓驱动设备

单元三　KBWB 模拟式电气指令制动系统的组成

上海地铁 AC03 型列车采用的 KBWB 模拟式电气指令制动系统是由原来的英国公司（现已并入德国公司）设计的制动系统。该系统按照整车模块化原则设计，集成度较高。它将微机制动控制单元、空气制动控制单元、风缸和风源等全部安装在一个架上，如图 7-14 所示。KBWB 模拟式电气指令制动系统维护简单、重量轻，并具有自我诊断及故障保护显示功能。

为了适应城市快速轨道车辆运行速度快、站间距短、启制动频繁等要求，KBWB 模拟式电气指令制动系统具有反应迅速、制动力大、制动距离短、停车精度高、安全可靠的特点。该制动系统由电制动（动力制动）系统和空气制动系统组成，采用 PWM 信号传递制动指令，是模拟式电气指令制动系统。其制动控制单元的 EP 转换采用四个电磁阀对控制室充放气的闭环控制的方法。

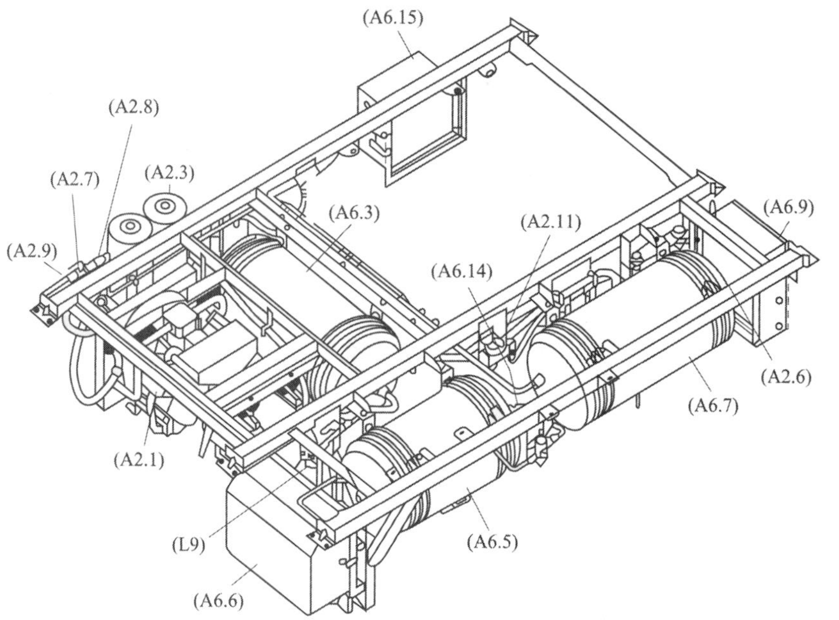

A2. 1—空气压缩机；A2. 3—空气干燥塔；A2. 6—主风缸安全阀；A2. 7—空气压缩机开关隔断旋塞；
A2. 8—压力传感器（空气压缩机控制开关）；A2. 9—测试口；A2. 11—主风缸开关；
A6. 3—制动储风缸；A6. 5—空气弹簧充气缸；A6. 6—EP 制动控制板；A6. 7—主风缸；
A6. 9—BCE；A6. 14—压力调整器；A6. 15—继电器箱；L9—均压阀。

图 7-14　KBWB 模拟式电气指令制动系统集成化布置图

KBWB 模拟式电气指令制动系统的空气制动系统主要分为供气单元、微机制动控制单元、制动控制单元、防滑控制单元、基础制动装置及空气悬挂辅助装置等几部分。

一、供风单元

每辆带司机室的拖车上装有一套供气单元，每列车有两套。供气单元按司机室启用位置定义为主供气单元或辅助供气单元。每套供气单元由空气压缩机组、空气干燥器及控制装置等组成，如图 7-15 所示。

1. 空气压缩机组

空气压缩机（A2. 1）选用 VV120 型，由三个往复式压缩气缸、中间和后冷却器以及驱动电机组成。在理论上，在 10 MPa 的压力下，它能为列车制动系统提供大约 950 L/min 的冷却空气。驱动电机由静态辅助逆变器输出的 AC 400 V/50 Hz 的三相交流电源供电。空气压缩机仅安装在拖车上，吊挂在车辆底部［作为供气和制动控制组合模块（A1）的一部分］，空压机装有弹性吊挂装置，能有效地缓冲并降低对车体的振动。空气压缩机是 W 形结构，由两个低压活塞和一个单一的高压活塞以及一根通用曲轴组成。电机和空气压缩机通过联轴节的中间法兰相互连接。活塞在经空气冷却的风缸中运动，润滑方式为飞溅润滑。安装在曲轴箱呼吸器上的外接过滤器单元对溅到曲轴箱呼吸器上的润滑油进行分离、干燥，然后润滑油流回曲轴箱。通过可视玻璃可检查油量。测油杆必须插在可视玻璃里，油量太少可能引起过热，油量太多会导致气阀碳化。

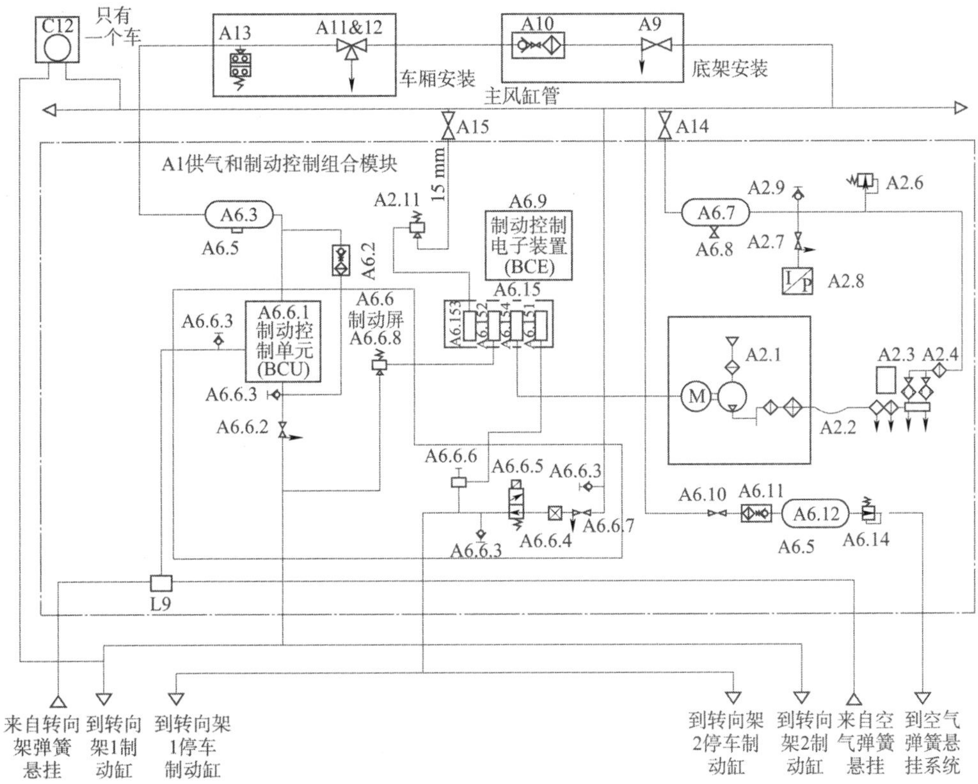

A2.1—空气压缩机；A2.6—主风缸安全阀；A6.6.1—制动控制单元；A6.6.5—停放制动实施电磁阀；A6.6.6—停放制动缓解电磁阀；A6.7—主风缸，A6.9—制动控制电子装置(BCE)；A13—制动实施和缓解电磁阀；A6.15—继电器阀箱；L9—压力中继阀。

图 7-15　空气制动系统

空气先通过纸质过滤器经低压活塞压缩，流过中间冷却器，压力下降且温度升高。高压活塞对低压空气进一步压缩，经由冷却器流入气路系统，最后由空气干燥器(A2.3)干燥。

空气压缩机通过两个安全阀得到过载保护：一个位于低压活塞与中间冷却器之间(设定值为0.5 MPa)，另一个位于高压活塞与后冷却器之间(设定值为1.4 MPa)。在正常情况下，如果一个压缩机能够满足向列车供气的需求，则仅启动主供风单元的空气压缩机，也就是只启用一台空气压缩机。在辅助模式或降级模式下，需同时启动主、辅供风单元的空气压缩机。主司机室的确认信号通过列车 FIP 网络传送给微机制动控制单元(BCE)。主司机室发生变更，空气压缩机的启用也随之变更。以这种方式长期使用，可使空气压缩机的工作周期比较均等。

2. 控制装置

空气压缩机的启/停控制是通过微机制动控制单元(BCE)来实现的。每个供气单元和制动控制组合模块配有一个压力传感器(A2.8)，用于检测总风管(靠近主空气压缩机侧的主风缸)的压力并且传送信号给 BCE。BCE 根据压力传感器显示的总风管压力信号(通常在8.4 ~ 9.5 MPa)来决定空气压缩机的启/停和启用台数，并通过控制空气压缩机电机继电器的吸合或断开来实现。如果监测到主风缸压力持续下降到0.6 MPa，列车安全保护系统会自动触发紧急制动。

该供气单元还装有安全阀(A2.6)来保证制动系统的安全。安全阀动作压力为10.5 MPa,防止因供风自动控制系统故障而导致主风缸(A6.7)过压。

3. 空气干燥器

供气单元采用双塔再生式空气干燥器对压缩空气进行干燥,双塔交替工作。在正常工况下,只有一个空气干燥塔增压,2 min后停止向该塔增压,另外一个空气干燥塔立即开始增压2 min,每一个空气干燥塔都轮流工作2 min。如果某空气干燥塔工作时间不到2 min,空气压缩机就停机了,那么空气干燥器的计时器便会记下该塔已工作的时间。当空气压缩机再次启动时,计时器将从中断时刻开始计时,因此两个空气干燥塔的工作时间是均等的。

整个供气单元集中在一个安装框架内,空气压缩机吊挂在框内,双塔再生式空气干燥器则安装在框外的横梁上。干燥空气充入主风缸后再经由主风缸管送入各节车的主风缸,再分别进入制动储风缸和空气悬挂风缸等。

二、微机制动控制单元

每节车都装有一套微机制动控制单元(BCE)用于制动控制,它是双列车线需求信号、空气制动控制单元(BCU)和牵引系统之间的界面和桥梁。BCE控制所有空气制动的常用制动,包括随需求信号和车辆载荷变化而变化的压力值。如果使用电制动,BCE为电制动和空气制动的混合控制提供了界面划分,以形成一个完整的制动系统。

BCE还提供正常运行管理和故障检测,这些信息通过FIP数据线传给TIMS系统。数据线也可通过便携式计算机接口作简单的诊断和维修。

常用制动时,BCE接受所有车辆的空气弹簧平均压力信号,根据该信号计算出该车辆制动所需的制动力,同时将反映车辆重量的载荷信号传送给FIP网络系统,拖车载荷信号通过FIP网络传送到动车的BCE和牵引控制装置。动车的载荷信号也通过PWM线传送到相应的牵引控制电子装置,牵引控制电子装置经过综合计算后将决定制动力的分配。对于动车,动力制动系统和空气制动系统是同时存在的,这两种制动系统都是由司机控制器或ATO自动驾驶装置控制。无论采用哪种控制,动车随时都能得到连续的动力制动和空气制动。如果制动需求值超过动力制动能力,这时空气制动根据总的制动力要求补充动力制动不足部分。混合制动要求制动缸的压力可以不一样,只要动力制动和空气制动的和达到制动所需求的值即可。

BCE还对空气压缩机(A2.1)和空气干燥器(A2.3)进行控制。

三、空气制动控制单元

安装在拖车A和动车B、C上的制动控制单元(BCU)由于车辆载重不同而略有不同。制动控制单元(BCU)可分为三个部分,即EP控制板、称重阀和主控阀,如图7-16所示。

1. EP控制板

EP控制板是制动控制单元(BCU)的基座。它是一个阳极氧化铝的管道接口座,除了管道接口外,座上还安装了称重阀、主控阀等其他部件。

EP控制板的钢盖涂灰色油漆,装在管道接口座的前端,以保护其中设备。缸盖由两个不锈钢插销定位锁住,盖上还有两个安全挂钩以保证在插销失效时缸盖不会跌落。

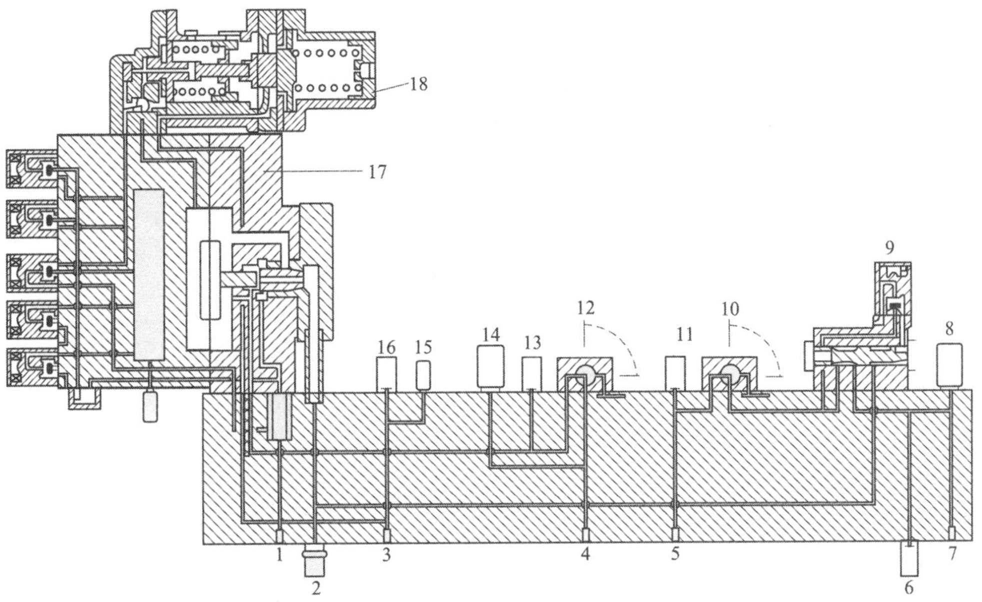

1—制动风缸接口；2—制动机消声器；3—空气簧接口；4—制动机压力接口；5—主风缸压力接口；
6—停车制动测试点；7—停车风缸接口；8—停车制动缓解开关；9—停车制动消声器；10—停车制动截断塞门；
11—主风缸测试点；12—主风缸截断塞门；13—制动机压力测试点；14—制动机压力开关；
15—空气簧压力转换器；16—空气簧压力测试点；17—主控阀；18—称重阀。

图 7-16　制动控制单元（BCU）

在管道接口座的背面有五个气路连接口，分别连接主风缸（MR）、空气簧（AS）、制动储风缸（BSR）、停放制动风缸（PB）和单元制动机风缸（BC）。每个接口都是内螺纹 BSP 型接口。除了这些接口，还有一个制动风缸排气端口，该端口前装有一个消声器。管道接口座的背面有两个 19 路的电气接口插座，空气压力转换信号接口为 C1，BCU 驱动信号接口为 C2。

管道接口座的背面还有一个 M10 的安装孔，用于安装接地线；在端盖下部有两个 M6 的安装孔，用于元件接地的端口。

管道接口座有四个压力测试点，其中一个在背面，三个在前面。压力测试点可以在不拆除端盖的情况下使用。其测试对象为空气弹簧压力、单元制动机风缸压力、主风缸压力和停放制动风缸压力。

2. 称重阀

称重阀是一种混合压力限制装置，它接收来自空气弹簧系统的控制压力信号（车辆的载重信号），限制 BCU 向单元制动机输出的空气压力。如果空气弹簧压力信号因种种原因消失，称重阀就假定超载性能，BCU 给出最大超载信号使列车紧急制动。称重阀有三种规格，可根据车辆载重进行选择。

称重阀的构造如图 7-17 所示。其上部有一个进排气阀，与紧急电磁阀连通。来自制动储风缸的压力空气通过紧急电磁阀进入进排气阀的进气阀座。进排气阀下是输出口，通往控制腔室 Y。此外，还有一个输出压力室和一个检测阀与输出口相通。阀体中间是两个膜板腔室，主膜板与上膜板之间是排气腔室，内部设有可上下移动的排气杆。排气杆中间有排气通道，并有一个主弹簧使其具有恒定的向上作用力。上膜板与下膜板之间是一个控制腔室，来自空气簧的压力空气就进入这个控制室。下膜板下也有一个活动阀片，偏置弹簧使它具有向上作用力。当称重阀无来自空气簧压力信号时，上膜板和下膜板都紧贴中间。因此，偏置弹簧、活动阀片、滑动块、上膜板、主弹簧、主膜板和排气杆叠加在一起，形成一个向上的力，用排气杆的排气阀座口顶开进排气阀，使从紧急电磁阀来的压力空气通过进气阀座口进入输出压力室，并通过输出口进入控制腔室 Y。这时进入控制腔室 Y 的空气压力最大，可产生最大紧急制动力。

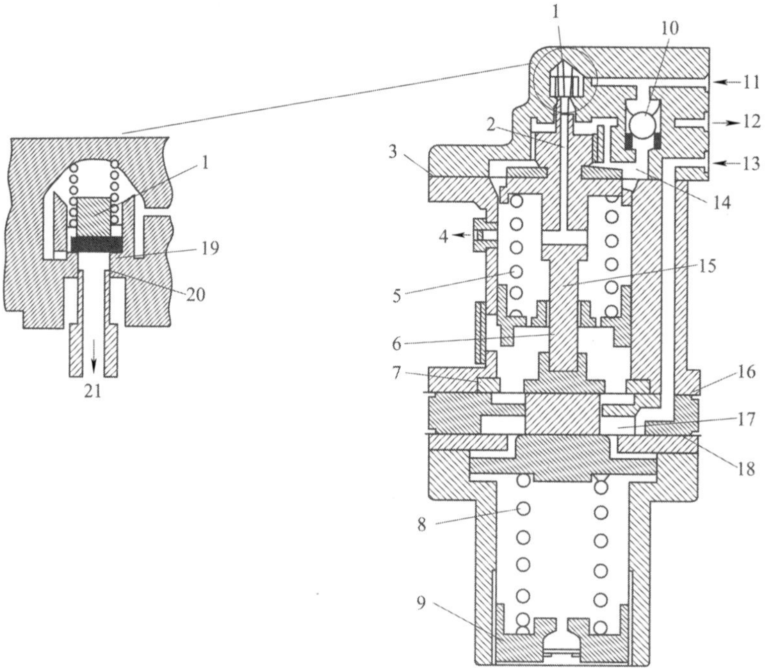

1—进排气阀；2—排气通道；3—主膜板；4—排气口；5—主弹簧；6—排气杆；
7—膜板圈；8—偏置弹簧；9—偏置弹簧座；10—检测阀；11—储风缸入口（BSR）；
12—输出口（通往控制腔室 Y）；13—空气簧压力信号（ASP）；14—输出压力室；
15—排气杆；16—上膜板；17—控制室；18—下模板；19—进气阀座口；
20—排气阀座口；21—排气通道。

图 7-17　KBWB 称重阀

当称重阀有来自空气簧压力信号时，上膜板和下膜板都与中间滑动块分离，它们之间充满压力空气。压力空气对下膜板和偏置弹簧有向下反作用力，对上膜板和排气杆仍有向上作用力，但作用力减小，并与空气簧压力信号成正比。这时进入控制腔室 Y 的空气压力随空气簧压力变化，可以产生与车辆负载成正比的制动力。

3. 主控阀

主控阀与气—电转换器、制动储风缸、空气弹簧、单元制动机和称重阀等制动设备气路连接，如图 7-18 所示。主控阀实际上由两个部分组成：一个部分是电—气转换部分（参见本书模块七介绍的 EP 阀部分）；另一个部分是输出放大部分（参见本模块中继阀部分）。

（1）电—气转换部分

电—气转换部分主要包括五个电磁阀、控制腔室 X 和气—电转换器。

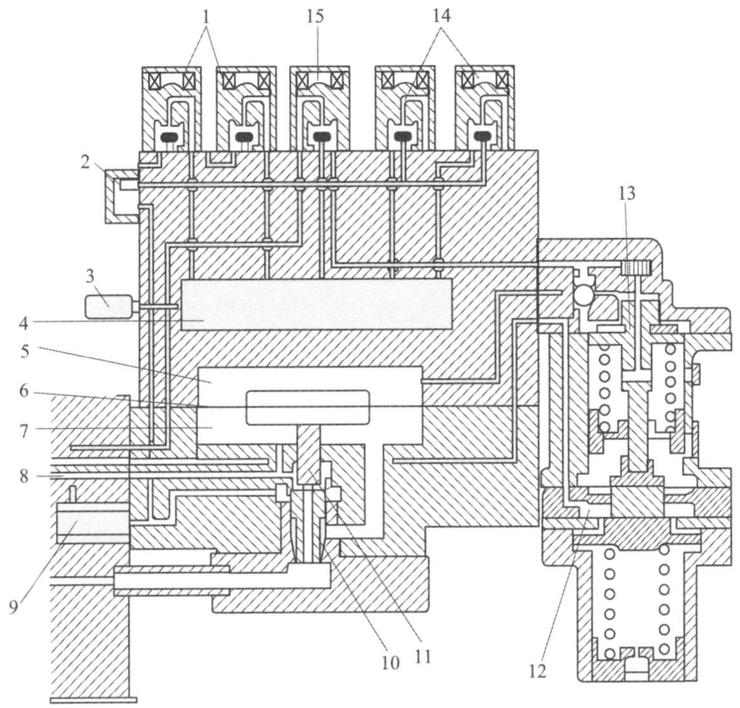

1—缓解电磁阀;2—过滤网;3—气—电转换器;4—控制腔室 X;5—控制腔室 Y;6—控制膜板;
7—控制腔室 A;8—通向单元制动机通道;9—制动储风缸;10—充排气阀;11—操纵杆;
12—空气簧压力信号;13—称重阀;14—充气电磁阀;15—紧急电磁阀。

图 7-18　主控阀

五个电磁阀分别是两个缓解电磁阀、两个充气电磁阀和一个紧急电磁阀。缓解电磁阀和充气电磁阀分成粗调和精调。五个电磁阀的一端都与控制腔室 X 连接,两个缓解电磁阀的另一端通大气;两个充气电磁阀的另一端与制动储风缸连接;紧急电磁阀的另一端则与称重阀连接。

控制腔室 X 除了与电磁阀连通外,还接有一个气—电转换器,将腔室内的气压转换成电信号,反馈给 BCE。

(2)输出放大部分

输出放大部分主要包括控制膜板、控制腔室 Y、控制腔室 A、操纵杆和充排气阀。

控制膜板将主控阀下部隔成两个控制腔室,即控制腔室 Y 和控制腔室 A。控制腔室 Y 通过称重阀与控制腔室 X 连接。

控制腔室 A 内上部有一个操纵杆固定在控制膜板下面,下部有一个充排气阀。操纵杆在控制膜板的动作下,向下可顶开充排气阀的上口并堵住充排气阀的排气通道;向上则关闭充排气阀并打开排气通道。当充排气阀上口被顶开时,制动储风缸和控制腔室 A 与单元制动机连接,根据控制腔室 Y 的压力向单元制动机输出给定的制动压力空气,施加制动;当充排气阀上口关闭时,制动储风缸和控制腔室 A 与单元制动机的连接被切断,排气通道被打开,单元制动机的制动压力空气从排气通道排出,制动缓解。

四、BCU 的工作原理

常用制动时，BCE 发出充气指令，两个充气电磁阀得电，开始对控制腔室 X 充气。在充气过程中，气—电转换器不断地把控制腔室 X 内的压力转换成电信号并反馈给 BCE。BCE 也不断发出调整指令，直到控制腔室 X 内的压力与指令值精确一致。这时紧急电磁阀处于得电状态，控制腔室 X 与称重阀的进排气阀相通。如果有来自空气簧的压力信号，上膜板和下膜板都与中间滑动块分离，它们之间充满压力空气。排气杆将顶开进排气阀进气阀座口，使控制腔室 X 的压力空气经输出口进入控制腔室 Y。控制腔室 A 的操纵杆在控制膜板的动作下，向下顶开充排气阀的上口并堵住充排气阀的排气通道，制动储风缸和控制腔室 A 与单元制动机连接，根据控制腔室 Y 的压力向单元制动机输出给定的制动压力空气，直到控制腔室 A 和控制腔室 Y 平衡，充排气阀的上口关闭，堵住充排气阀的排气通道，施加的制动力与 BCE 发出充气指令一致（图 7-18、图 7-19）。

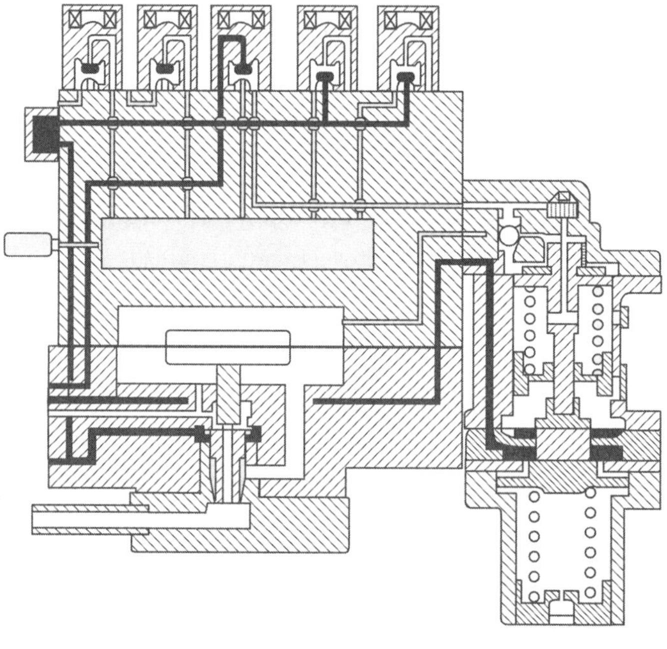

图 7-19　常用制动时主控阀和称重阀的状态

称重阀主要用来限制过大的制动力。由于控制腔室 X 内的压力受 BCE 的控制，而 BCE 的制动指令本身又是根据车辆的负载、车速和制动要求给出的，因此，在常用制动中称重阀几乎不起作用，仅起预防作用，以防主控阀的五个电磁阀控制失灵。

称重阀的主要作用是在紧急制动时发挥（图 7-18、图 7-20）。在紧急制动时，紧急电磁阀失电，压力空气从制动储风缸直接经紧急电磁阀到达称重阀，中间未受主控阀的控制，而紧急电磁阀也仅仅作为通路的选择，不起压力大小的控制作用。这时，如果有来自空气簧的压力信号，上膜板和下膜板都与中间滑动块分离，它们之间充满压力空气。称重阀的排气杆顶开进排气阀进气阀座口，压力空气从制动储风缸进入输出控制室和控制腔室 Y。输出控制室里的压力克服主弹簧和上膜板与中间滑动块间的压力，将排气杆向下压，直到上膜板与中间滑动块间的压力消失，进排气阀进气阀座口关闭。控制腔室Y的压力比常用制动时要高，并且空气簧的压力信号越大，控制腔室Y的压力也越高。控制腔室A的操纵杆在控制膜板的动作下，向下顶开充排气阀的上口并堵住充排气阀的排气通道，制动储风缸和控制腔室A与单元制动机连接，根据控制腔室Y的压力向单元制动机输出给定的制动压力空气，直到控制腔室A和控制腔室Y平衡，充排气阀的上口关闭，堵住充排气阀的排气通道，施加的制动力即为受称重阀限制的紧急制动压力。

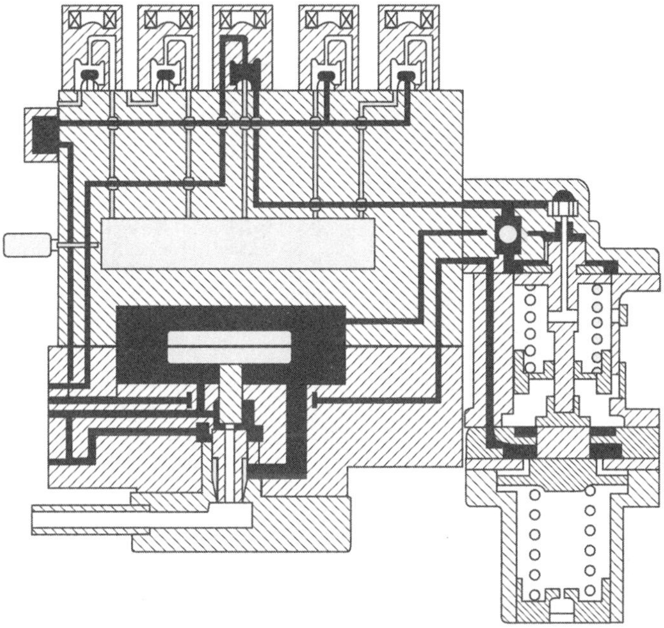

图7-20　紧急制动时主控阀和称重阀的状态

五、防滑控制单元

防滑控制单元(WSP)是BCE中的一部分。

列车每根车轴的一侧轴箱内都装有一个速度传感器，列车制动时，速度传感器将检测到的速度信号送入BCE。BCE中的WSP接收到速度信号后进行以下两项计算和比较：

(1)一根车轴的减速度是否超过了先前设定的参数。

(2)所有车轴相对速度水平与预设值比较。

一旦WSP监测到某根车轴减速度过快或是某根车轴转速与最大转速的车轴转速之差超出某个值，即判断该轴滑行，应进行防滑控制。在进行防滑控制时，防滑控制单元通过减小该车轴的制动缸压力来控制车轮滑行的深度。WSP通过对制动压力的修正能自动将车轮转速调整到最佳水平，以便最大限度地利用黏着系数。

实际上，列车的微机牵引控制(PCE)和BCE各有一套车轮滑行监测和防护系统。当实施电制动时，PCE会通过减小电制动力来防止车轮滑行，同时向BCE提供一个EDB低电位信号，防止BCE用增加空气制动力来补偿。但如果滑行信号持续时间超过2 s，将取消电制动，只采用空气制动。

在空气制动时，防滑控制是通过 BCE 对安装在转向架上的双防滑阀的通气和排气的控制来实现的。双防滑阀实际上是两个完全对称的单防滑阀的组合，因此每个转向架只要配置一个，就能控制两个轮对。双防滑阀的结构如图 7-21 所示。

单防滑阀上部有两个电磁阀：一个称为通气电磁阀，另一个称为排气电磁阀。通过对通气电磁阀和排气电磁阀的得电和失电组合，可以形成防滑阀的三种工况，即通气、保压和排气。

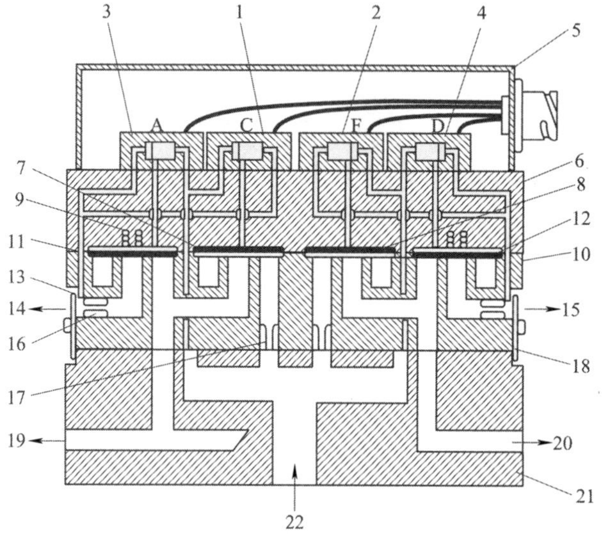

1、2—通气电磁阀；3、4—排气电磁阀；5—盖头；6—膜板盖；7、8—膜板通气阀；9—弹簧；10—阀体；11、12—膜板排气阀；13—排气阻塞盘；14、15—排气口；16—排气塞块；17—进气塞块；18—排气阻塞盘；19、20—输出口；21—管板；22—进气口。

图 7-21　双防滑阀的通气和排气控制

1. 通气工况

排气电磁阀 3 失电（阀板向左），使压力空气穿过底部的进气口 22，再经过排气电磁阀 3 作用到膜板排气阀 11 的顶部，加上弹簧 9 的向下作用力，膜板排气阀 11 下压关闭排气口 14 和输出口 19。同时，通气电磁阀 1 也失电（阀板向左），穿过底部进气口 22 的压力空气不能进入通气电磁阀 1。通气电磁阀 1 的另一端通排气口 14，不能作用在膜板通气阀 7 上。进气口 22 的压力空气顶开膜板通气阀 7 的底部，把阀芯抬离阀座，进气口 22 和输出口 19 形成通路，从 BCU 来的压力空气通过防滑阀，被送到单元制动机的风缸内。

2. 保压工况

排气电磁阀 3 失电（阀板向左），压力空气从进气口 22 穿过，作用在膜板排气阀 11 顶部。在弹簧 9 的作用力下，该压力关闭膜板排气阀 11，并关闭排气口 14 和输出口 19。同时，通气电磁阀 1 得电（阀板向右），穿过底部进气口 22 的压力空气进入通气电磁阀 1，作用到膜板通气阀 7 顶部，关闭膜板通气阀 7，并关闭进气口 22 和排气口 14 的通路，使防滑阀保持压力，也就是保证了单元制动机风缸的压力。

3. 排气工况

通气电磁阀 1 得电（阀板向右），压力空气进入通气电磁阀 1，作用到膜板通气阀 7 顶部，关闭膜板通气阀 7，并关闭了进气口 22 和排气口 14 的通路。同时，排气电磁阀 3 得电（阀板向右)，从膜板排气阀7顶部来的进气压力被切断。原先进入单元制动机风缸的压力反过来克服弹簧的向下力，顶开膜板排气阀11，使输出口的压力空气从排气口14排出。膜板排气阀11顶部的压力也经排气电磁阀3送入大气。从进气口22来的压力空气不能通过防滑阀，而原先进入单元制动机风缸的压力空气被排放到大气中去。

防滑阀在通常情况下处于不通电的状况，也就是通常处于通气状态。这时，从BCU主控阀来的压力空气全部经过防滑阀进入单元制动器风缸，产生预定的制动力。如果哪个轮对出现滑行，那么BCE会使相应的防滑阀的排气电磁阀动作，将单元制动机风缸中的部分空气排向大气，待滑行现象消除后再分阶段恢复制动力。防滑阀的动作反应速度由安装在进、排气口内的阻塞盘的大小决定。由于防滑阀串联在制动通路上，紧急制动期间防滑功能依然有效。当紧急制动缓解时，制动缸内的空气经EP控制板上的消声器排向大气。

为确保制动系统的安全性，每个转向架的双防滑阀输出量都受到控制，且每个速度信号都被监视。在正常情况下，动力制动引起的滑行由PCE控制；空气制动引起的滑行由BCU控制。在动力制动模式下，如果出现较大的滑行，制动控制单元将发送给PCE的WSP信号设为高电平。当PCE探测到这个输入信号正在变为高电平，制动力就迅速降为零。当制动力保持为零时，电制动一直是失效的。当WSP输入信号再次变为低电平时，制动力就会逐渐恢复。

在防滑控制时，制动力分两个阶段逐渐回升：第一个阶段，以接近冲击极限的速率回升，直到制动力已经达到设定值；第二个阶段，制动力再逐渐回升到滑行出现时的制动力值，到达这一点时，防滑控制就完成了。这个滑行修正的参数能达到优化系统控制的目的，并将反复出现滑行的可能性降到最小。

六、基础制动装置

基础制动采用单侧双闸瓦踏面单元制动机，每个轮对设有两个基础制动装置，每台转向架设有四个，其中一半带有停放制动功能，在转向架上对角安装。

停放制动由单元制动机上的储能弹簧提供制动力。在车辆无电、无压缩空气的情况下，可使列车安全可靠地停放在35‰的坡道上。停放制动可由司机在司机室进行整列车的施加操作，或进行充气缓解。检修作业或更换闸瓦时，也可通过拔出停放制动缸上的弹簧卸载销进行手动缓解。

单元四　KBWB模拟式电气指令制动系统的工作原理

KBWB模拟式电气指令制动系统采用模拟电—空联合制动控制方法，其控制原理如图7-22所示。电气指令由驾驶台上的司机控制器DCH发出，采用PWM方式调制，能进行无级控制。每个BCE控制同一节车的两个转向架。

一、输入信号

(1)制动指令线。根据司机手柄的位置由Encode编码器所下达的指令，是两个脉宽调制信号(2PWM)。

(2)制动信号LV。高电平时保持制动命令，防止车辆停车前的冲动，使车辆平稳停车。

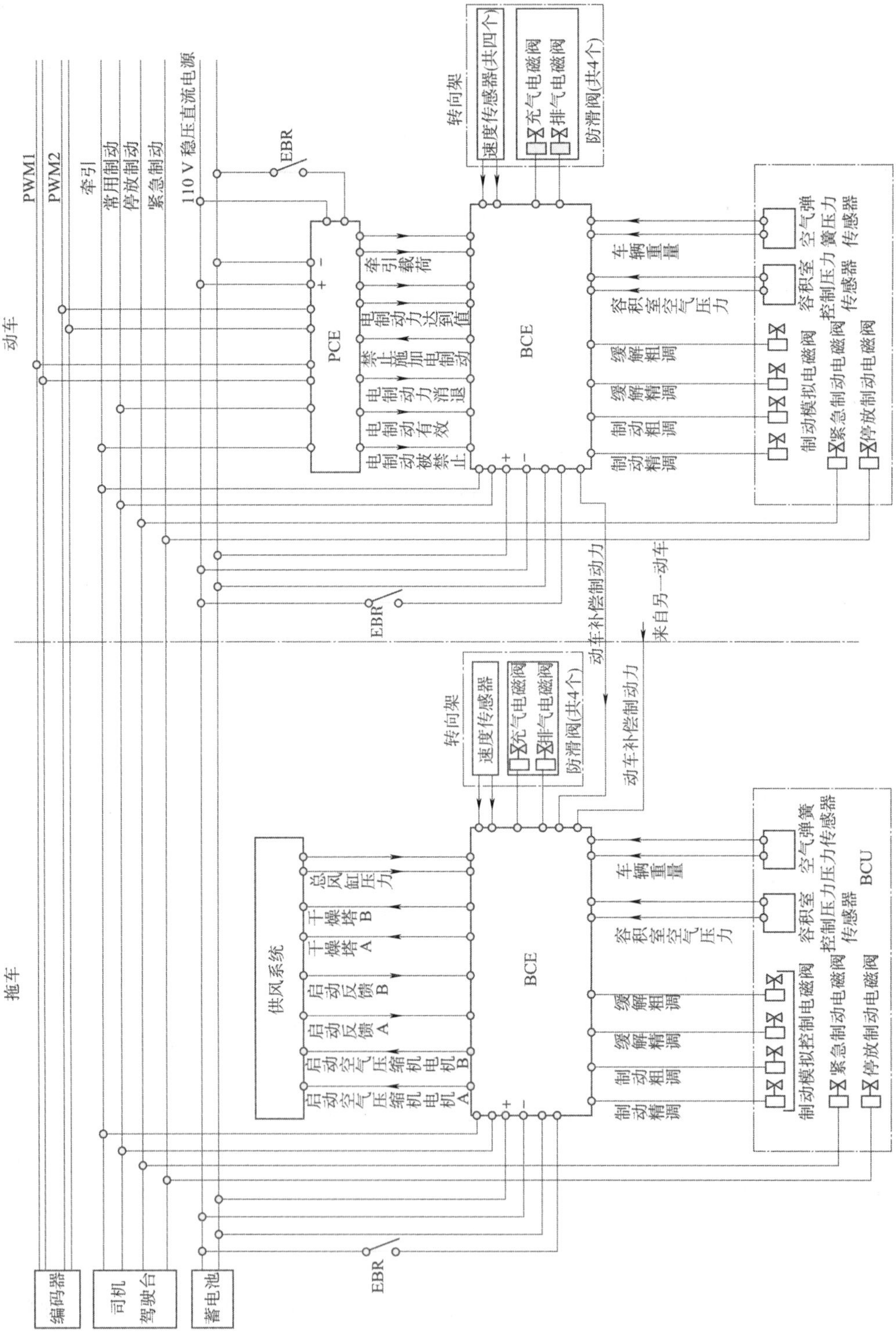

图7-22 空气制动电子控制原理

(3)负载信号的传递线。拖车载重信号将通过 FIP 线传输到动车的 BCE 装置。

(4)紧急制动控制信号。跳过电子制动控制信号系统,直接驱动 BCE 中的紧急阀动作的安全保护信号。

(5)保持制动信号,防止车辆在停止时溜车。

二、控制原理

(1)司机控制器或 ATO 发出制动信号,制动列车线被激活,发出制动指令。动车 PCE/BCE 及拖车 BCE 经过对电制动信号、电制动实际值和电制动滑行等综合计算后进行判断:如果运行速度在 18 km/h 以上,使用的主要制动模式是电制动,而以空气制动为辅。

(2)控制制动力大小的电流信号被编码器编译成两个 PWM 信号,PWM 信号由 PWM 列车线输出。

(3)PWM 信号触发牵引系统单元的逆变元件,使所有电机减速。为了使制动力效果最好,同时兼顾冲击极限的限制,总的制动力应综合考虑空气制动的载荷要求。

(4)当司机手柄上发出最大制动力指令时,制动列车线被激活,它将提供最大制动力(快速制动),达到紧急制动的性能(1.3 m/s^2 的减速度)。除非列车线 LV 被设为低电平,否则快速制动将一直保持激活。但快速制动是可逆的。

(5)当列车运行速度在 18 km/h 以下时,电制动取消,BCU 发出空气制动指令,制动控制功能由 BCU 独立完成。

三、控制过程

1. 常用制动和快速制动的实施

制动控制电子装置(BCE)和牵引控制电子装置(PCE)同时接收来自牵引和制动列车线的信号,并根据这些信号判定列车的运行工况。列车制动时,BCE 和 PCE 会同时接收到两个 PWM 制动减速度脉宽调制信号(一个来自 PWM1,一个来自 PWM2),并判断这两个信号的大小,取其中较大值作为制动减速度需求值。拖车 BCE 则根据本车载重计算出所需制动力的大小,但是此时拖车 BCE 控制本车的 BCU 只施加一个极小的制动力(仅使闸瓦刚好接触车轮踏面,并不加到需求压力),同时通过 FIP 网络向动车 PCE 发送本车的载重信号(PWM)。动车 PCE 根据动车的载重再加上 50% 的拖车载重计算出所需电制动力的大小。

电制动时再生制动和电阻制动交替使用。在网压高于 DC 1 800 V 时,再生制动能平稳地转到电阻制动。在整个运行速度范围内,电阻制动能单独满足制动的要求。在电制动力不足的情况下,动车和拖车分别根据各自车辆所接收的制动指令,同时施加空气制动。如果电制动有效,PCE 会给本车 BBCE 发送“电制动有效”指令,禁止 BCE 施加空气制动。

当电制动施加到需求值后,PCE 向 BCE 发送“电制动力已施加××”的 PWM 信号。如果电制动力足够,BCE 控制 BCU 不动作。如果电制动力达不到减速度要求,BCE 会控制 BCU 进行空气制动补偿。当电制动开始关闭时,PCE 会向 BCE 发送“电制动关闭”信号,BCE 立即进行补偿,最终可实现电空制动的平滑过渡。如果电制动无效,PCE 会给本车 BCE 发送“电制动被禁止”指令,那么 BCE 立即施加空气制动,同时向拖车 BCE 发送“动车补偿制动力无效”指令,通知拖车自行施加所需制动力。

在电制动失效或紧急制动过程中，空气制动将替代电制动且根据列车载重全部施加空气制动。

当列车低速运行时，由空气制动代替电制动，实施“保持制动”使整列车停车。当车辆启动时，“保持制动”由牵引指令根据车辆牵引力的不断增大进行缓解；应防止牵引力不足时制动先完全缓解而造成列车倒退。

如果某车空气制动缓解出现故障，可以操作安装在车端电器柜内的三通阀，隔断该车制动储风缸与总风管的通路。这时，制动储风缸的进气口会与车体底架下的排气口相通，排出制动储风缸内的空气。当制动储风缸空气压力下降后，制动控制单元主控阀旁通管上的止回阀（检测阀）打开，单元制动机缸内的压力空气经由三通阀排向大气，实现强迫缓解。

2. 紧急制动

电气控制线路中有一个 EBR 触点与列车自动保护（ATP）及模式开关等联锁。列车运行中 EBR 触点始终吸合，紧急制动列车线与紧急制动电磁阀常得电，BCE 不控制紧急制动电磁阀。但是，一旦触发紧急制动，EBR 触点断开，动车 BCE 接收到紧急制动信号后立即向 PCE 发出“禁止电制动”信号。在紧急制动期间，所有动车的牵引电源被立即切断，只有当列车完全停下来后才可以缓解。紧急制动的触发条件是：司机控制室内的“警惕”装置起作用；按下司机控制台上的紧急制动按钮；列车脱钩；紧急列车线环路中断或失电；主风缸压力过低；ATC 系统发出紧急制动指令等。

紧急制动电磁阀是一种双入口大口径电磁阀，常带电。在正常状态下，紧急制动电磁阀与制动储风缸相通的入口关闭，与控制腔室 X 相通的入口打开。一旦紧急制动触发，紧急制动电磁阀失电，与制动储风缸相通的入口立即开启，而与控制腔室 X 相通的入口关闭。制动储风缸内的空气经空重车调整阀进入主控阀控制腔室 Y，顶开充排气阀，快速响应紧急指令，施加紧急制动压力。紧急制动力的大小由空重车调整阀根据车辆载荷来进行调整。

3. 停放制动

停放制动不受 BCE 控制，司机按下停放制动按钮，停放制动列车线与停放制动电磁阀失电，立即施加停放制动。当司机再次按下停放制动按钮时，停放制动列车线得电，只要总风管空气压力高于某设定门槛值，将压力空气送入停放制动缸便能克服停车弹簧压力，使停放制动缓解。

EP 控制板内有一个停放制动缓解压力开关来显示停放制动的施加和缓解，司机可通过控制停放制动电磁阀来实施停放制动，以测试停放制动的性能及状态。

单元五　KBWB 模拟式电气指令制动系统的特点

KBWB 模拟式电气指令制动系统除了在上海地铁 AC03 型列车上使用外，还被用于南京地铁 1 号线的列车上。该制动系统实现了空气制动与电制动的高度结合，在系统上保证了车辆运行的安全。列车制动时不仅满足了电制动优先的要求并实现了电空混合制动的平滑过渡，还设有冲动限制以提高乘客乘坐舒适度。该系统成功地设计开发和应用是在于其以下几个特点：

（1）采用模拟式电气指令制动控制系统，模拟方式为 PWM。

(2)采用“拖车空气制动滞后控制”的制动控制策略,充分利用动力制动。

(3)采用充气、排气各两个电磁阀进行精确闭环控制实现 EP 信号转换。

(4)常用制动采用空重车调整信号加微机计算给定信号。

(5)紧急制动根据空重车调整信号限制冲动,采用单独回路控制、失电控制和纯空气制动。

(6)防滑控制采用动力制动和空气制动分别控制。

(7)整个制动系统采用模块化,结构紧凑,重量轻。

(8)制动控制系统具有故障诊断、故障存储及故障显示功能,同时通过网络进行数据交换和监控。

思考与练习题

1. KBGM 模拟式电气指令制动系统的制动控制单元 BCU 主要由哪些部件组成?

2. KBGM 模拟式电气指令制动系统的紧急阀的结构是怎样的?

3. KBGM 模拟式电气指令制动系统的称重阀是由哪些配件组成的?

4. KBGM 模拟式电气指令制动系统的均衡阀(中继阀)是由哪些配件组成的?并说明其作用原理。

5. KBGM 模拟式电气指令制动系统的模拟转换阀的结构组成是怎样的?

6. KBGM 模拟式电气指令制动系统称重阀的工作原理是怎样的?

7. KBWB 模拟式电气指令制动系统有什么特点?

8. KBWB 模拟式电气指令动系统的空气制动控制单元是由哪几部分组成的?各部分有什么作用?

9. KBWB 模拟式电气指令动系统的主控阀的结构组成是怎样的?

10. 简述 KBWB 模拟式电气指令制动系统制动控制单元 BCU 的工作原理。

11. 简述 KBWB 模拟式电气指令制动系统常用制动的工作原理。

12. 简述 KBWB 模拟式电气指令制动系统紧急制动的工作原理。

13. 简述 KBWB 模拟式电气指令制动系统停放制动的工作原理。

模块八　数字式电气指令式制动系统

学习目标

1. 了解 SD 型电空制动机的系统组成。
2. 掌握 SD 型电空制动机的工作原理。
3. 了解 SD 型电空制动机的特点。
4. 熟悉 HRDA 数字指令式制动系统组成。
5. 了解 HRDA 数字指令式制动电子控制单元。
6. 学会 HRDA 数字指令式制动控制单元。

城市轨道交通车辆制动系统中,数字式电气指令制动技术占据着至关重要的地位。本模块将深入探讨 SD 型电空制动机和 HRDA 数字指令式制动系统的构成与工作原理,帮助读者全面理解并掌握其在实际应用中的优势和特性。通过系统性地介绍 SD 型电空制动机的结构特点,以及 HRDA 数字指令式制动系统的电子控制单元与控制模块,读者将能够熟悉如何利用这些系统实现高效、精准的制动控制。本模块内容旨在为后续的系统操作与维护提供坚实的理论基础与实践指导。

单元一　SD 型电空制动机的系统组成及特点

SD 型电空制动机是中车长春轨道客车股份有限公司和中国铁道科学研究院集团有限公司等单位共同研制成功的国产直通式电空制动机,经过多年来的运行考验,它充分满足地铁车辆的特殊要求,且运行可靠,北京地铁有部分列车使用此种电空制动机。SD 型电空制动机属于直通式电空制动机制式。按指令传递系统区分,为数字式电气指令式;按制动执行装置区分,为七级膜板中继阀。

数字式电气指令制动控制系统是指 0 和 1 两个数字、在组成三位数时,除“000”外,还有“001”“010”“011”“100”“101”“110”“111”共七组数字组合。这样的数字式指令实际上是使用三根常用制动指令线并通过对应的三个电磁阀各自得电(相当于“1”)或失电(相当于“0”)组成的组合,从而获得七个不同级别的制动指令。因此数字指令实际上就是开关指令的组合。这样的分级控制的制动指令再通过具有多块气动膜板的七级中继阀动作,使制动缸获得恒定的七级压力。如果采用更多的指令线,可以获得足够多的制动指令和相应的制动缸压力,但根据一般的判断和需要,七级制动挡位已基本满足制动要求。

一、SD 型电空制动系统组成

SD 型电空制动系统主要是由制动控制器、空重车调整阀、七级中继阀、空电转换器、紧急电磁阀、备用电磁阀、双向阀、故障缓解电磁阀、控导阀以及备用开关各种控制线路等组成，如图 8-1 所示。

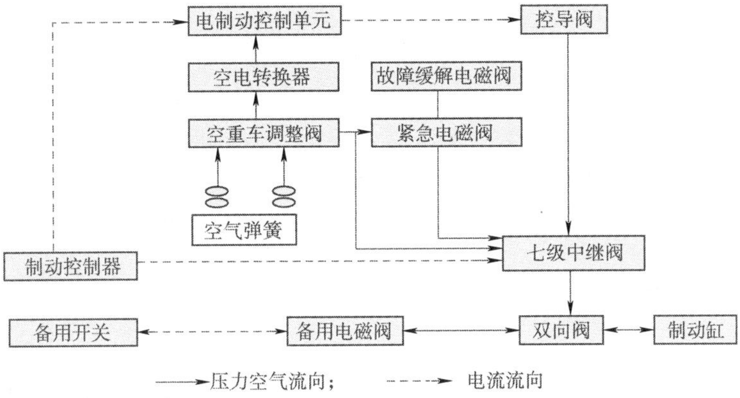

图 8-1　SD 型电空制动系统框图

1. 制动控制器

制动控制器是司机用来操纵列车进行制动及缓解作用的装置。制动控制器在司机的操纵下向列车的制动控制系统发出制动或缓解命令，即向电制动控制单元和七级中继阀发出指令。制动控制器共有八个不同的位置，分别是“运转位”和从 1 至 7 的七个常用“制动位”。

2. 空重车调整阀

空重车调整阀相当于一个称重装置，它根据空气弹簧的压力信号，即车辆负载的大小，输出相应的空气压力，并经七级中继阀来控制进入制动缸的压力空气的压力，使车辆保持恒定的制动率。

3. 七级中继阀

七级中继阀是一个将电信号转换成压力空气的电磁阀，它将来自于制动控制器的指令信号，通过三个电磁阀的交互作用，把空气压力输入膜板室，按不同的组合方式输出七个逐级等增量的常用制动空气压力值和一个紧急制动空气压力值提供给制动缸。此外，控导阀（EP 阀）将电制动的信号变为空气压力值输入到七级中继阀的混合器中，通过混合器的减法运算，减去电制动产生的制动力，使七级中继阀最终输出的是补充电制动不足部分的空气制动压力值。因此，七级中继阀实际上相当于一个空气加减法运算器。

4. 电空转换器

电空转换器是用来把车辆负载信号输送给电制动系统的一个空电信号变换器，它的作用是使电制动和牵引电流能与车辆负载相匹配。

5. 紧急电磁阀

紧急电磁阀是为保证行车安全而设置的一种紧急制动装置。当司机施行紧急制动或制动系统发生故障以及列车意外分离时，紧急电磁阀因失电而动作，并通过七级中继阀产生紧急制动作用。

6. 备用电磁阀

备用电磁阀的作用是当正常制动系统发生故障时，司机仍能通过操纵备用制动系统使列车进行制动、缓解作用，保证列车安全运行不间断的装置。

7. 双向阀

双向阀是为七级中继阀与备用制动系统交替使用而设置的切换阀。

8. 故障缓解电磁阀

故障缓解电磁阀是在正常制动系统发生故障而进行紧急制动后，改用备用制动系统时的缓解装置。

9. 控导阀

控导阀用来将电制动力的信号变为空气压力信号输入到七级中继阀的混合器里，通过该混合器的减法运算，使电制动力不足的部分由空气制动作用来补充。

二、SD 型电空制动系统的特点

与以往各种自动式电空制动机相比，SD 型电空制动机具有以下优点：

(1)该制动系统装有空重车调整装置，可根据车辆负载自动调节制动力大小，因此能实现列车恒定减速度，减少列车纵向冲动，使停车更加平稳。

(2)常用制动控制有七个不同等级，各级空气压力值变化均衡、上升时间基本一致，调速稳定、准确，操纵更加灵活方便。

(3)与列车自动控制系统的连接十分容易，与电制动配合较简单。在保证电制动优先作用下，空气制动能自动进行补偿，从而使列车制动力基本保持不变。这样既可以最大限度地提高电制动系统的利用率，减少了闸瓦磨耗，又大大提高了乘客的乘坐舒适度。

(4)对制动和缓解指令反应快，作用迅速，空走时间较短，因此制动距离短。

(5)设有紧急制动系统，当列车施行紧急制动时，列车能迅速调用全部空气制动能力实行紧急制动。

(6)设有备用制动系统，当常用制动系统发生故障时，可启用备用制动系统，保证列车行车安全，无须中断运行。

(7)整个装置结构简单，除制动控制器、备用制动开关等以外，其他装置均装在一块集成板上，简化了管路，减轻了重量，制动装置中广泛采用了 O 形密封圈、橡胶膜板，使结构简单，作用可靠，维修简便，并可延长检修期。

当然，SD 型电空制动机也有缺点，由于采用有级的制动力控制，决定了它的控制精度较低。此外，控导阀的制作工艺较为复杂，因此其性能受材料和工艺的影响较大。

单元二　SD 型电空制动机的工作原理

SD 型电空制动机的基本作用原理是：根据运行的需要，司机操纵制动控制器发出制动指令或缓解指令，控制七级中继阀上的三个电磁阀交替励磁和失磁，将空重车调整阀的输出压力输入到七级中继阀的相应膜板室内进行加碱法运算，从而输出七个等增量压力供给制动缸以产生不同级别的制动作用，或者使制动缸压力空气经七级中继阀排向大气发生缓解作用。当空气制动和电制动配合使用时，控导阀将有电制动作用时检测出的电流信号按一定比例变换成空气压力信号输入到七级中继阀的混合器里，与指令压力进行减法运算，使电制动力不足指令压力的部分由空气制动进行补充。

SD 型电空制动机主要部件的构造及作用原理如下。

一、空重车调整阀

空重车调整阀的用途是：根据车辆载重的变化（即根据乘客多少的变化）自动调节其输出压力空气的压力，通过七级中继阀的作用，使车辆保持恒定的制动率。空气弹簧的压力变化直接反映了乘客多少的变化，考虑到车辆载重的不平衡，采取前、后转向架对角的两个（即“1 位”“4 位”或“2 位”“3 位”）空气弹簧的压力作为空重车调整阀的输入压力信号，这样就能直接准确地使空重车调整阀输出压力大小与乘客多少即车辆载重成一定比例关系。

1. 构造

空重车调整阀由上面的压力供排部、中间的弹簧调整部和下面的空气弹簧压力平均运算部共同组成，如图 8-2 所示。压力供排部分由弹簧 1、给排阀 2、均衡活塞杆 3、节流孔 4 、均衡活塞 5 和膜板 6 组成。弹簧调整部分由上调整弹簧 7、上调整螺母 8、下调整弹簧 9 和下调整螺母 10 组成。空气弹簧压力平均运算部分由活塞杆 11、大活塞 12、大膜板 13、小活塞 14 和小膜板 15 组成。

空重车调整阀共有五条空气通路：

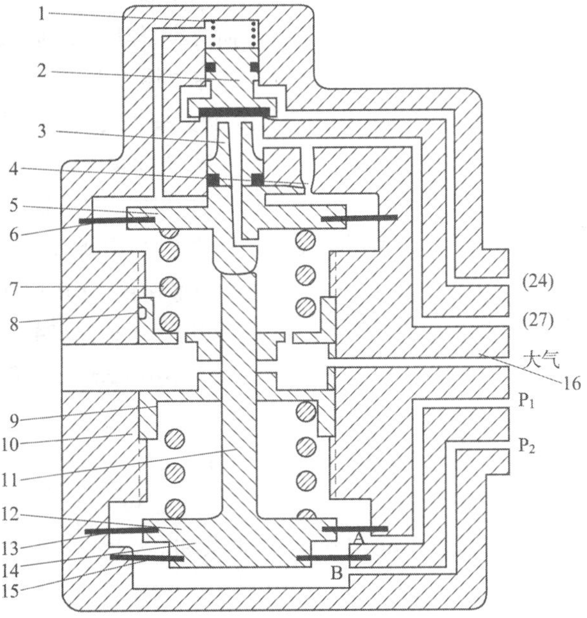

1—弹簧；2—给排阀；3—均衡活塞杆；4—节流孔；5—均衡活塞；6—膜板；7—上调整弹簧；8—上调整螺母；9—下调整弹簧；10—下调整螺母；11—活塞杆；12—大活塞；13—大膜板；14—小活塞；15—小膜板；16—中间孔；(24)—总风缸；(27)—空重车调整阀输出通道；P_1、P_2—分别通“1 位”“3 位”或“2 位”“4 位”空气弹簧压力输出。

图 8-2　空重车调整阀

(1) 通路(24)连接总风缸；

(2) 通路(27)连接空重车调整阀输出通道；

(3) 中间孔通 16 大气；

(4) Pl 和 P2 分别连接两个转向架空气弹簧的压力信号输出（分别连接“1 位”“3 位”或“2

位”“4 位”空气弹簧）。

2. 作用原理

当车辆处于空车状态时，空气弹簧的压力空气作用于大膜板 13 和小膜板 15，其向上的作用力恰与下调整弹簧 9 的弹力相平衡，这时活塞杆 11 刚刚与均衡活塞杆 3 相接触而无力的作用，因此不能推动均衡活塞杆 3 向上移动，所以这时空重车调整阀的输出压力与空气弹簧压力大小无关。此时的空重车调整阀输出压力的大小是由上调整弹簧 7 进行调整的。均衡活塞 5 在上调整弹簧 7 的作用下上移，均衡活塞杆 3 顶部的小阀口首先与给排阀 2 相接触，关闭了通大气的通路，继而顶开给排阀 2，打开给排阀下部的大阀口。因此，总风缸的压力空气经通道（24）进入，到达给排阀下部的大阀口，再经通路（27）输出供给七级中继阀、紧急电磁阀和空电转换器。同时一部分压力空气经节流孔 4 供至均衡活塞 5 的上侧，当均衡活塞 5 上侧的压力空气作用力与上调整弹簧 7 作用力相平衡时，均衡活塞 5 下移，给排阀在其自身弹簧 1 的作用下下移，关闭下部大阀口，切断通路（24）至通路（27）的通道，停止总风缸向七级中继阀等处供给压力空气，而通大气的通路此时仍然关闭。这时输出压力值相当于上调整弹簧 7 的调整压力值。当空车状态时，空气弹簧输出压力为 260 kPa，空重车调整阀的输出压力可通过上调整弹簧 7 调整为 300 kPa。运行中，当输出压力低于 300 kPa 时，空重车调整阀发生动作，自动补充至 300 kPa。

当车辆载重增加时，空气弹簧的压力随乘客增加而升高，作用在大膜板 13 和小膜板 15 下侧的空气压力也随之增加，大活塞 12、小活塞 14 在增加的空气压力作用下，压缩下调整弹簧 9 使活塞杆 11 上移，从而推动均衡活塞 5 及其活塞杆 3 上移，首先使得均衡活塞杆 3 顶部与给排阀 2 接触，关闭了小阀口也即关闭了空重车调整阀通大气的通路，进而顶开给排阀 2，打开给排阀下部的大阀口，使总风缸的压力空气由通道（24）进入经大阀口再经通道（27）输出向七级中继阀等处供气，同时有部分压力空气经节流孔 4 向均衡活塞 5 上侧供气，当均衡活塞 5 上侧的压力空气作用力与空气弹簧压力空气作用力（有 P1、P2 口进入）及上调整弹簧 7 作用力平衡时，均衡活塞 5 下移，给排阀的大阀口在其自身弹簧 1 的作用下下移关闭，切断了通路（24）至通路（27）的通道，空重车调整阀停止输出压力空气。当两个空气弹簧压力均为 420 kPa 时，空重车调整阀输出压力设计值（调整值）为 420 kPa；当空气弹簧压力由 260 kPa 逐渐升至 420 kPa 时，空重车调整阀的输出压力由 300 kPa 呈线性关系增至 420 kPa。

空气弹簧压力与空重车调整阀输出压力的关系如图 8-3 所示。

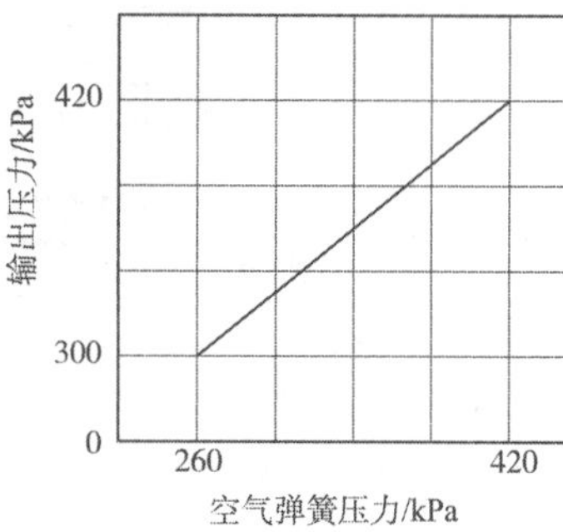

图 8-3　空气弹簧压力与空重车调整阀输出压力的关系

当乘客减少时，空气弹簧压力随之下降，均衡活塞 5 在压力差作用下向下移动，活塞杆 3 的空心杆小阀口离开给排阀 2，通路（27）的压力空气及均衡活塞 5 上侧的压力空气随即通过活塞杆 3 的空心通道排向大气，输出压力降低，直至均衡活塞 5 上侧的压力空气作用力与空气弹簧压力空气作用在大膜板 13、小膜板 15 上的作用力重新平衡时为止。此时均衡活塞 5 上移，其活塞杆上的空心杆小阀口与给排阀 2 接触，遮断大气通路成为平衡状态。这样，空重车调整阀的输出压力就与新的车辆载重相适应。

如果空气弹簧因破损而无压力空气时，由于上调整弹簧 7 的作用，能在任何载重情况下保证空重车调整阀能输出空车时的空气压力为 300 kPa。

二、七级中继阀

七级中继阀是一个通过电气控制的，并能进行加减法运算的中继阀。来自制动控制器的指令信号，通过七级中继阀的三个电磁阀交替励磁和失磁，将来自于空重车调整阀的压力空气充入七级中继阀的各个膜板室内，按不同的组合方式相加减，以输出七个压力逐级增加的压力空气送入制动缸产生制动作用，或将制动缸压力空气经七级中继阀排向大气进行缓解作用。

1. 构造

七级中继阀构造如图 8-4 所示，上部为三个常用制动电磁阀（CZF_1、CZF_2、CZF_3）、压力给排阀 6；中间是中继阀；下部是混合器和常用制动膜板组；一侧有七条空气通路。

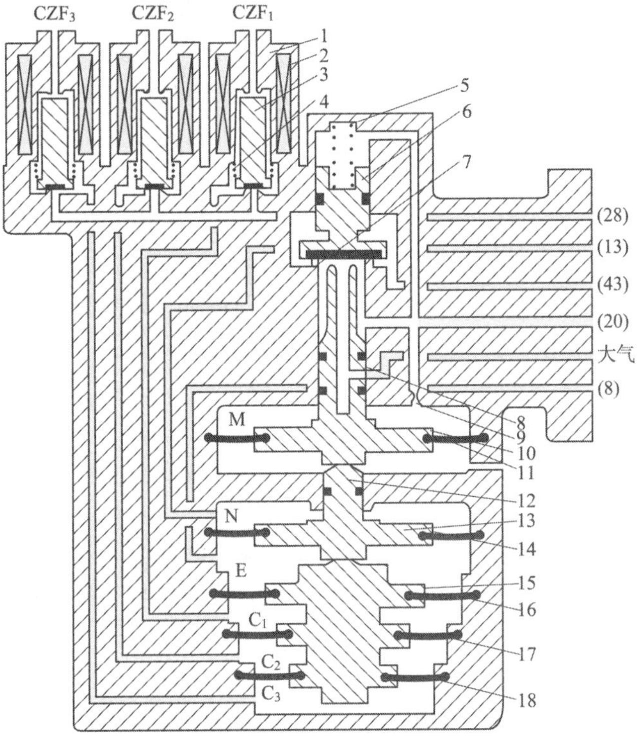

1—阀体；2—线圈；3—铁芯；4—弹簧；5—给排阀弹簧；6—给排阀；7—大阀口；8—作用杆；9—节流孔；10—均衡活塞；11—均衡膜板；12—活塞杆；13—活塞；14—混合器膜板；15—常用制动膜板组活塞；16—常用制动上膜板；17—常用制动中膜板；18—常用制动下膜板。

图 8-4　七级中继阀

（1）常用制动电磁阀

常用制动电磁阀是三个 Q23 × D 型电磁阀，工作电压为 110 V，它由阀体 1、线圈 2、铁芯 3 和弹簧 4 组成。它有三个阀口和三条空气通路。三个阀口分别为上阀口、侧阀口和下阀口。三条通路分别为：

①空重车调整阀的压力空气由通路（28）通至各电磁阀下部阀口；

②顶部阀口通大气；

③下部侧面通路分别通至各膜板室。

当电磁阀得电励磁时，铁芯由于电磁力的作用被吸上移，这时电磁阀的下阀口与侧阀口相通，将来自于空重车调整阀的压力空气由通路(28)进入到大电磁阀的下阀口，再由下阀口到侧阀口，直至与之相对应的膜板室；同时上部通大气的口被关闭。

当电磁阀无电失磁时，铁芯下移，这时电磁阀的下阀口与侧阀口的通道被关闭，侧阀口通过铁芯下部的间隙与上阀口相通，这时与侧阀口相对应的膜板室的压力空气将会通过上阀口排向大气。

(2)压力给排部

压力给排部是连通总风缸到制动缸或制动缸通大气的机构。它由弹簧5、给排阀6、大阀口7、作用杆8、节流孔9、均衡活塞10、和均衡膜板11组成。作用杆8的空心通路与大气相通，活塞10下侧通大气。作用杆8下端与混合器活塞杆12相接触。当膜板室充入压力空气时，作用杆8向上移动，首先关闭排气小阀口，然后顶开给排阀，再打开大阀口，使从通路(43)传来的压力空气经给排阀大阀口到通路(20)再进入制动缸。当膜板室的压力空气排出时，作用杆向下移动，给排阀落在大阀口上，作用杆上的排气口离开了给排阀，使制动缸内的压力空气经作用杆顶部的小阀口到作用杆的空心通路，再经排气口排向大气。当均衡膜板11上方M室的压力空气与作用在膜板组上的压力空气平衡时，作用杆处于中间位置，给排阀压在大阀口上，切断从通路(43)到通路(20)的通道，作用杆顶部的小阀口仍与给排阀接触，制动缸压力空气处于保压状态。

给排阀柱塞上装有两个O形密封圈，柱塞上方通过内部气路与制动缸相通，其目的是减少给排阀的背压。

(3)中继阀

中继阀是由中继活塞10、均衡膜板11、作用杆8组成。作用杆上装有两个O形密封圈，作用杆的空心通路与大气相通，均衡活塞下方通大气。作用杆下端与混合器活塞杆相接触。

(4)混合器

混合器由活塞杆12、活塞13和混合器膜板14组成。膜板上方N室通控导阀，膜板下方E室通紧急电磁阀。混合器是将控导阀输出的空气压力(此压力与电制动力相当)与常用制动膜板组的作用力进行减法运算的机构。

(5)常用制动膜板组

常用制动膜板组由上、中、下(分别为16、17、18)三个膜板及活塞15组成。膜板活塞的有效作用面积比为

$$S_{上}:S_{中}:S_{下}=7:6:4$$

膜板组16、17、18下方分别对应C_1、C_2、C_3三个气室，他们分别与CZF_1、CZF_2和CZF_3三个常用电磁阀的下阀口相通。膜板组的作用是根据制动控制器的电气指令转变为相应的指令空气压力，以使制动缸得到应有的空气压力。

(6)空气通路

七条空气通路分别为：

①(28)通路是七级中继阀的输入通路，其压力空气来自于空重车调整阀的输出通路。

②(13)通路是七级中继阀的输入通路，其压力空气来自于控导阀的输出通路，其压力大小与电制动系统产生的电制动力相当。

③(43)通路是七级中继阀的输入通路，其压力空气来自于总风缸。

④(20)通路是七级中继阀的输出通路，其压力空气直接输出到制动缸。

⑤作用杆 8 的空心通路到大气。

⑥(8)通路是七级中继阀的输入通路,其压力空气来自于紧急电磁阀,其压力大小与总风缸压力相当。

⑦均衡活塞下方通大气。

2. 作用原理

(1)常用制动(无电制动参与)

常用制动时由司机操纵制动控制器,根据制动的不同要求,给出不同级别的制动指令,并使三个常用电磁阀 CZF_1、CZF_2 和 CZF_3 产生励磁和失磁的不同组合,三个常用膜板室分别充气或排气,根据其组合的不同,制动缸可得到逐级增加的七个压力值。

当司机操作控制器发出 1 级制动指令信号时,即给出“001”指令,这时仅 CZF_1 电磁阀得电励磁。此时,空重车调整阀的输出压力空气经 CZF_1 的下阀口、侧阀口进入 C_1 室,其空气压力将同时作用在上膜板 16 和中膜板 18 上。由于上膜板和中膜板的有效面积比为 $S_{上}:S_{中}=7:6$,故常用膜板组受到 1 级向上的作用力,它通过活塞杆 12 传递给作用杆 8,使该作用杆 8 向上移动,首先关闭作用杆顶部的小阀口,进而顶开给排阀 6,打开大阀口 7,使总风缸压力空气经通路(43)、大阀口 7、通路(20)进入制动缸,同时还有部分压力空气经节流孔 9 进入均衡活塞 10 上侧的 M 室,以平衡膜板组的作用力。

当制动缸的空气压力也即作用在均衡活塞 10 上侧的空气压力产生的向下作用力与作用在膜板组上空气压力所产生的向上作用力相平衡时,均衡活塞 10 带动作用杆 8 向下移动,给排阀 6 在其弹簧作用下关闭大阀口 7,七级中继阀处于保压状态,制动缸压力停止上升而保压。制动缸压力如有漏泄可自动得到补充。

(2)常用制动缓解

当司机移动制动控制器手柄于“运转位”时,CZF_1 电磁阀无电失磁,C_1 室的压力空气经 CZF_1 上方排气孔排向大气,均衡活塞 10 在制动缸空气压力作用下向下移动,作用杆 8 离开给排阀 6,开启大阀口,沟通了由制动缸经通路 20 到达大阀口,再经作用杆 8 的空心通道到大气的通路,制动缸压力空气排出,车辆随之呈缓解状态。

1 ~ 7 级的常用制动及缓解作用的动作过程完全一样,只是不同级别的常用制动可以得到不同的制动缸压力。常用制动 1 ~ 7 级电磁阀励磁和失磁膜板室作用的组合排列见表 8-1。

表 8-1　常用制动 1 ~ 7 级电磁阀励磁和失磁及各膜板室充气情况汇总表

制动控制器手柄位置		电磁阀励磁、失磁				充气膜板室	输出压力等级	
		CZF	CZF_1	CZF_2	CZF_3			
运转位		○	—	—	—	无	无	无
常用制动区	1	○	○	—	—	C_1	7 - 6	1
	2	○	—	○	—	C_2	6 - 4	2
	3	○	○	○	—	C_1+C_2	(7 - 6) + (6 - 4)	3
	4	○	—	—	○	C_3	4	4
	5	○	○	—	○	C_1+C_3	(7 - 6) + 4	5
	6	○	—	○	○	C_2+C_3	(6 - 4) + 4	6
	7	○	○	○	○	$C_1+C_2+C_3$	(7 - 6) + (6 - 4) + 4	7
紧急制动位		—	—	—	—	E	8	8

注:“○”表示有电励磁,“—”表示无电失磁。

当车辆载重不变即空重车调整阀输出压力一定时，七级中继阀各级输出压力与空重车调整阀输出压力的关系如图 8-5 所示。

(3)空气制动和电制动配合使用

空气制动和电制动(再生制动和电阻制动)配合使用时，在一定级别的制动指令情况下要求当电制动力增加时，制动缸压力减小；当电制动力随速度下降而减小时，制动缸压力能自动上升，以补偿电制动力的不足，使总制动力保持制动指令的要求。七级中继阀中的混合器就是起到这个作用。

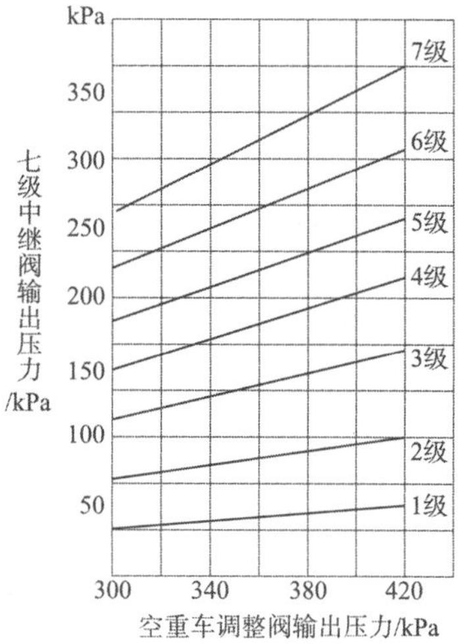

图 8-5　七级中继阀各级输出压力与空重车调整阀输出压力的关系图

施行常用制动，当电制动充分发挥作用时，相应于电制动力的压力空气由控导阀经通路(13)进入混合器膜板上侧 N 室，给膜板以向下的作用力。这个向下的作用力与作用在 C_1、C_2、C_3 室的压力空气的向上的作用力相减，其作用力之差便推动均衡活塞 10 上移，使作用杆 8 顶开给排阀 6，打开大阀口 7，总风缸压力空气经通道(20)、大阀口 7 进入制动缸，使制动缸保持 60 kPa 左右的预压力，以便克服制动缸缓解弹簧的张力及其他阻力，使闸瓦贴靠车轮，做好随时迅速增加空气制动力的准备。

当电制动力衰减时，N 室的空气压力也随之下降，使 C_1、C_2、C_3 室的向上作用力与 N 室的向下的作用力之差值增大，制动缸压力便随之增大，以此来实现空气制动自动补偿电制动的不足，达到制动力符合制动指令的目的。

(4)紧急制动

紧急制动电磁阀(即紧急电磁阀)CZF 是经常带电励磁的，当施行紧急制动时，紧急电磁阀断电失磁，其铁芯被弹簧上推，于是上阀口关闭，下阀口开启。由空重车调整阀输出的压力空气经紧急制动阀 CZF 内的通路和通路(8)进入七级中继阀 E 室，推动均衡活塞 10 上移，顶开给排阀，打开大阀口使总风缸的压力空气流向制动缸而发生紧急制动作用。同时，流向制动缸的压力空气也流入均衡活塞 10 上侧室以平衡 E 室的作用力。由于膜板面积的关系，紧急制动时制动缸压力比常用制动七级的制动缸压力高 10% 左右。

三、控 导 阀

控导阀为电—空转换装置，也称 EP 阀。当空气制动和电制动配合使用时，它将电制动检测出的电流信号(代表电制动力的大小)按一定比例关系转换为空气压力信号。将此空气压力信号输进七级中继阀与指令信号比较，以实现空气制动与电制动的协调配合。

1. 构　　造

控导阀的结构如图 8-6 所示，它主要由空气作用部分和电磁部分所组成，共有两条通路。

空气作用部分主要由弹簧 1、给排阀 2、作用杆 3、节流孔 4、均衡活塞 5 和均衡膜板 6 组成。

电磁部分主要由顶杆 7、外壳 8、线圈 9、铁芯 10、钢球 11、引线 12 组成。

它与外界由两条通路：(1)通路(48)与总风缸相通；(2)通路(14)与七级中继阀的混合器

N 室相通。

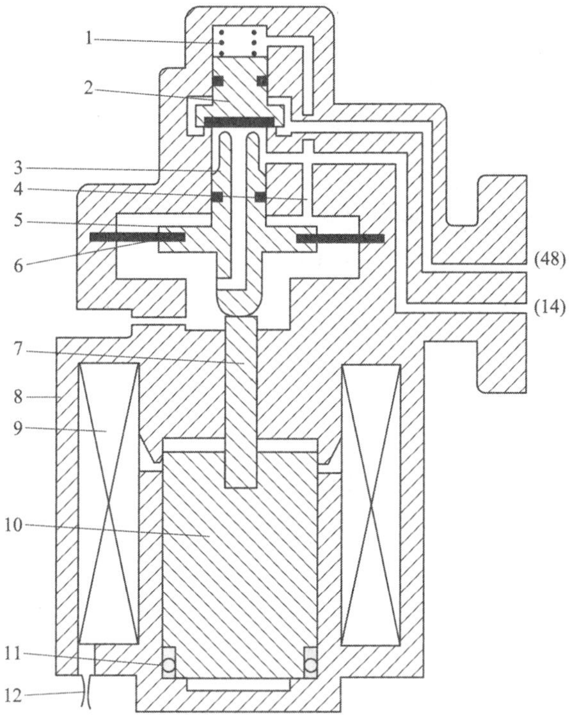

1—弹簧；2—给排阀；3—作用杆；4—节流孔；5—均衡活塞；6—均衡膜板；
7—顶杆；8—外壳；9—线圈；10—铁芯；11—钢球；12—引线。

图 8-6　控导阀

2. 作用原理

当不使用电制动时，控导阀电磁线圈处于无电状态，铁芯连同顶杆处于最下端位置，活塞坐落在顶杆上。此时，七级中继阀混合器的 N 室经通路(14)及控导阀作用杆的空心通路与大气相通。给排阀在其弹簧作用下关闭大阀口，切断总风缸到(14)的通路。控导阀没有输出压力信号。

当使用电制动时，线圈通电，铁芯被吸上移，推动顶杆、活塞上移，先关闭作用杆的空心通路，继而将给排阀顶开，打开大阀口，于是，总风缸压力空气经通路(48)到达开启的给排阀口，再经通路(14)到七级中继阀混合器 N 室，参加运算。与此同时，通路(14)压力空气经节流孔充入均衡活塞 5 上腔。当吸引铁芯的力与均衡活塞 5 上腔压力空气所产生的作用力平衡时，给排阀 2 在其弹簧作用下关闭阀口，切断总风缸到混合器 N 室的供气通路，控导阀呈保压状态。

当电制动力增大，从而使线圈内电流增大时，铁芯再次上移顶开给排阀，总风缸继续向混合器 N 室供气，N 室空气压力增高；反之，当电制动力减小，从而使线圈内电流减小时，则 N 室空气压力相应降低。向 N 室供风的大小与线圈中的电流有关，电流越大，供给 N 室内的空气压力越高；反之，当线圈中的电流减小时，供给 N 室内的空气压力就下降。

必须指出，控导阀的输出压力与电制动时输出的电流信号不成线性关系，这是由于磁性材料的特性决定的，为此采用了一套控制线路使控导阀输出压力与电制动力具有较好的线性关系。

图 8-7 是控导阀与控制线路的配合特性曲线，从该图中可以看出，虚线 1 是控导阀特性曲线，当输入电流增加时，输出压力呈略微下降的趋势；虚线 2 是控制线路特性曲线，在输入电流增加的同时，输出电流增加得略快些，利用这个特点就能使控导阀的综合输出特性呈线性变化；实线 3 就是控导阀的综合输出特性。

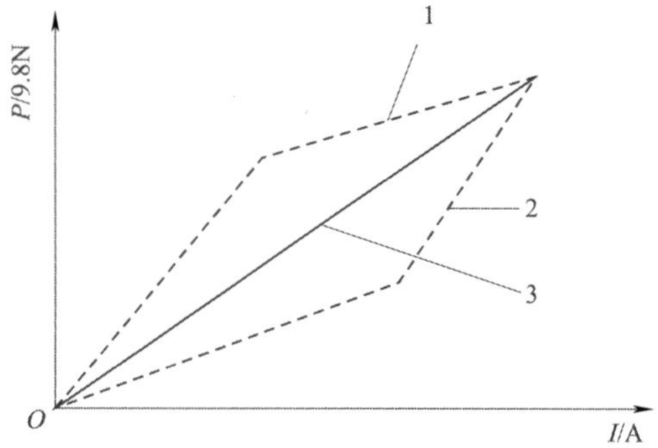

1—控导阀特性；2—控制线路特性；3—综合输出特性。

图 8-7 控导阀与控制线路配合特性

四、空电转换器

空电转换器是将空气压力变换成电信号的空电转换装置，它的作用是将空重车调整阀的输出空气压力转换为电信号，以供给动车进行牵引和电制动使用，使牵引力和电制动力也随着车辆载重不同来改变。这样一来，空电转换器能根据载重的大小来调整牵引力和电制动（再生制动和电阻制动）的制动力。

1. 构　造

空电转换器由压力传感部分和差动变压器部分组成，如图 8-8 所示。

压力传感器部分是由 S 形膜板 7、活塞 6、杆 4、弹簧 5、阀体 3、铁芯 2 和线圈 1 等组成。空电转换器仅有一条连通空重车调整阀的通路。从空重车调整阀输出的空气压力经该通路到达活塞 6 下方的腔室内。

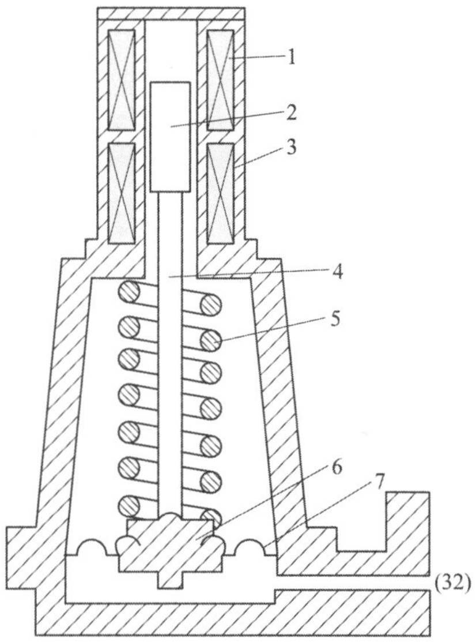

1—线圈；2—铁芯；3—阀体；4—杆；5—弹簧；6—活塞；7—S 形膜板。

图 8-8 空电转换器

2. 作用原理

差动变压器部分是把压力传感部分的机械位移量转换为相应的电压或电流值。差动变压器的线圈采用二段式，一次侧线圈供给 400 Hz、24 V 交流电；二次侧的两组线圈是反接的，铁芯处于中间状态时，其输出电压为零。差动变压器部分主要由引线抽头、线圈、铁芯和外壳组成。图 8-9 是差动变压器的接线图。该图中，Es 为二次侧线圈的输出电压，Es = Es1 — Es2，其中 Es1 为二次侧线圈 3、4 端电压，Es2 为二次侧线圈 5、6 端电压。

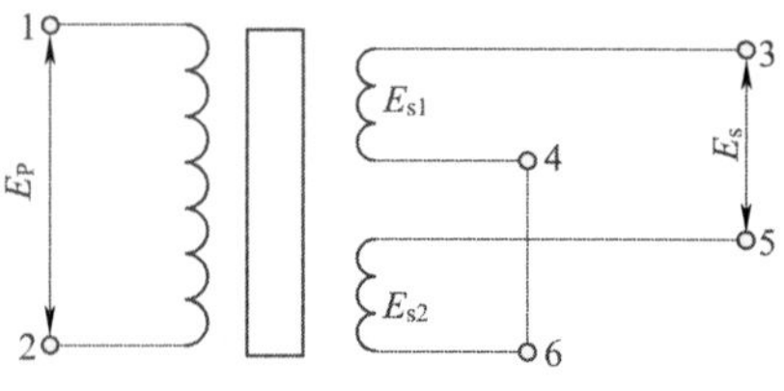

图 8-9 差动变压器的接线图

空重车调整阀的输出压力经通路进入空电

转换器活塞下方的腔室内，推动活塞6向上移动，并压缩弹簧5使杆4带动铁芯2产生一定的位移，这时在差动变压器的一次侧线圈中，由于有一定的交流电压，使线圈1励磁：即产生以铁芯2为磁路中心的交变磁通，二次侧线圈感应出交流电压，感应出的二次电压随着铁芯2位移而变化。当铁芯2在中心位置时，二次侧的差值电压Es值为零；当铁芯位置离开铁芯2的中心位移越大，二次电压Es值成比例地增加。反之，当上述位移减小时，则Es值也随着减小。

图8-10所示为空电转换器空气压力与差动变压器输出电压的关系。

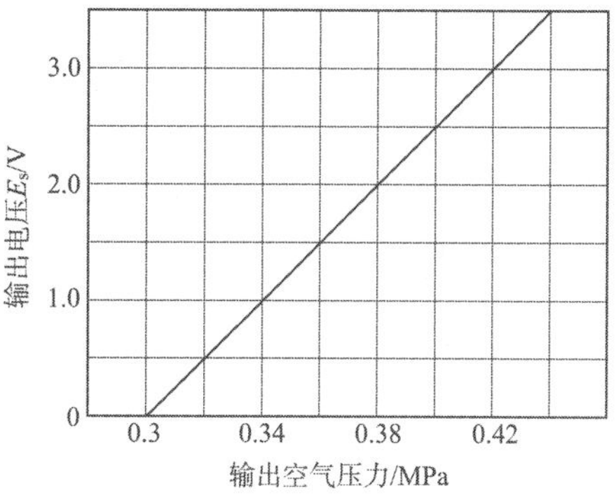

图8-10　空电转换器空气压力与差动变压器输出电压的关系

五、紧急电磁阀

紧急电磁阀（CZF）是当常用制动发生故障时，为保证行车安全使列车紧急停车的一种电磁阀，如图8-11所示。

电磁阀一般在下述情况下发生紧急制动作用：

（1）司机控制器手柄转至“紧急位”时；

（2）整列车中某个车钩分离时；

（3）主控制线路断线时；

（4）常用制动电气指令突然中断时；

（5）列车自动控制系统发出紧急制动指令时。

紧急电磁阀是经常带电的制动装置，只有发生紧急制动时是失电状态。它的电磁铁可在79～127 V的电压范围内工作，其工作范围大于直流110 V，电压波动在79～124 V之间。

1. 构　　造

紧急电磁阀主要由阀体1、线圈2、铁芯3、上阀口4、阀5、弹簧6和下阀口7等组成，它有两个接口［图8-11中的(55)和(58)两个接口］，还有一条经上阀口上部直通大气的通路。

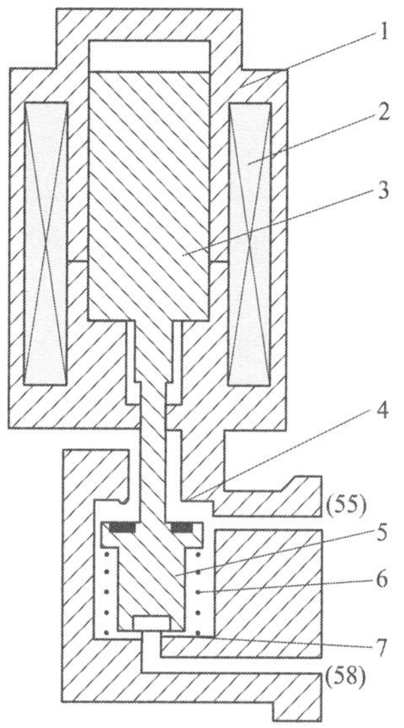

1—阀体；2—线圈；3—铁芯；4—上阀口；
5—阀；6—弹簧；7—下阀口。

图8-11　紧急电磁阀

2. 作用原理

紧急电磁阀带电时，线圈通有110 V（额定值）的直流电，线圈通电后产生磁力，其铁芯3被吸下移，同时阀5下移，上阀口4开启，下阀口7关闭，使通路(55)与大气相通，(58)与(55)的通路被切断，这样使七级中继阀的紧急室E通向大气。

当发生紧急制动时，电磁阀无电消磁，则弹簧6推动阀5，关闭上阀口4，使通路(58)与通路(55)连通，这样，由空重车调整阀输出的压力与七级中继阀的E室相通，产生紧急制动作用。

当紧急电磁阀恢复供电后，铁芯3又被吸而向下移动，推动阀5，关闭下部阀口7，切断通路(55)和通路(58)，并使通路(55)与大气相通，七级中继阀紧急室E的压力空气经七级中继阀输出接口(8)进入紧急电磁阀的通路(55)再排向大气,制动机缓解。

由于地铁车辆的直流 110 V 电压波动比较大(低压可达 79 V,高压可达 124 V),而空气压力也随着车辆载重的大小而变化,空车时空气压力为 300 kPa,重车时空气压力为 420 kPa。在上述情况下,紧急电磁阀应能可靠地工作。当处于不同空气压力时,电磁阀的启动电压和释放电压曲线如图 8-12 所示。

由曲线 1 可以看出,当压力空气从 0.1 MPa 上升到 0.5 MPa 时,它的启动电压从 42 V 转变到 50 V;曲线 2 表示电磁阀的释放电压从 18 V 转变到 24 V。

当直流电压为 124 V 时,电磁阀的温升曲线如图 8-13 所示。

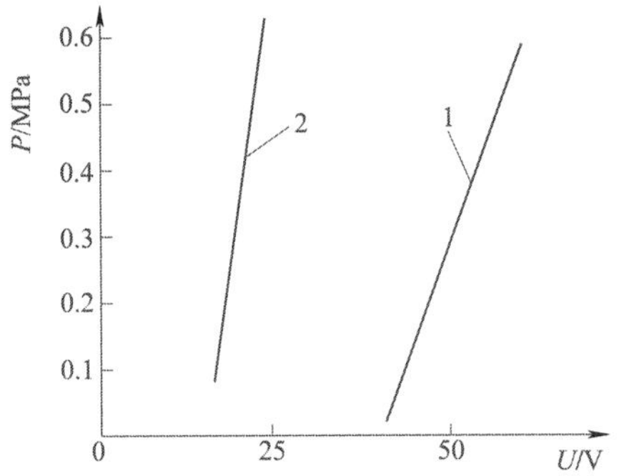

1—启动电压曲线;2—释放电压曲线。

图 8-12　电磁阀的启动电压和释放电压曲线

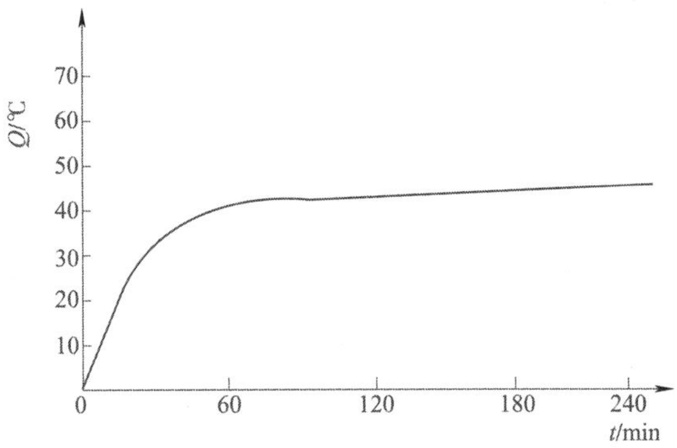

图 8-13　电磁阀的温升曲线

由图 8-13 可以看出,在 124 V 经常带电的情况下温升的最大值为 41.3 ℃(允许 65 ℃),这就可以保证紧急电磁阀在长时间带电情况下不致烧坏线圈。

六、故障缓解电磁阀

1. 构　　造

故障缓解电磁阀(QZF)的构造与紧急电磁阀完全相同,如图 8-14 所示。主要由阀体 1、线圈 2、铁芯 3、上阀口 4、阀 5、弹簧 6 和下阀口 7 等组成,它有两个接口[图 8-14 中的(59)和(62)两个接口],还有一条经上阀口上部直通大气的通路。并且故障缓解电磁阀的(59)通路与紧急电磁阀的(58)通路相通。

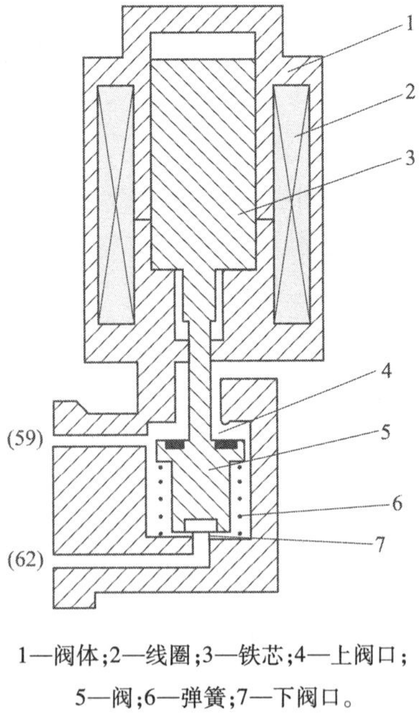

1—阀体;2—线圈;3—铁芯;4—上阀口;5—阀;6—弹簧;7—下阀口。

图 8-14　故障缓解电磁阀

2. 作用原理

它的作用主要是为了切断由空重车调整阀到紧急电磁阀的空气通路,并可以使紧急制动后的制动机缓解,即排出七级中 E 室内的压力空气。

在常用制动系统能正常使用时,故障缓解电磁阀始终处于失电状态。只有当紧急制动后才常用制动又不能正常使用时，便可使用故障缓解电磁阀进行缓解，缓解后改用备用制动系统起作用。

缓解时使故障缓解电磁阀得电励磁，铁芯3被吸下移，带动阀5下移，开启上阀口4，关闭下阀口7。故障缓解电磁阀的(59)通路与大气相通，同时(62)与(59)通路被切断。由于故障缓解电磁阀的上通道(59)与紧急电磁阀的下通道(58)连通，因此就能将紧急制动后七级中继阀中E室的压力空气通过联通的紧急电磁阀的(55)通道到(58)通道到故障缓解电磁阀(59)通道到上阀口4与大气连通，从而使车辆强迫缓解。在使用备用制动系统过程中，故障缓解电磁阀一直保持在励磁状态。

故障缓解电磁阀励磁，排出紧急制动后的制动缸压力，同时切断了空重车调整阀至紧急制动后电磁阀的空气通路。

七、备用制动系统电磁阀

为了确保行车安全，地铁车辆上必须设有备用制动系统。当常用制动系统因故障不能使用时，可以使用备用制动系统，以保证乘客和列车的安全。备用制动系统的电磁阀有两个，分别为备用制动电磁阀BZF1和备用保压电磁阀BZF2，它由MFZ1-4D型110 V直流电磁阀和由O形密封圈柱塞阀构成的压力供排部分组成，如图8-15所示。

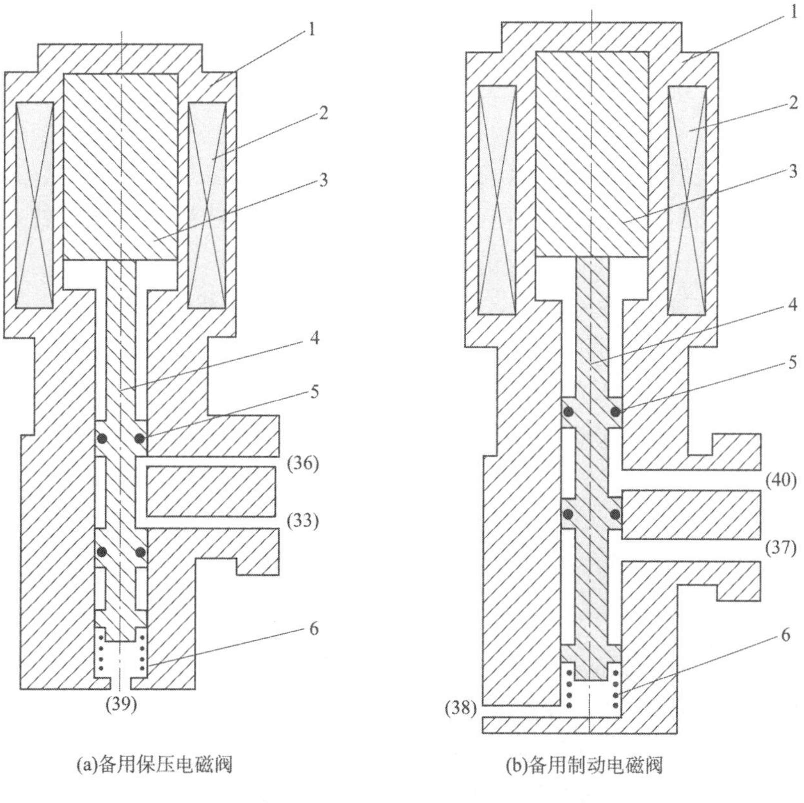

(a)备用保压电磁阀　　(b)备用制动电磁阀

1—阀体；2—线圈；3—铁芯；4—柱塞；5—O形密封圈；6—弹簧；
(33)、(36)、(37)、(38)、(39)、(40)—通路。

图8-15　备用制动系统电磁阀

备用制动系统是直通型的电空制动，它根据两个电磁阀通电时间长短来获得不同的制动缸压力。两个电磁阀的交替励磁，可以获得阶段制动和阶段缓解。

备用制动电磁阀 BZFl 和备用保压电磁阀 BZF2 的结构形式基本相同，它们主要由阀体、线圈、铁芯、柱塞、O 形密封圈和弹簧等组成。

备用制动电磁阀 BZF1 有三条通路：通路（40）通向总风缸管；通路（37）与备用保压电磁阀 BZF2 的通路（36）相连通；通路（38）通向大气。当备用制动电磁阀 BZF1 失电时，柱塞在弹簧 6 的作用下上移，通路（37）与通路（40）被切断，通路（37）与（38）相通，同时通路（38）通大气；当备用制动电磁阀 BZF1 得电时，铁芯 3 被吸下移，压迫柱塞 4 下移，通路（37）与通路（40）相通，通路（37）与（38）被切断。

备用保压电磁阀 BZF2 也有三条通路：通路（36）连通备用制动电磁阀的通路（37）；通路（33）连通双向阀和安全阀并通向制动缸，通路（39）通向大气。当备用保压电磁阀 BZF2 失电时，柱塞4 受弹簧6 的反力向上移动，通路（36）与通路（33）相通，通路（39）通大气；当备用保压电磁阀 BZF2 得电时，铁芯 3 被吸下移，压迫柱塞 4 下移，通路（36）与通路（33）被切断，通路（33）与（39）相通，同时（39）通大气。

当使用备用制动系统时，应首先把备用开关置于“缓解位”，然后再进行制动和缓解作用。

当备用制动开关置于“制动位”时，备用制动电磁阀 BZF1 励磁，铁芯被吸下，压迫柱塞下移，连通通路（40）与通路（37），关闭了通路（37）通大气的通路，备用保压电磁阀 BZF2 消磁，通路（36）与通路（33）相通，从总风缸来的压力空气经两个电磁阀，再经双向阀进入制动缸，产生制动作用。

当备用制动开关置于“保压位”时，备用制动电磁阀 BZF1 消磁，柱塞受弹簧的反力向上移动，切断通路（40）与通路（37），备用保压电磁阀 BZF2 励磁，铁芯被吸下，压迫柱塞下移，切断了通路（36）与通路（33）停止向制动缸供风，制动缸处于保压状态。

当备用制动开关置于“缓解位”时，备用制动电磁阀 BZF1 和备用保压电磁阀 BZF2 均消磁，备用制动电磁阀 BZF1 切断了通路（40）与通路（37），备用保压电磁阀 BZF2 沟通了通路（36）与通路（33），使制动缸压力空气经双向阀的通路（17）、通路（63）及备用保压电磁阀 BZF2 的通路（33）、通路（36）和备用制动电磁阀 BZF1 的通路（37）排向大气，制动缸呈缓解状态。

八、双向阀

1. 构　　造

双向阀是为处于制动系统转向备用制动系统，改变制动缸进气通路而设置的，其结构如图 8-16 所示。双向阀由阀体、阀芯和 O 形密封圈组成。它有三个通路：通路（19）通七级中继阀；通路（17）通制动缸；通路（63）通备用保压电磁阀 BZF2。

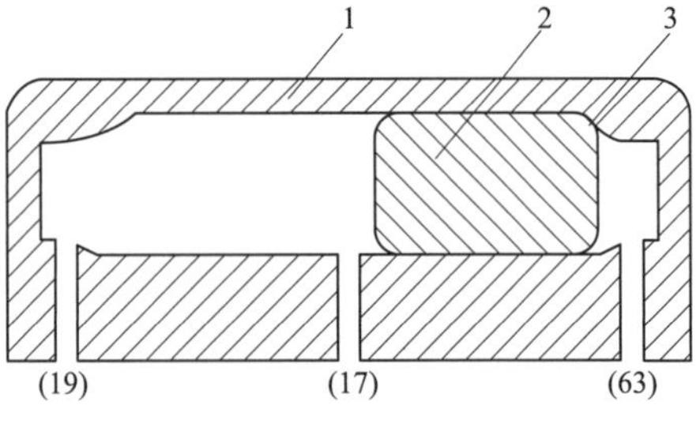

1—阀体；2—阀芯；3—O 形密封圈；
（17）、（19）、（63）—通路。

图 8-16　双向阀

2. 工作原理

当七级中继阀产生制动作用时，七级中继阀的输出压力经过通路（19）进入双向阀阀芯的左端，将阀芯推向右方切断备用制动系统通制动缸的通路，压力空气沿通路（19）和通路（17）进人制动缸；反之，也可以使制动缸的压力空气经通路反方向排向大气。

当使用备用制动系统时，总风缸的压力空气经备用制动电磁阀 BZF1 和备用保压电磁阀 BZF2，由通路（63）进人双向阀阀芯的右端，将双向阀阀芯推向左方，切断通向七级中继阀的通路（19）使总风缸传来的压力空气沿通路（63）和通路（17）进人制动缸；反之，也可使制动缸的压力空气经通路反方向排向大气。

九、安全阀

1. 构　　造

使用备用制动系统时，因总风缸管直接向制动缸充风，为防止制动缸压力过高，而设置了安全阀。安全阀由调整螺柱、阀体、弹簧和钢球组成，如图 8-17 所示。

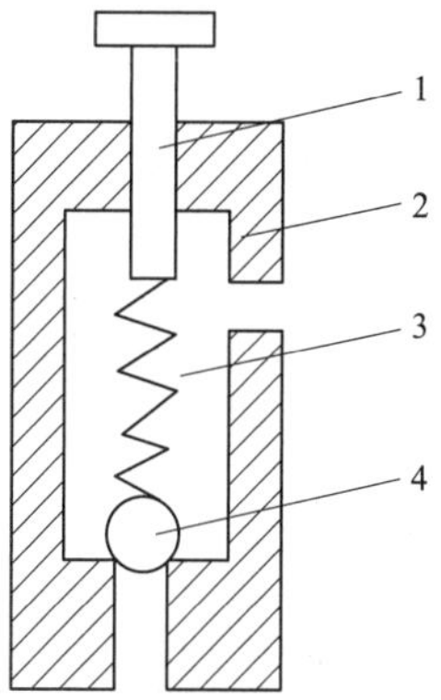

1—调整螺柱；2—阀体；
3—弹簧；4—钢球。
图 8-17　安全阀

2. 工作原理

当使用备用制动系统时，若制动缸压力超过规定压力（规定压力值为 3.0 MPa），压力空气推开钢球并压缩弹簧，将超过规定压力的空气排向大气。调整螺柱可以调整弹簧对钢球的压力，通常调到规定的安全压力。压力调好后应施加铅封。

单元三　SD 型电空制动机的综合作用

SD 型电空制动机综合作用原理图如图 8-18 所示。

一、缓解（运转）位

当司机将制动控制器手柄置于运“缓解（运转）位”时，七级中继阀的常用电磁阀 CZF_1、CZF_2、CZF_3 均失磁，仅常带电的紧急电磁阀 GZF 励磁。七级中继阀各膜板室的压力空气分别由各常用电磁阀的排气口排向大气，制动缸压力空气经双向阀、七级中继阀的空心通路排向大气，制动机呈缓解状态。

这时其空气通路如下：

（1）七级中继阀膜板室 C_1、C_2、C_3 的压力空分别通过 CZF_1、CZF_2、CZF_3 通向大气。七级中继阀 E 室的压力空气经通路（8）和通路（55）进人紧急电磁阀 GZF 后再通向大气。七级中继阀 N 室的压力空气经输出通路（13）和控导阀输入口（14），再经控导阀作用杆的空心通路通向大气。

（2）制动缸的压力空气经双向阀的通路（17）和通路（19）与七级中继阀的输入口（20）进入七级中继阀的作用杆空心通路再通向大气。

（3）空重车调整阀根据空气弹簧的压力（即车辆载重）输出相应压力的压力空气，经下列通路输送到各处，以备应用：

①通过空重车调整阀的输出口（27）进人七级中继阀的输入口（28）到 CZF_1、CZF_2、CZF_3 各下阀口。

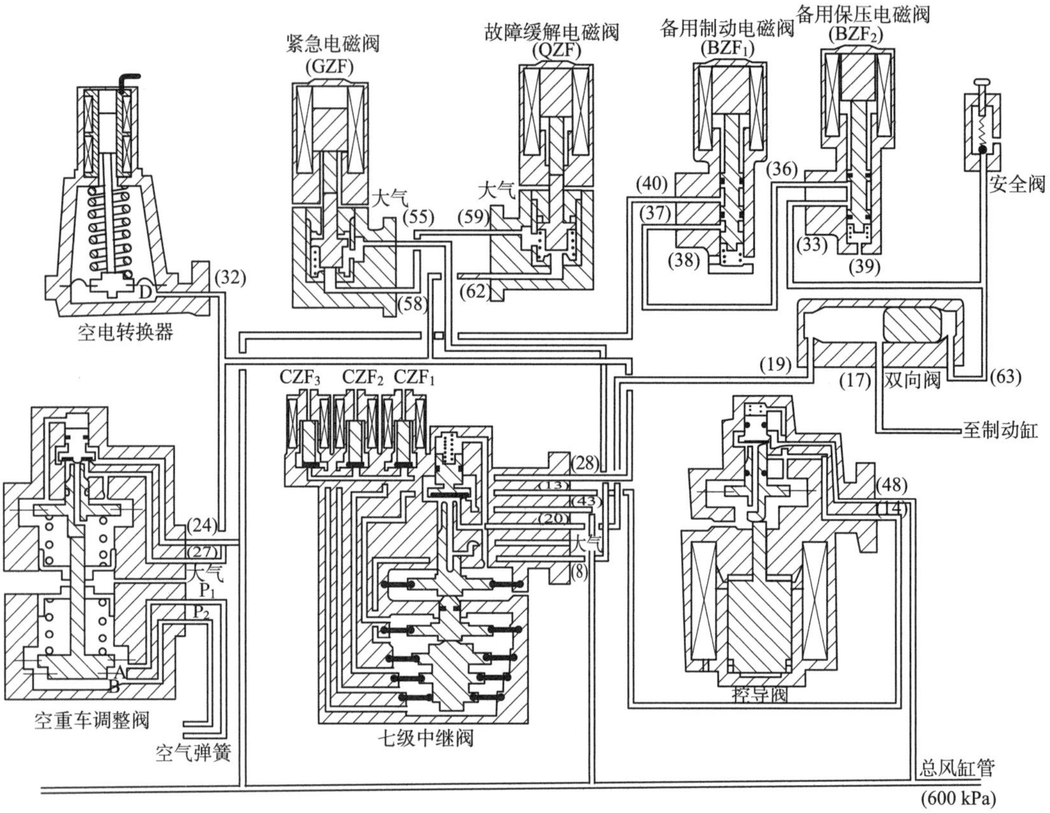

图 8-18　SD 型电空制动机综合作用原理图

②通过空重车调整阀的输出口(27)经空电转换器输入口(32)到 D 室。

③通过空重车调整阀的输出口 27 经故障缓解电磁阀输入口(62)和输出口(59)，再到紧急电磁阀输入口(58)，再到紧急电磁阀的下阀口。

此时，控导阀、备用制动电磁阀、备用保压电磁阀和故障缓解电磁阀均不发生作用。

二、常用制动位

常用制动位分为不与电制动配合使用和与电制动配合使用两种工况。

1. 不与电制动配合使用

在不与电制动配合使用的工况下，制动控制器手柄在常用制动 1 ~ 7 级时，七级中继阀的三个电磁阀交替励磁和消磁，制动缸可以得到七个级别的制动压力。此时，紧急电磁阀仍处于励磁状态，其空气通路如下：

空重车调整阀经(27)、(28)口进入七级中继阀的 CZF_1、CZF_2、CZF_3 和 C_1、C_2、C_3 各空气室。由于 C_1、C_2、C_3 室充气，膜板组上移，作用杆推开给排阀，打开下列通路：

(1)总风缸管的压力空气经七级中继阀输入口(43)进入给排阀口，再经输出口(20)、输入口(19)进入双向阀，再通过输出口(17)进入制动缸。

(2)总风缸管的压力空气经七级中继阀输入口(43)进入平衡膜板室 M。

(3)总风缸管的压力空气经七级中继阀输入口(43)进入给排阀柱塞上方。

其他通路与运转位相同。此时,车辆处于制动状态。

当制动控制器手柄在制动位由 1～7 级逐级移动时,制动机将发生阶段制动作用;而由 7～1 级逐级移动时,制动机将发生阶段缓解作用。

2. 与电制动配合使用

在与电制动配合使用的工况下,制动控制器手柄在常用制动 1～7 级之间移动,电制动发生作用。这时经制动电流检测线路检测出的电制动电流信号送入控导阀,通过控导阀把电流信号转换成空气压力,此压力空气进入七级中继阀的混合器,其空气通路如下:

(1)总风缸管经输入口(48)进入控导阀的给排阀,再通过(14)、(13)口进入七级中继阀混合器 N 室。

(2)总风缸管经输入口(48)进入控导阀的给排阀,再进入平衡膜板上侧室。

(3)进入七级中继阀混合器 N 室的压力空气向下的作用力与膜板组向上的作用力相减之后,此作用力之差使膜板上移,作用杆顶开给排阀,总风缸向制动缸充气。制动缸压力即为补偿电制动力不足所需要的压力。

三、紧急制动位

当制动控制器手柄置于"紧急制动位"时,七级中继阀的三个常用电磁阀全部失磁,紧急电磁阀也失磁,制动机发生紧急制动作用,其空气通路如下:

空重车调整阀经通路(27)、(62)口进入故障缓解电磁阀,再经(59)、(58)口进人紧急电磁阀,再通过(55)、(8)口进入七级中继阀 E 室。由于 E 室充气,混合器活塞向上移动,作用杆被推上移,顶开给排阀,打开下列通路:

(1)总风缸管经(43)口到七级中继阀的给排阀口,再经(20)、(19)口进入双向阀,再通过(17)口进入制动缸。

(2)总风缸管经(43)口到七级中继阀的给排阀口,再到 M 室。

(3)总风缸管经(43)口到七级中继阀的给排阀口,再到给排阀柱塞上侧室。

制动缸可得到较常用制动七级时高 10% 左右的压力。当正常制动系统或电气线路部分发生故障、列车分离和不按规定放置头中尾开关时,紧急电磁阀无电,发生紧急制动作用。当列车正处于常用制动状态而发生紧急制动时,三个常用电磁阀断电失磁,膜板室 C_1、C_2、C_3 中的压力空气都排向大气,仅 E 室充有压力空气,这就避免了紧急制动和常用制动同时作用。

四、备用制动

在使用正常制动系统时,备用开关应置于运转位,备用制动电磁阀 BZF_1 和备用保压电磁阀 BZF_2 均无电,其铁芯和柱塞都处于上端位置。其通路是:总风缸管经(40)口到备用制动电磁阀 BZF1。

故障缓解电磁阀 QZF 也是无电失磁,其铁芯处于上端位置,故通大气的通路被切断。(62)口至(59)口通路开放。

运行中当正常制动装置失灵时,司机可操纵备用制动装置继续运行。

备用制动开关共有四个位置,即运转位、故障缓解位、保压位和制动位。操纵备用制动开关时，备用制动电磁阀 BZF_1、备用保压电磁阀 BZF_2 和故障缓解电磁阀 QZF 的励磁和失磁情况见表 8-2。

表 8-2　操纵备用开关置于各位时，有关电磁阀的励磁和失磁情况

操纵位置	备用制动电磁阀 BZF_1	保压电磁阀 BZF_2	故障缓解电磁阀 QZF
运转位	—	—	—
故障缓解位	—	—	—
保压位	—	○	○
制动位	○	—	○

注："○"表示励磁；"—"表示失磁。

1. 运转位

在使用正常制动装置时，备用制动开关应置于"运转位"，电磁阀 BZF_1 和 BZF_2 均无电，其铁芯和柱塞均处于上位，通路是：总风缸管→（40）→BZF_1。

电磁阀 QZF 也失电，其铁心处于上位，故通大气的通路被切断，（62）→（59）通路沟通。

2. 故障缓解位

当正常制动装置因故失灵发生紧急制动后，使用备用制动装置时，先将备用制动开关置于"故障缓解位"，电磁阀 QZF 通电励磁，铁芯被吸下，其阀关闭通路（62），沟通下列通路：

七级中继阀 E 室→（8）→（55）→紧急电磁阀 GZF（失磁）→（58）→（59）→故障缓解电磁阀 QZF 阀口→大气。E 室压力空气排入大气，因而制动缸压力空气→（17）→双向阀→（19）→（20）→七级中继阀作用杆（已下移）空心通路→大气。

3. 制动位

备用制动开关置于"制动位"时，电磁阀 BZF_1 及 QZF 均通电励磁，而 BZF_2 断电失磁，于是：

总风缸管→（40）→电磁阀 BZF_1→（37）→（36）→电磁阀 BZF_2→

$$(33)\begin{cases}\text{安全阀。}\\(63)\rightarrow\text{双向阀}\rightarrow(17)\rightarrow\text{制动缸。}\end{cases}$$

4. 保压位

备用制动开关置于保压位时，电磁阀 BZF_1 断电失磁，BZF_2、QZF 通电励磁。（40）与（37）、（36）与（33）的通路均被切断，制动缸压力停止上升，呈制动保压状态。

5. 缓解位

当备用制动开关置于"故障缓解位"时，电磁阀 BZF_1 和 BZF_2 均断电失磁，于是，制动缸→（17）→双向阀→（63）→（33）→电磁阀 BZF_2→（36）→（37）→电磁阀 BZF_1→（38）→大气。

通过长期运行考验和不断改进，SD 型数字式电气指令电空制动系统在北京地铁车辆上得到了良好的使用。

单元四　HRDA 数字指令式制动系统组成

HRDA 数字指令式制动系统是由日本公司研制生产的一种反应迅速、性能良好的数字指令式制动系统，并可与 ATP 配合，是充分考虑安全性而设计的系统。该系统采用数字指令式、电空直通制动方式，具有七级常用制动、快速制动、紧急制动以及保压制动等模式。目前北京地铁、沈阳地铁均有采用。

该制动装置由供风单元、电子控制单元（ECU）、制动控制单元（BCU）、防滑控制单元以及停放单元组成。其中，制动控制单元由常用制动系统和紧急制动系统组成。

一、制动电子控制单元

制动电子控制单元安装在制动控制装置内，是采用微机进行数字运算的系统，装有控制系和监视系的两种 CPU。每车均设有一套制动电子控制单元。制动电子控制单元以 16 位单片微处理器（单片机）为主机，采用数字计算处理方式。KBCD3 制动电子控制单元装在 M 车制动控制装置内、KBCD4 装在 T 车的制动控制装置内，以 1M-1T 或 1MC-1T 为单元控制车辆制动时的制动力（图 8-19）。另外在紧急制动时具有后援功能。

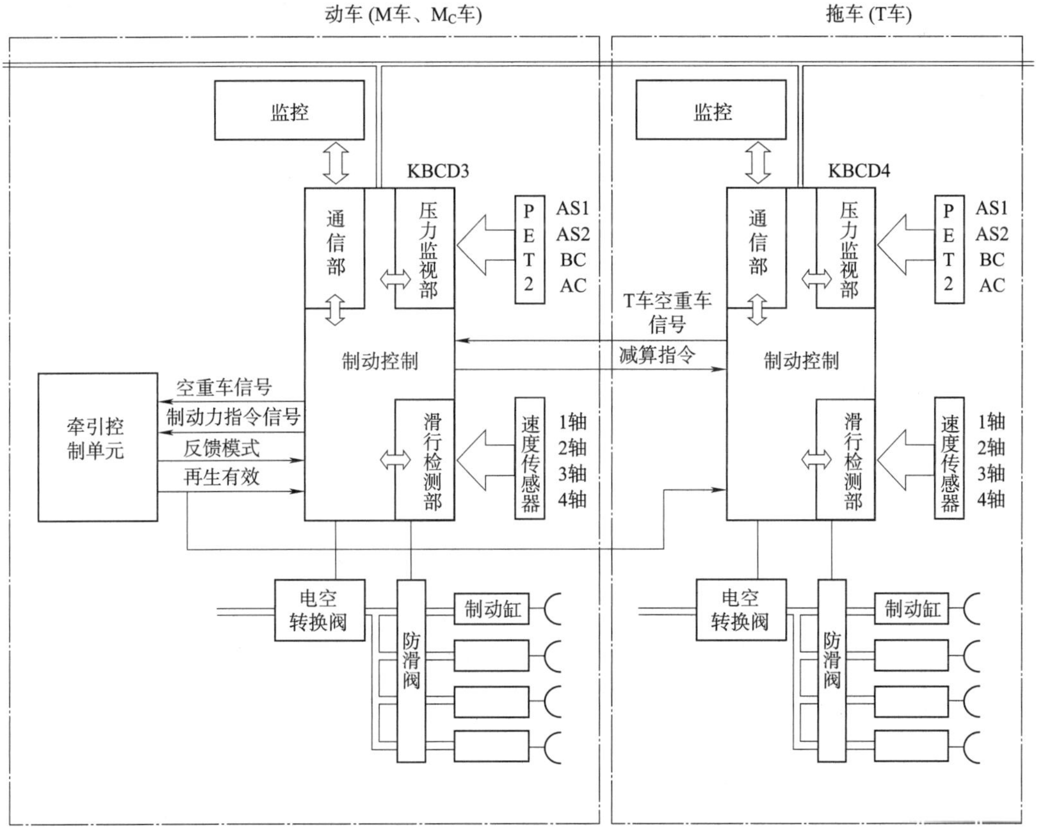

图 8-19　制动电子控制单元组成方框图

在制动控制装置内取空气弹簧 AS1、AS2 的两点压力，由压力传感器进行空电变换，作为电压信号输入给制动电子控制单元。因此可以得到与超员、空车无关的稳定的制动率。在速度超过 10 km/h 时由于空重车载荷信号固定，使制动时车辆的稳定性提高。

本装置由常用制动指令线接收常用制动指令，检测两个空气弹簧的压力，产生本车的制动模式。对于 M 车的制动电子控制单元从 T 车的制动电子控制单元得到 T 车的车载信号，产生 M-T 单元的制动模式信号，向 VVVF 输出再生制动模式信号。然后从 VVVF 接收再生制动的反馈指令进行电空协调配合控制。这时，进行 M-T 单元的制动力补足计算，对 T 车优先补足计算空气制动补足模式。将这个 T 车补足模式作为减算指令传送给 T 车的制动电子控制单元。对于 T 车，本装置接收从 M 车电子控制单元传送来的空气制动减算指令，进行本车的空气制动补足模式计算。

制动电子控制单元根据常用制动指令、再加入本车及 T 车的空重车信号进行制动力模式计算，作为再生制动力信号送给主回路控制装置（简称 VVVF）。

另一方面在从 VVVF 接收到再生制动有效信号时，将 VVVF 来的再生制动等价信号作为有效信号进行电空计算、补足部分用空气制动力，以 T 车优先延时投入的控制方式，在控制本车的电空变换阀的同时向 T 车输出减算指令。

另外具有检测各车轴的速度、当检测到车轮的滑行时，控制防滑电磁阀降低制动缸内的压力，使滑行的车轮恢复转动滑行检测控制功能。作为监控功能可监视制动时制动缸内的压力，如果不能上升到规定压力，每辆车均可进行控制转入后援制动。

除此之外，VVVF 还有下列功能：

（1）本装置由预控压力反馈控制，控制制动电磁阀电流，控制制动力（控制系统微机）。

（2）VVVF 装置接收四个轴的速度信号，控制各转向架的防滑电磁阀，进行滑行检测和再黏着控制（控制系统微机）。

（3）VVVF 装置能监控制动缸压力，检测不缓解和制动力不足，不足时自动产生紧急制动。另外不缓解时，此车辆的制动可以强制地被缓解（监视系统微机）。

（4）VVVF 装置由串行传输，在向监控装置传送各种信息的同时，还可以用七段 LED 表示各种状态信息（控制系统微机）。

本制动电子控制单元整体如前所述那样安装在制动控制装置内，直接安装在管路安装板上。制动电子控制单元内的印刷电路板单元由三块构成，它们为电源电路板、接口电路板、CPU 线路板。这些电路板之间用插座进行电路连接。各线路板前面的插座与制动机箱组成相连接。

另外在制动电子控制单元的前面设有各种开关及 LED 显示，根据开关的位置显示制动电子控制单元的控制信息，可以确认动作的状态等、以方便使用各开关。各种开关及 LED 灯的配制如图 8-20 所示。

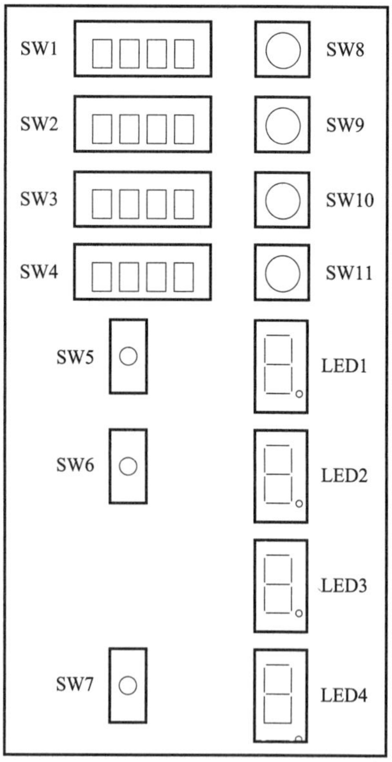

SW1～4—4 极滑动开关；SW5～7—肘节开关；SW8～11—旋转开关。

图 8-20　各种开关及 LED 配置图

二、制动控制单元（BCU）

电空制动控制单元（BCU）由气路集成板及安装在气路板上的相关气动部件组成。包括：EP 控制电磁阀、紧急电磁阀、空重阀、中继阀、制动缸预控制传感器和载重压力传感器等。气动控制原理如图8-21、图8-22所示：

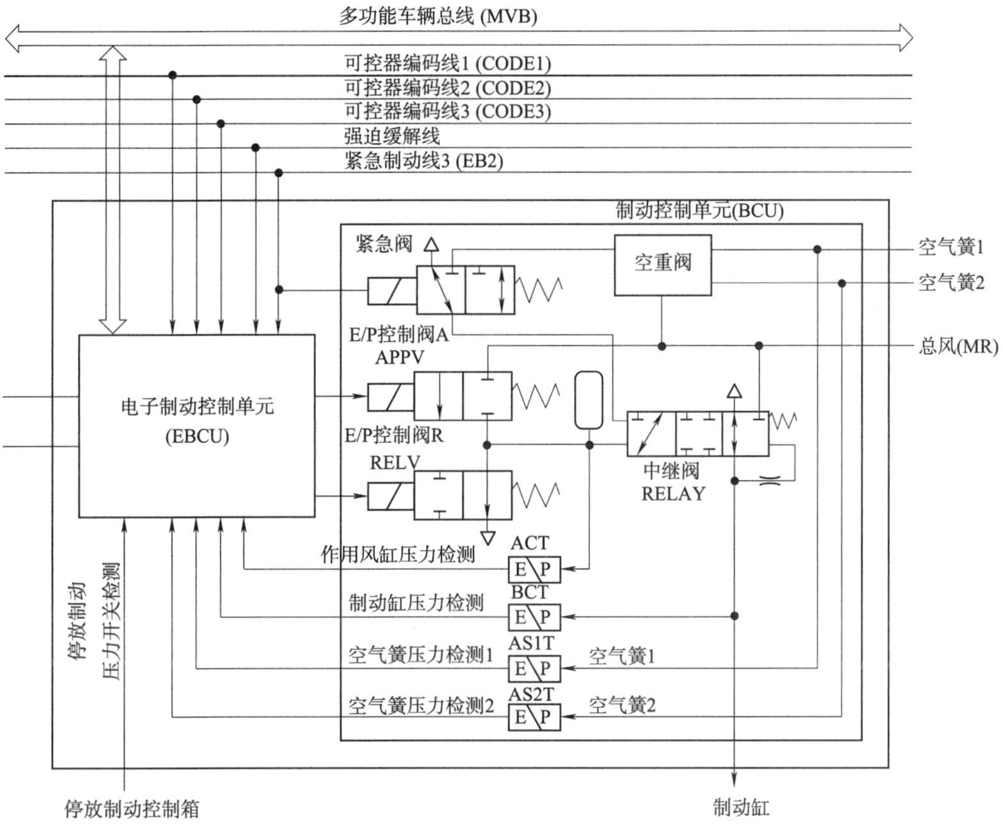

图8-21　制动控制单元原理图

1. EP电空转换阀

电空转换阀安装在空气控制装置内，它由电磁线圈和给排阀等零部件构成，其结构如图8-23所示，当制动电子控制装置输出的空气制动指令量（电空转换阀电流）通过电磁线圈时就会产生与电流成比例的吸力，控制给排阀的开闭。通过电空转换阀的控制，可将大于900 kPa的输入空气压力（SR压力）变成与电空转换阀电流成比例的输出压力空气（AC压力）。

为防止在缓解时AC压力随电空转换阀温度的变化而变化，需要加偏流进行缓解补偿。另外，为补偿AC压力上升和下降时所产生的压力差（约30 kPa），即使是对于相同的制动级别，也要供给不同的电空转换阀电流，以保证输出正确的AC压力。

2. EPR2A型中继阀

中继阀设在制动控制装置内，由给排阀杆、给排阀、复位弹簧等构成，如图8-24所示。它将电空转换阀输出的AC压力和紧急电磁阀输出的紧急制动压力作为控制压力，向增压缸提供与此控制压力相应的增压缸空气压力。

在常用及非常制动指令时，从电空转换阀送来的AC压力进入AC室，在紧急制动时，从紧急电磁阀送来的紧急制动压力空气进入UB室。这些压力空气输入后，使给排阀杆上移，顶开

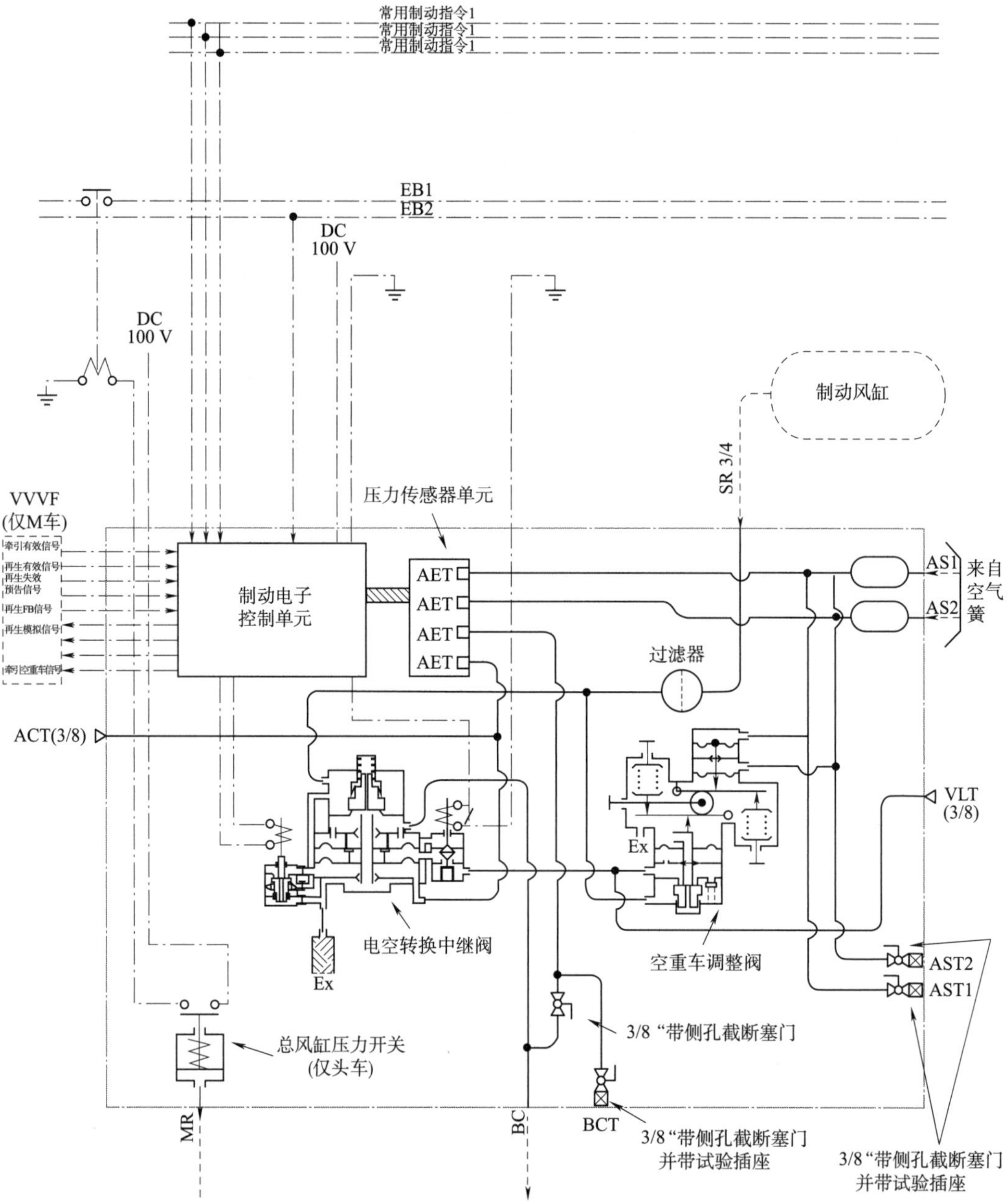

图 8-22　气动控制原理

给排阀，由于给排阀的开启使 SR 压力空气通过给排阀口变为增压缸空气压力（制动作用）。

另外，增压缸压力空气还流入 FB 室产生反馈作用，当增压缸空气压力上升到与 AC 压力或紧急制动压力相同时，给排阀下移关闭阀口，SR 压力空气停止向增压缸的流动（保压状态）。这时的增压缸空气不论 AC 压力或紧急制动压力多大均与之相同。反之，制动缓解时，AC 压力或紧急制动压力降低导致给排阀杆下移，离开给排阀，增压缸压力空气从给排阀杆内部通路排入大气，呈缓解状态。

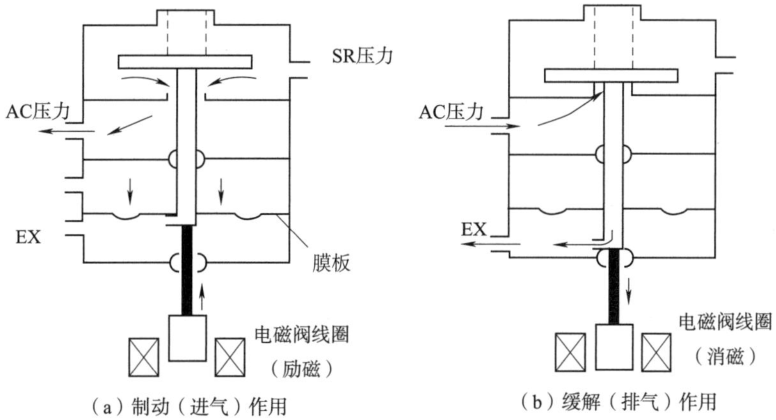

图 8-23　EP 控制电磁阀

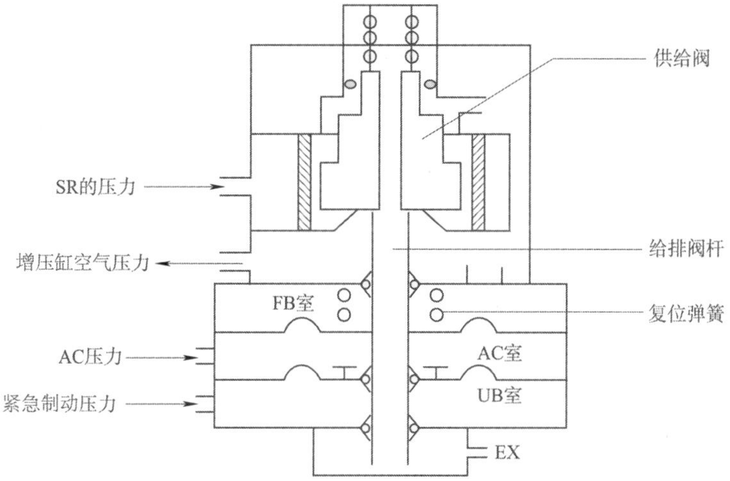

图 8-24　EPR2A 型中继阀

EPR2A 型电空转换中继阀是一种通过两个平板簧动作的叠式阀。这种阀可根据用风工作压力(此压力由流量控制电磁阀进行控制)的比例向制动缸充气或排气。

流量控制电磁阀(三位电磁阀,通过带有电子控制装置的常开常闭阀测得反馈压力进而设定用风工作压力值,控制其常用制动系统。)是一种常开型阀,通过此阀可控制紧急制动系统。EPR2A 型电空转换中继阀具有功能多,结构紧凑,重量轻的特点。

只要电磁流量控制阀控制的压缩空气(AC_1)或从电磁阀输出的压缩空气(AC_2)进入到平膜板室内,活塞即向下移动,而后打开供风阀。一次压缩空气(SR)从供风阀及供风阀体阀座间的空间流出作为二次压缩空气(BC),这个位置叫做供风位。

当 AC_1 或 AC_2 室的空气压力等于 BCF 的压力时,活塞在弹簧力的作用上向上推进。而后将供风阀压向供风阀座,结果一次压力空气的流动停止。在这种情况下,由于活塞与供风阀相接触,一次压力空气不能向外部排放,这种状态叫作重叠位。当工作压力减压时,活塞在 BCF 室空气压力的作用下向上移动。当二次压力通过活塞通路排向大气时,此状态叫做排放位。

如果减压停止，且 BCF 室压力等于平膜板上下室中的 AC_1 或 AC_2 室的压力时，中继阀处于重叠位。

3. 紧急电磁阀

紧急电磁阀是以小型、轻量为主要目的设计的 ON/OFF 型电磁阀，其具有下述特征。

①因为是直动型，所以响应性好。

②橡胶阀、O 形密封圈的使用及部件的个数较少，容易维护。

(1)结构

紧急电磁阀部是由本体、铁芯、电磁芯棒、线圈、线圈盖、O 形密封圈、弹簧等组成，如图 8-25 所示。主要部件全部由本体和线圈盖覆盖着。线圈的两根导线露在上部。

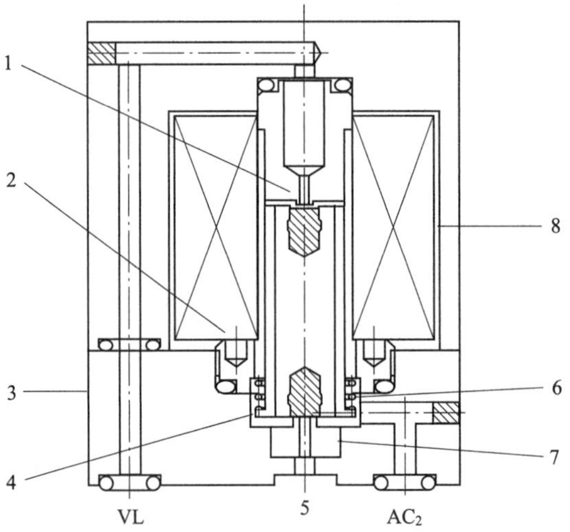

1—阀座；2—电磁芯棒；3—紧急阀本体；4—铁芯；
5—排气口；6—阀座；7—弹簧；8—线圈。

图 8-25　紧急电磁阀结构示意图

(2)作用原理

紧急电磁阀的作用原理如图 8-26 所示。

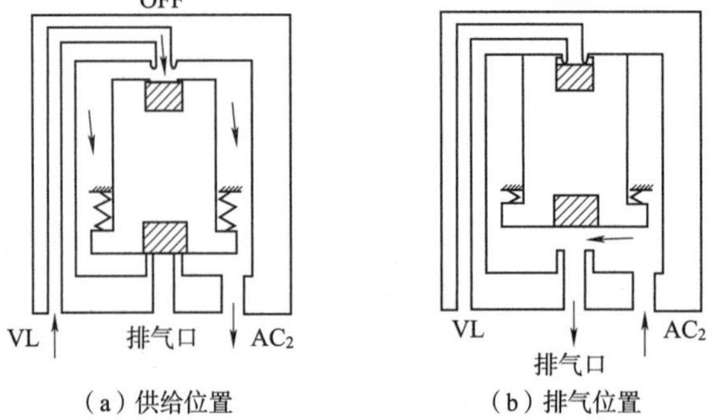

(a) 供给位置　(b) 排气位置

图 8-26　紧急电磁阀作用原理图

①供给作用。

如果线圈消磁，铁芯被弹簧力压到下方，脱离电磁芯棒上部的阀座，在电磁芯棒下部的阀座上就位。因此，断开了与排气口和 AC_2 的连接，排气停止的同时，VL 空气经过通路 VL—AC_2 向 AC_2 侧供给。

②排气作用。

如果在线圈上施加电流，铁芯就会克服弹簧被磁力吸上，脱离电磁芯棒下部的阀座，在电磁芯棒上部的阀座上就位。因此，断开了与 AC_2 和 VL 的连接，断开 VL 空气的同时，AC_2 空气经过通路 AC_2——排气口，从排气口向大气排出。

4. 空重车调整阀

空重车调整阀在全电气指令的制动装置中使用，它根据乘客多少检测空气簧压力作为车辆载荷，使空气制动压力根据车辆重量即时增减，使同一制动指令得到与乘客多少无关的相对应的减速度。

如图 8-27 所示，空重车调整阀由作用压力给排阀部、空气弹簧压力检测部、支点调整部、RV 调整弹簧部、逆止阀部、AS 调整弹簧部组成。

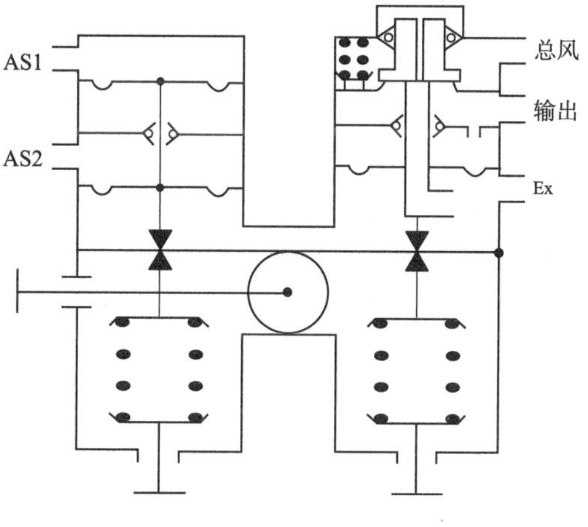

图 8-27　空重车调整阀示意图

单元五　HRDA 制动的综合作用原理

一、常用制动系统

常用制动是正常使用的制动。本制动指令是由制动控制器，通过三根列车贯通线（二进制码）送给制动控制装置。

手动常用制动分为七级。

M 车的制动电子控制单元，检测本车及 T 车的空气弹簧压力（T 车的空气弹簧压力是通过 T 车的制动电子控制单元检测），控制 M-T 单元的制动力。这个控制不只是进行本车的电空协调配合，由再生制动优先方式，对 T 车优先使用空气制动补足，采用 T 车优先延时投入。另外制动电子控制单元为改善常用制动时的舒适性，减少制动力的变化率而减少冲动。常用制动系统方框图如图 8-28 所示。

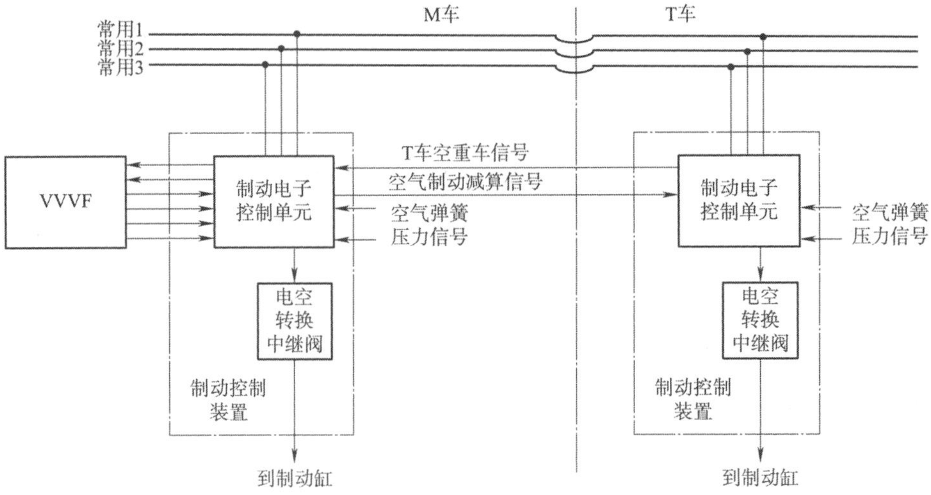

图 8-28　常用制动系统方框图

二、紧急制动系统

紧急制动考虑安全性及可靠性，采用列车贯通线（紧急线）断电产生制动作用的常时带电系统。紧急线断电时全列车自动产生紧急制动作用。

紧急制动不仅是 ATP 指令、司机控制器指令（手动指令）、紧急制动按钮，而且在列车分离、总风缸压力显著降低等时，也应产生紧急制动作用的列车往复线（EB1 线、EB2 线）控制。

紧急制动系统方框图如图 8-29 所示。

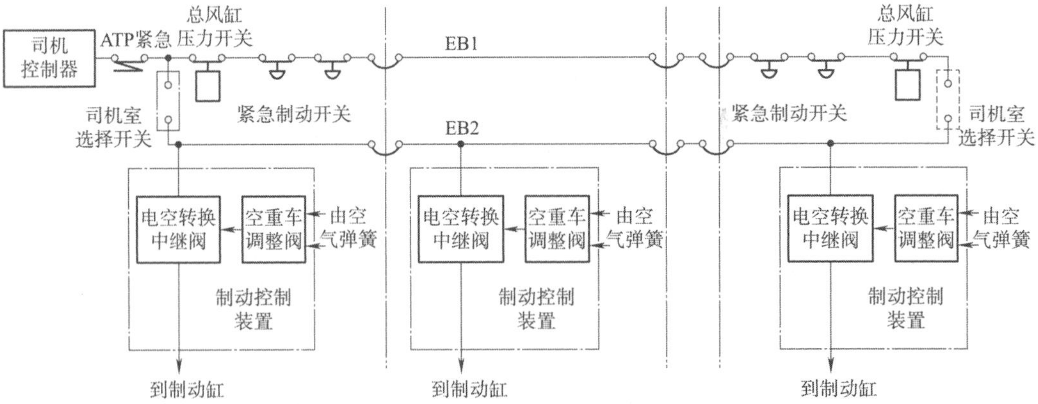

图 8-29　紧急制动系统方框图

三、常用制动指令的传送

常用制动指令传送系统，由司机控制器和 ATP 装置等构成。常用制动指令对应要求的减速度输出七个级别的编码。使用坡道启动开关时，本系统发出相当于常用制动三级的制动指令。常用制动指令传送系统方框图如图 8-30 所示。

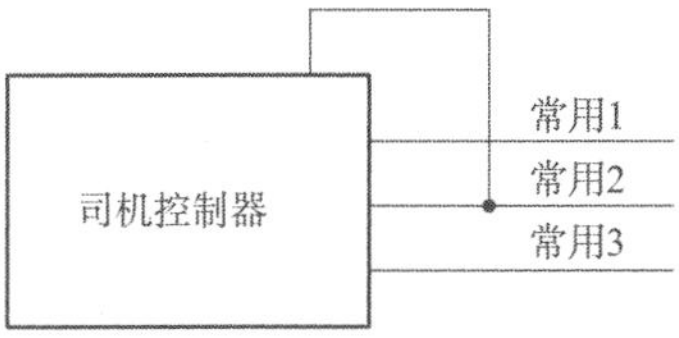

（a）坡道启动制动开关

	N	1	2	3	4	5	6	7	紧急
常用1		○	○				○	○	
常用2			○	○	○			○	
常用3					○	○	○	○	

（b）闭合表

图 8-30　常用制动指令传送系统方框图

四、防滑控制系统

在制动控制装置内的制动电子控制单元通过检测各轴速度进行防滑控制。

各轴的速度传感器及脉冲发生器将与其速度相当的脉冲信号传送给制动电子控制单元（M 车是将 VVVF 用的脉冲信号输出，通过 VVVF 传送来的）。

各转向架的防滑电磁阀由制动电子控制单元控制，排出、保持或供给制缸压力空气。防滑控制用相关部件的连接关系如图 8-31 所示。

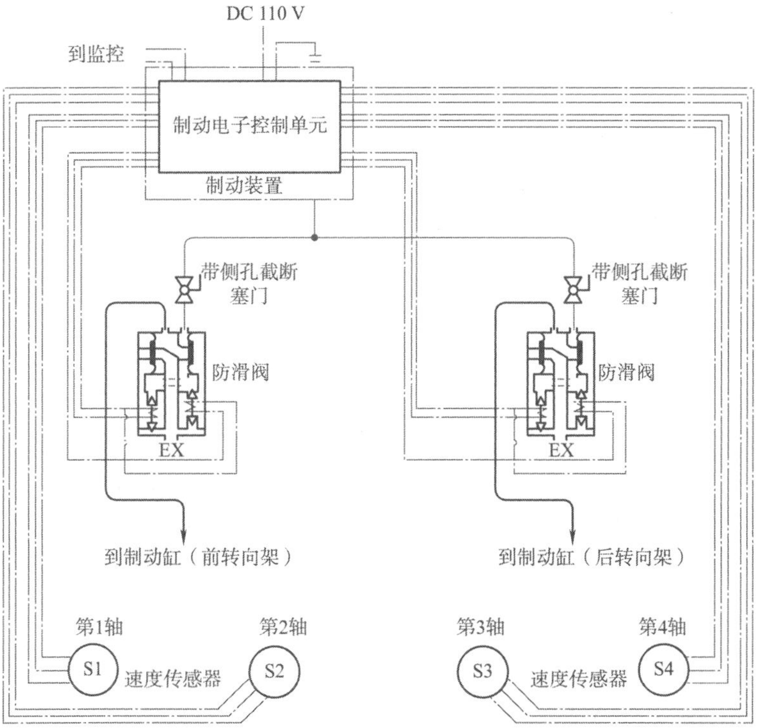

图 8-31　防滑控制用相关部件的连接图

思考与练习题

1. SD 型电空制动机系统组成有哪些？
2. SD 型电空制动机的工作原理？

3. 制动控制单元(BCU)由哪几部分组成?
4. SD 型电空制动机的特点是什么?
5. HRDA 数字指令式制动系统是由哪些部件组成的?
6. 说明电空转换中继阀和空重车调整阀的用途。
7. 电空转换中继阀的结构组成?
8. HRDA 数字指令式制动系统常用制动的作用原理是什么?
9. HRDA 数字指令式制动系统具用哪些功能?

模块九　城轨列车制动系统检修及调试

学习目标

1. 了解制动系统检修修程。
2. 掌握制动系统检修修程的主要内容。
3. 掌握制动系统静态调试的步骤。
4. 会正确的操纵列车制动试验。
5. 掌握制动系统动态调试的步骤。
6. 掌握制动系统动态调试的内容。

制动系统是城市轨道交通车辆至关重要的安全部位，必须时刻保持良好的技术状态。因此做好制动系统的日常维护保养工作，保证车辆检修质量是非常重要的。而制动系统的调试，则是检查发现制动故障的主要手段。

做好制动系统的维护保养和检修工作主要有以下三点：

(1)每天出车之前必须对车辆的制动系统仔细检查，回库后进行必要的维护保养工作，对运营中出现的故障必须查找出原因并及时修理和记录。

(2)在车辆定期检查和修理时，包括定修、架修和大修，严格按照检修规程对制动系统各零部件进行检查、更换、测试和修理，这也是保证制动系统安全运营的重要一环。

(3)为了保证制动系统维修的质量，还必须配备一些精度高、效率高的专用检修和检测设备。

下面介绍一下城市轨道交通车辆制动系统的检修工艺和调试工艺。

单元一　制动系统检修修程

一、日检

日检是每天必须对车辆进行的检查。日检一般放在每天的运营结束后，列车回库时进行。日检的目标是保证车辆的正常运营，所以日检的主要内容是针对车辆运营安全至关重要的部位，例如走行部分的转向架构架、轮对、齿轮箱悬挂装置、联轴器和轴箱装置，制动系统的空气压缩机组、单元制动机和闸瓦，车门控制系统以及车载信号设备等进行例行检查，保证在第二天出车前，车辆能够处于良好状态。

空气制动系统对车辆的安全是至关重要的，制动系统的维护保养是日检的主要作业内容之一。制动系统日检的主要对象为以下几项：

(1)空气压缩机组。用眼观测空气压缩机组外表，应无外伤或悬挂松动；用耳聆听空气压缩机组工作声音,应无明显异常杂音。驱动直流电机换向器和碳刷应无烧灼痕迹。

(2)空气干燥器。检查空气干燥器(塔)悬挂是否松动,排气口是否堵塞。

(3)单元制动机。检查闸瓦是否碎裂或磨耗到限;检查锁紧片、橡胶保护套、闸瓦卡簧及其他螺栓是否脱落或损伤。

(4)各种阀门和管路。检查各种阀门开闭位置是否正确,阀门和管路的连接处是否有泄漏。

二、月检

月检也是城市轨道交通车辆日常维修的重要一环,是每个月进行一次的车辆保养和检查。月检对制动系统的检查与日检基本相同。但月检与日检最大的区别是需要做动态牵引试验和制动试验。试验在试车线上进行,牵引试验包括 0 ~ 36 km/h、0 ~ 60 km/h、0 ~ 80 km/h;制动试验包括 40 km/h、60 km/h 和 80km/h 全常用制动及 40 km/h、60 km/h 快速制动。如果试车线较长,还应做 80 km/h 快速制动试验。

三、定修

定修属计划性检修,是一种预防性的检修。以时间或运营里程为检修周期,通常每 10 万 km 或每一年进行一次(两个指标以先到为准)。定修对重要的大部件作较细致的检查;对检查后发现故障的部件进行修理;对易损零件进行更换。

制动系统的定修主要包括以下内容。

1. 空气压缩机组

(1)检查悬挂吊绳是否完好、连接牢固。

(2)更换空压机油。

(3)清洗油浴式过滤器。

2. 空气干燥塔

(1)清洗排污口。

(2)用湿度计测量检查出口空气的湿度,一般不能大于 35%。

3. 单元制动机

(1)测量闸瓦与踏面之间的间隙,测量闸瓦厚度,如果到限应立即更换。

(2)检查停车制动功能,包括人工缓解。

4. 风缸

对风缸排水,检查塞门是否有泄漏。制动系统的其他检查与月检相同。此外,定修列车最后还要进行静态和动态的调试和试验。对制动系统的静态调试包括以下内容:

(1)复核、调整制动空压机压力开关。

(2)检查防滑阀功能。

(3)全常用制动和紧急制动功能试验。

(4)停车制动及缓解试验。

对制动系统动态调试和试验包括以下内容:

(1)动车启动及收车试验。

(2)低速牵引、制动试验。

(3)制动试验。

①40 km/h、60 km/h 和 80 km/h 全常用制动。

②40 km/h 和 60 km/h 紧急制动。

四、架修和大修

1. 架修和大修的性质

城市轨道交通车辆的架修和大修都属于高级别的定期维修,及时间性预防维修。它是以使用时间或运行里程作为检修期限的;只要车辆使用到预先规定的时间或运行的里程,无论车辆的技术状态如何,都要进行规定的检修工作,这是一种带强制性的预防维修方式。

架修和大修的主要依据是机件的磨损规律:当车辆运用一定时间或走行一定里程后,某些零部件会产生一定程度的磨损,磨损严重时会影响其正常工作和安全,甚至会出现故障或造成事故。通过对车辆零部件损伤的大量统计资料进行分析研究后,把车辆上不同损伤规律和损伤速度的零部件科学地划分成若干组,并确定出不同零件的损伤极限,从而规定了不同修程的修理期限和修理范围。这样,使车辆在运用中能得到有计划的修理,即零件尚未达到极限损伤之前就加以修复或更换,所以是预防性的有计划的修理。

我国城市轨道交通车辆的架修一般是每 50 万 km 或每五年进行一次(两个指标以先到为准)。架修与铁路客车的段修类似。车辆架修主要是恢复性的修理。架修时应对车辆进行全面检查,但重点是车辆的走行部分(转向架)、车钩缓冲装置和空气制动系统等部件。对车辆在运营中已发现的各种故障和损伤应彻底修复,按架修限度规定更换磨损过限的零件,保证各零部件作用良好,减少架修后投运中的临修作业,以提高车辆的使用效率。架修时首先将列车解钩,然后对每节车进行大部件拆卸,如转向架、牵引电机、车钩、空调机组、车门、制动控制单元和单元制动机等。这些拆卸下来的大部件分别送入各个专业班组进行检查和修理。还有一些大部件则留在车上进行检查,如牵引斩波器(逆变器)、辅助逆变器等。此外,有些只能在现场作业的项目,如地板、内饰等也在车上修理。架修的最后阶段是列车进行组装、调试。

大修是最高级别的车辆修理,一般是每 100 万 km 或每十年进行一次(两个指标以先到为准)。城市轨道交通车辆的大修与铁路客车的厂修类似,大多在大型轨道车辆修理工厂内进行,也有送回原车辆制造厂进行大修的。车辆大修的目的是对车辆做彻底的检查和修理,使其恢复新车出厂时的功能和标准。大修除了覆盖架修内容外,还要更换车轮、轴承、内饰和橡胶件等零部件。大修时对车辆进行全面细致的检查,对主要部件按大修限度(大修限度是车辆进行大修时,零部件上允许存在的损伤程度的规定,也是检验损伤修复后是否合格的依据)进行更换或彻底修理。大修还有一个额外任务,如果通过长期运营后发现车辆的个别部件设计有问题,应修改设计并重新制造部件在大修过程中更换。如果有的零部件其应用技术经过 10 年时间后已经被淘汰,还需对车辆进行必要的现代化技术改造,以提高现有车辆的质量。最后,车体还要进行整修和油漆。

2. 制动系统的架修和大修

在车辆的架修和大修过程中,制动系统既是个重要的专业,又是个庞大的机构。架修和大修中制动系统的内容及零件数量都很多。有的部件虽然有其他专业拆装,例如单元制动机由转向架组负责拆装，但检修仍在制动专业这边；有的部件不属于制动系统，例如车门驱动气缸，但也由制动组进行检修。下面我们结合上海地铁一号线 AC01 型直流制列车的架修和大修，简要说明制动系统在架修和大修中的主要检查修理工作。

(1)空气压缩机组

无论架修还是大修，都要分解空气压缩机组。将空气压缩机组分解后，清洗各个零部件，检查内部零件是否有损坏或损伤，尺寸是否符合要求。

清洗空气压缩机外表及冷却器叶片。冷却器叶片应无积垢，外表补漆应该均匀完整。对需要润滑的各零部件用油脂润滑。组装空气压缩机，并与电机重新连接后上空气压缩机综合试验台进行整机试验。

(2)空气干燥塔

分解空气干燥塔，清洗零部件并检查其是否完好、有无阻塞，特别是排污机构。重新组装空气干燥器，更换干燥剂。对排污功能进行测试，测试功能应良好。空气干燥塔外表重新油漆。

(3)单元制动机

对单元制动机作外观清扫并冲洗积尘和污垢。松开闸瓦连接螺栓、螺母，取下挡圈环，抽出扭簧心轴，取下吊臂。拧下定位弹簧螺套，对弹簧片进行清洁后涂上薄层黄油。

将单元制动机吊至试验台进行功能及泄漏测试。

安装吊臂、扭簧心轴和扭簧并将挡圈环扣好，扭簧和心轴涂上薄层黄油，螺杆表面也涂黄油。

将闸瓦托连接螺栓插上，并将螺母加一弹簧垫拧紧。清洁和检查皮腔，有无裂纹、损伤，并对其润滑。更换闸瓦，安装应牢固。

架修时不分解制动缸。大修时应分解制动缸并清洁内腔和活塞，检查活塞及弹簧，更换活塞环。

(4)空气制动控制系统

将空气制动控制系统的各种阀和压力开关分解，对阀进行检查、清洁和润滑。在气动单件及组合单元试验台上测试电磁阀和气动阀的功能。重新组装阀及压力开关，安装位置正确，安装牢固。

(5)防滑阀

清洁防滑阀的表面，应无积垢、无灰尘。对防滑阀进行检查、清洁和润滑，应无损伤、裂纹。测试防滑阀的功能，功能应良好，无泄漏，电磁线圈绝缘性能应良好。

(6)双针压力表

拆卸并清洁压力表，外表面应无积尘、无积垢，表面玻璃清晰、干净。对压力表进行检查，应无损伤、无裂纹、无变形，玻璃无碎裂。校验压力表，使其指示正确，性能良好。仪表安装正确。

(7)各种测试接头

清洁各种测试接头，应无积垢、无灰尘。对各种测试接头进行检查，有无损伤、裂纹和变形。检查各种测试接头的功能，功能应良好，无泄漏。

(8)过滤器

拆卸过滤器，去除滤网上及内部的杂物。清洗后擦拭干净。

安装过滤器，安装位置应正确、牢固。

(9)安全阀

架修和大修后,一般应更换所有的安全阀。

(10)其他

除了制动系统外,一般制动组(工段、车间)还要承担其他气动部件的修理,例如车门驱动气缸、刮雨器、气笛和二系悬挂高度阀等。

单元二　制动系统调试

对新造和修竣的城轨列车而言,其制动系统的调试是非常重要的工作。只有经过对整个系统制动性能的综合调试合格后,城轨列车才可以上线运行。

一、调试试验目的:

(1)调试试验的目的是确认压缩空气设备的气密性和动作是否正常。

(2)确认车辆在静止和动态状态下制动性能和动作是否正常。

二、试验设备、仪表、工装和工具清单

一般调试试验所需的设备见表 9-1:

表 9-1　一般调试试验所需的设备

序号	设备/仪表名称	数量	序号	设备/仪表名称	数量
1	数字压力表	1 块	9	风管	1 套
2	管路连接件及塞门	1 套	10	数字万用表	1 块
3	相序表	1 块	11	插针	1 根/人
4	头灯	1 个/人	12	对讲机	2 部
5	司机钥匙	1 把	13	三角钥匙	1 把
6	四角钥匙	1 把	14	钳工工具	1 套
7	秒表	1 个	15	0～10 V 可调电源	1 个
8	电空演算专用试验连接器	1 套			

三、静态调试

城轨列车静态调试是在列车组装完成或者检修完成后进行,通常是在专门的调试车间进行,如图 9-1 所示。

1. 静态调试流程

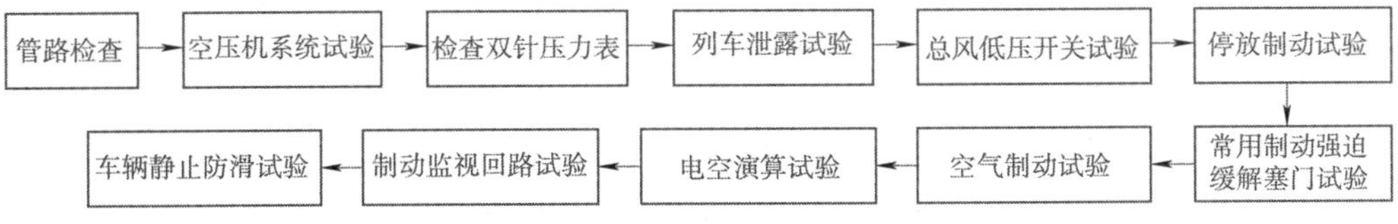

图 9-1　静态调试流程

2. 制动系统静态调试步骤

(1)管路检查

检查确认所有车管路,确认安装连接正确,关键无损伤,无缺失。

(2)空压机系统试验

①空压机运转前准备。

a. 对 2 车空压机以及干燥器的外观检查,确认安装连接正确、固定。

b. 空压机油位检查,观察油镜,确认油位在规定位置。

c. 确认 U/V/W 三相无混相。

②空压机控制线路及启动线路的检查。

a. 闭合接地开关箱内所有与空压机有关的接地开关。

b. 闭合 2 车空压机压力控制断路器,按下空压机启动按钮,相应端子处应有 110 V。

c. 闭合空压机控制单元内部开关,当总风压力低于(800 ± 10) kPa 时,压力控制继电器应得电。

d. 测量空压机控制断路器上应有 110 V。

e. 闭合空压机控制断路器,空压机接触器应得电,空压机正常启动。

f. 闭合空开,空压机干燥单元应该工作。

g. 将空压机启动按钮复位,通过点动空压机启动按钮,每次 5 ~ 10 s,观察扇叶转向方向是否与标识一致。

h. 如一切正常,使空压机连续运转 2 ~ 3 min,检查各部位是否有异常。

i. 关闭 2 车的空压机,用 a ~ h 步骤对 5 车的空压机进行检查。

③空压机启动试验。

a. 将 3 车与 4 车的总风管侧排风截断塞门关闭。

b. 按下空压机启动按钮,闭合空压机压力控制断路器、空压机控制断路器、空压机断路器、干燥器开关。

c. 检查 2 车空压机压力开关的动作压力值。

d. 在空压机正常停止工作时,打开 2 车总风缸排水塞门时,总风压力下降。

e. 当总风压力下降至 830 kPa 时,缓慢排风。

f. 当总风压力下降至(800 ± 10)kPa 时,空压机压力开关动作,空压机开始工作,关闭总风缸排水塞门。

g. 当总风压力升到(900 ± 10) kPa 时,空压机压力开关动作,空压机停止工作。

h. 断开 2 车的空压机控制断路器,按照以上步骤对 5 车的空压机进行试验,实验结束恢复所有塞门和空开。

④空压机同时启动试验。

a. 闭合 1 车的空压机压力控制断路器、空压机同时启动断路器,按下空压机启动按钮,闭合 2 车的空压机控制断路器、空压机断路器。

b. 截断 3 车与 4 车连接的总风缸截断塞门。

c. 打开 2 车的总风缸排水塞门排风,当风压将至(800 ± 10) kPa 时,2 车和 5 车的空压机应同时启动。

d. 恢复 3 车和 4 车的总风截断塞门，当风压升至(900 ± 10) kPa 时，2 车和 5 车的空压机应同时停止工作。

⑤空压机强迫启动试验。

a. 闭合 1 车的空压机压力控制断路器 CMGN，按下空压机启动按钮 2SB01，闭合 2 车的 CMCN 空压机控制断路器、CMN 空压机断路器，闭合 5 车的 CMCN 空压机控制断路器、CMN 空压机断路器。

b. 当总风缸压力高于 800 kPa，低于 900 kPa 时，即空压机处于正常停止状态。

c. 一直按压司机台上的强迫启动按钮，2 车和 5 车的空压机应同时启动。

d. 松开司机台上的强迫启动按钮，2 车和 5 车的空压机应同时停止工作。

⑥安全阀动作实验。

a. 截断 3 车和 4 车的总风截断塞门。

b. 闭合 1 车的空压机压力控制断路器 CMGN，按下空压机启动按钮 2SB01，闭合 2 车的 CMCN 空压机控制断路器、CMN 空压机断路器，断开 5 车的 CMCN 空压机控制断路器。

c. 在司机室按下强迫启动按钮，使 2 车的空压机强迫启动。

d. 当总风压力达到(950 ± 20) kPa 时安全阀应打开，开始排风。

e. 松开强迫启动按钮，断开 2 车的 CMCN 空压机控制断路器，闭合 5 车的 CMCN 空压机控制断路器。

f. 在司机室按下强迫启动按钮，使 2 车的空压机强迫启动。

g. 当总风缸压力达到(950 ± 20) kPa 时，安全阀应该打开，开始排风。

h. 试验结束，恢复所有塞门和空开。

(3)检查双针压力表

看 1 车和 6 车的双针压力表管路连接是否正确。

(4)列车泄漏试验

①车辆处于缓解状态，将总风缸压力充至 900 kPa，当压力稳定(压力下降 50 kPa)后，开始保压。

②保压 5 min，总风缸压力下降不得超过 15 kPa。

③车辆处于缓解状态，将总风缸压力充至 900 kPa，当压力稳定(压力下降 50 kPa)后，开始保压。

④截断由总风向制动风缸供风的截断塞门 C5、C7，车辆施加紧急制动，制动缸压力保持 5 min，压力下降不得超过 10 kPa。从制动风缸排水塞门接压力表进行测量。

(5)总风低压开关试验

①启动空压机，向系统充入 900 kPa 压力空气。

②关闭 2 车的空压机。

③司机控制器置于缓解位。

④打开 1 车总风缸排水塞门使总风压力降至 650 kPa，然后将总风缸排水塞门调至微微排风的状态，缓慢降低总风压力，当总风压力降到(600 ± 20)kPa 时，总风缸压力不足继电器应失电，列车出现紧急制动。

⑤启动 2 车的空压机，司控器打在 FB 位。

⑥总风压力升至(700 ± 20) kPa 时,总风压力不足继电器应得电,车辆紧急制动应被缓解。

⑦重复以上步骤对 6 车的总风压力开关进行试验。

(6)停放制动试验

①停放制动动作确认

a. 列车总风压力在 800 ~ 900 kPa 之间。

b. 司控器手柄打在 FB 位,确认所有车施加快速制动。

c. 在司机室将停放制动施加缓解按钮置于 ON 位,监控屏内停车制动应显示 ON。

d. 将司控器手柄置于缓解位,确认紧急制动被缓解,停放制动仍然施加。

e. 将司控器手柄置于 FB 位。

f. 牵拉手动缓解绳。

g. 司控器手柄置于缓解位。

h. 确认停放制动被缓解。

i. 司控器手柄置于紧急位。

j. 在司机室将停放制动施加缓解按钮置于 OFF 位。

k. 司控器手柄置于缓解位,确定停放制动被缓解。

②停放制动用压力开关确认。

a. 列车总风压力在 800 ~ 900 kPa 之间。

b. 关闭空气压缩机的电源,打开总风缸排水塞门,使总风压力下降。

c. 测试停放制动用的压力开关动作值。

d. 当总风管压力下降至(500 ± 10) kPa 时,停放制动用压力开关应动作,在监控屏上显示 ON。

e. 启动空压机为制动系统充风。

f. 总风管压力上升至(700 ± 10) kPa 时,停放制动用压力开关应动作,在监视屏上显示 OFF。

(7)常用制动强迫缓解塞门试验

①将司控器手柄置于最大常用制动位。

②按顺序截断各个转向架附近电触点截断塞门。

③截断时,本转向架上的制动应被缓解,并且监控屏上显示 OFF。

④按顺序恢复各个转向架附近的电触点截断塞门。

⑤恢复之后,本转向架上的制动应被重新施加,并且监控屏上显示 ON。

(8)空气制动试验

①准备工作

a. 所有管路塞门处于正常位置。

b. 截断空气簧的截断塞门 B4。

c. 通过 Q1 调整模拟空气簧压力。

d. AS 压力,TC、T 车空车(AW_0)为 200 kPa;满车(AW_3)为 455 kPa。

e. AS 压力,MP、M 车空车(AW_0)为 230 kPa;满车(AW_3)为 450 kPa。

②常用制动试验

以某数字指令式制动系统为例测定各级常用制动时的 BC 压力值见表 9-2，公差为 ±20 kPa。

表 9-2　各级常用制动时 BC 压力值表

（单位：kPa）

级位	缓解	B1	B2	B3	B4	B5	B6	B7	快速
T_C、T 车 AW0	0	32	64	96	129	161	193	225	260
M_P、M 车 AW0	0	41	81	122	163	204	244	285	325
T_C、T 车 AW3	0	57	114	171	229	286	343	400	465
M_P、M 车 AW3	0	62	124	186	249	311	373	435	500

③紧急制动试验

a. 测定紧急制动压力，列车施加紧急制动时的压力。

b. 通过操作警惕装置，在缓解或制动 1-3 级，应该是施加紧急制动，压力表应指示正确。

c. 按下紧急制动按钮，列车应施加紧急制动，压力表应指示正确。

d. 当总风压力低于（600 ±10） kPa 时，列车应施加紧急制动，压力表应指示正确。

各级紧急制动时 BC 压力值见表 9-3。

表 9-3　各级紧急制动时 BC 压力值表

（单位：kPa）

级位	空车	满车
T_C、T 车	260 ±20	460 ±20
M_P、M 车	325 ±20	500 ±20

④坡道启动制动试验

a. 按下坡道启动按钮，测定坡道启动施加制动压力。

b. 坡道启动时的压力相当于最大常用制动压力的 3/7。

（9）电空演算试验

①准备。

a. 关闭本车 VVVF 和本单元的 BECN。

b. 将其中 2401 和 2411 号线短路。

c. 拆下 VVVF 的插头，接上试验用的插头。

d. 截断空气簧的截断塞门，通过 Q1 调整模拟车辆空气簧压力。

e. 准备结束，回复 VVVF 和 BECN 空开。

②试验开始。

a. 将司控器手柄至于 B7 位。

b. 用可调电源调整电压值，通过制动控制单元观察输出的 BC 压力是否符合标准。

c. AS 压力，T_C、T 车空车（AW0）为 200 kPa；满车（AW3）为 455 kPa。

d. AS 压力，M_P、M 车空车（AW0）为 230 kPa；满车（AW3）为 450 kPa。

③电气制动力指令的确认。

a. 测定各常用指令时的电气制动力指令压力。

b. 通过司控器手柄给出常用制动指令。

c. 测量试验装置上的2420号线（+）和2421号线（-）之间的指令电压见表9-4。

表9-4　制动指令电压表

缓解	B1	B2	B3	B4	B5	B6	B7	快速
空车	2	2.95	3.90	4.85	5.79	6.40	6.40	6.40
满车	2	3.55	5.11	6.66	8.22	8.98	8.98	8.98

④牵引载重试验。

a. 测定对应空气簧压力的牵引载重信号。

b. 测量试验装置上的2420号线（+）和2421号线（-）之间的牵引指令电压见表9-5。

表9-5　牵引指令电压表

级位		AS电压	电压
空车	T_C、T车 M_P、M车	200 230	(3)
满载	T_C、T车 M_P、M车	455 450	(4)

（10）制动监视回路

①制动不足回路试验。

a. 将司控器手柄置于缓解位。

b. 截断指控控制单元后的制动供风塞门。

c. 将司控器手柄从缓解位迅速置于常用最大，测定此时到施加紧急制动的时间。

d. 测定时间为（3.5±1）s。

e. 确认监视器是否显示了检测出制动不足。

②制动不缓解回路试验。

a. 按下紧急制动按钮，拆下制动控制单元内部的连接器。

b. 恢复紧急制动按钮，将司控器手柄置于快速制动位后迅速置于缓解位，测定此时到监控器显示不缓解的时间。

c. 监控屏内部缓解指示应显示ON，同时，车侧的制动不缓解指示灯应该亮。

d. 不缓解反应时间为（5.0±1）s

e. 操作司机台上的强迫缓解按钮，确认制动缸排气。

f. 恢复所有按钮及连接器，指示灯应该灭。

（11）车辆静态防滑试验

确认防滑阀的动作。

①按下制动控制单元内ASC TEST开关。

②车辆按照1轴→2轴→3轴→4轴的顺序进行防滑阀动作确认。

（12）司机台上的制动不缓解指示灯

①当司控器手柄在N位和制动位时，该灯亮。

②当司控器手柄在牵引位时，该灯熄灭。

3. 试验后整理

试验后整理是试验后一个比较重要的环节，同时也是关系到地铁的质量与性能较关键的一步，故务必细心完成。要求如下：

(1)被调试完成的部位一定要按要求恢复其原样，被螺钉紧固的设备应该重新被紧固，对设备做维护。

(2)将实验所用工具整理收拾齐整，以备下次试验时使用。

4. 注意事项

(1)在车下进行实验时注意人身安全，防止夹伤及意外发生。

(2)注意用电安全，尤其是中压试验时，要确认好相序后再送电。

(3)输入和检查软件时，要确认好版本。

(4)试验完毕后要及时准确地填写记录表，并由本人签字确认。

四、制动系统动态调试

1. 调试流程

动态调试流程如图 9-2 所示。

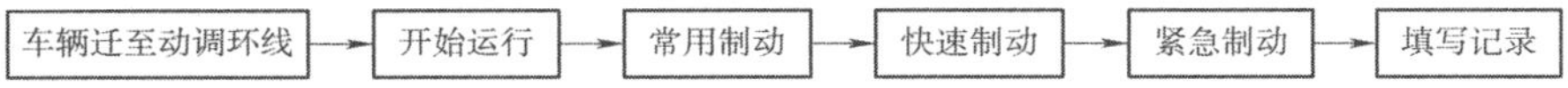

图 9-2　动态调试流程图

2. 动态调试步骤

(1)常用制动

①施加牵引，列车开始运行。

②列车在运行状态下分别施加各个级位常用制动，确认列车减速，停车。

③停车后，手柄回到零位，列车处于保持制动状态。

④再次施加牵引，保持制动缓解，列车可以牵引。

(2)快速制动

①施加牵引，列车开始运行。

②列车在运行状态下施加快速制动，确认列车减速，停车。

(3)紧急制动

①施加牵引，列车开始运行。

②列车在运行状态下施加紧急制动，确认列车减速，停车。

③在另一个司机室重新做以上实验。

思考与练习题

1. 制动系统日检的作业范围是什么？

2. 制动系统月检的作业范围是什么？

3. 定修的检查项目有哪些？

4. 试述大修作业中，单元制动机的检修工艺。

5. 城轨车辆制动系统静态调试的流程有哪些?
6. 动态调试的实验步骤是什么?
7. 制动系统静调试中,空压机系统试验有哪些内容?
8. 制动系统静调试中,紧急制动试验如何完成?
9. 制动系统静调试中,停放制动试验怎样完成?
10. 制动系统静调试中,常用制动强迫缓解塞门试验如何实现?
11. 制动系统动态调试中,常用制动试验怎样实现?
12. 制动系统动态调试中,紧急制动怎样实现?

参考文献

[1] 殳企平. 城市轨道交通车辆制动技术[M]. 北京:中国水利水电出版社,2009.

[2] 夏寅荪. 机车车辆及城市轨道车辆电空制动机[M]. 北京:中国铁道出版社,2000.

[3] 曾青中. 城市轨道交通车辆[M]. 成都:西南交通大学出版社,2006.

[4] 杨鲁会,卢桂云. 城市轨道交通车辆制动系统[M]. 北京:中国铁道出版社,2012.

[5] 应云飞,秦娟兰. 城市轨道交通车辆制动系统[M]. 成都:西南交通大学出版社,2016.

[6] 史富强,穆玉民. 城市轨道交通车辆制动技术[M]. 成都:西南交通大学出版社,2021.

[7] 卢桂云,冯燕. 城市轨道交通车辆制动系统[M]. 北京:北京交通大学出版社,2020.